BGB

Julia Preußer

3. Auflage

Inhalt

Die perfekte Kombination

Testen Sie Ihr Wissen
- Mit 8 neuen Übungsfällen im Taschenguide – die Lösungen finden Sie auf der CD.
- Mit über 60 Multiple-Choice-Fragen auf der CD zu den Kapiteln des Taschenguides.

Lesen Sie jederzeit nach
- Alle wichtigen Urteile finden Sie übersichtlich sortiert zu den Kapiteln des Taschenguides auf der CD.
- Das gesamte Bürgerliche Gesetzbuch und viele weitere relevante Gesetze bietet Ihnen die CD.

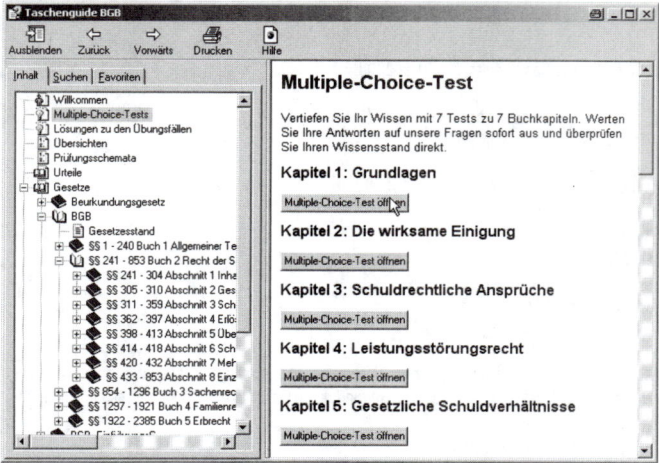

Screenshot der CD: Sie sehen links im Screenshot die Ordnerstruktur und rechts die jeweiligen Buttons, über die Sie die Tests, Übungsfälle, Urteile, Prüfschemata öffnen. Die Systemvoraussetzungen finden Sie auf Seite 187.

Bibliografische Information der Deutschen Bibliothek
Die Deutsche Bibliothek verzeichnet diese Publikation in der Deutschen Nationalbibliografie;
detaillierte bibliografische Daten sind im Internet über http://dnb.ddb.de abrufbar

ISBN 978-3-448-07352-2

Bestell-Nr. 00733-0003

3., aktualisierte und erweitere Auflage 2008

© 2008, Rudolf Haufe Verlag GmbH & Co. KG
Niederlassung Planegg b. München
Postanschrift: Postfach, 82142 Planegg
Hausanschrift: Fraunhoferstraße 5, 82152 Planegg
Fon (0 89) 89 51 7-0
Fax (0 89) 89 51 7-250
online@haufe.de
www.haufe.de
www.taschenguide.de
Lektorat: Ulrich Leinz

Desktop-Publishing: Peter Böke, Berlin
Umschlaggestaltung: HERMANNKIENLE, Stuttgart
Umschlagentwurf: Agentur Buttgereit & Heidenreich, 45721 Haltern am See
Druck: freiburger graphische betriebe, 79108 Freiburg

Zur Herstellung dieses Buches wurde alterungsbeständiges Papier verwendet.

Kapitel 1: Grundlagen

1. Das bürgerliche Recht im Rechtssystem

Das bürgerliche Recht ist Teil des Privat- oder Zivilrechts.

> ■ Das Privatrecht regelt die Rechtsbeziehungen der Bürger unterein-
> ander. ■

Im bürgerlichen Recht geht es um die privatrechtlichen Regelungen, die jeden Menschen betreffen. Außer im Bürgerlichen Gesetzbuch (BGB) finden sich Vorschriften zu diesem Teilbereich des Zivilrechts in einigen Nebengesetzen, wie etwa dem Produkthaftungsgesetz oder dem Wohnungseigentumsgesetz. Neben dem bürgerlichen Recht als allgemeinem Privatrecht gibt es noch Sonderprivatrecht, das bestimmte Berufsgruppen oder Sachgebiete betrifft. So geht es beispielsweise im Handelsrecht um Regelungen, die – zusätzlich – zu beachten sind, wenn Kaufleute (siehe zum Begriff unten S.84) privatrechtliche Rechtsbeziehungen eingehen.

Dem Privatrecht steht das öffentliche Recht gegenüber.

> ■ Das öffentliche Recht regelt das Verhältnis zwischen Bürger und
> Staat und die staatliche Organisation. ■

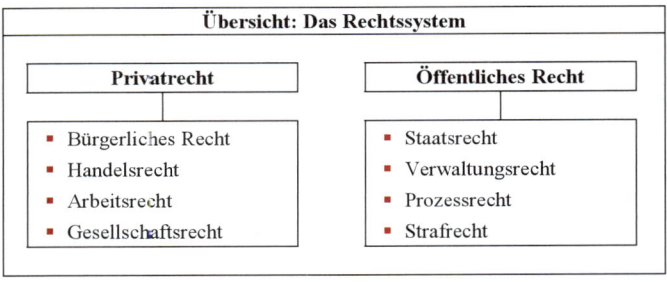

Übersicht: Das Rechtssystem

Privatrecht	**Öffentliches Recht**
▪ Bürgerliches Recht	▪ Staatsrecht
▪ Handelsrecht	▪ Verwaltungsrecht
▪ Arbeitsrecht	▪ Prozessrecht
▪ Gesellschaftsrecht	▪ Strafrecht

2. Die Durchsetzung zivilrechtlicher Ansprüche

Die Abgrenzung zwischen Privatrecht und öffentlichem Recht und die Frage, welches konkrete Rechtsgebiet betroffen ist, hat erhebliche praktische Bedeutung. Die Zuordnung zu einem Rechtsgebiet entscheidet beispielsweise darüber, welches Gericht zuständig ist, wenn Streitigkeiten auftreten. Es gibt

- Ordentliche Gerichte in Zivil- und Strafsachen
- Arbeitsgerichte
- Verwaltungsgerichte
- Finanzgerichte
- Sozialgerichte
- und Verfassungsgerichte.

Streitfälle, die das bürgerliche Recht betreffen, werden von den sogenannten ordentlichen Gerichten in Zivilsachen entschieden. Das Verfahren vor den Zivilgerichten verläuft nach anderen Regeln als beispielsweise das Verfahren vor den Strafgerichten. Im Zivilverfahren gilt das Zivilprozessrecht.

> ■ Zivilprozessrecht ist das Verfahrensrecht zur Durchsetzung privatrechtlicher Ansprüche auf gerichtlichem Weg. Das Zivilprozessrecht ist im Wesentlichen in der Zivilprozessordnung (ZPO) und dem Gerichtsverfassungsgesetz (GVG) geregelt. ■

Im Zivilprozess streiten die betroffenen Parteien als Kläger und Beklagter miteinander. Der Prozess wird dadurch eingeleitet, dass der Kläger eine Klageschrift bei Gericht einreicht, die dann vom Gericht dem Beklagten zugestellt wird, vgl. § 253 ZPO. Mit der Zustellung wird die Klage rechtshängig. Das Gericht ermittelt zur Aufklärung des Sachverhalts nicht selbst, sondern legt bei seiner Entscheidung den Vortrag der Parteien zugrunde. Ist in Punkten, die für die Entscheidung relevant sind, zwischen den Parteien streitig, was vorgefallen ist, muss die beweisbelastete Partei den Beweis für ihre Version, etwa durch Zeugen, Urkunden oder Sachverständige erbringen. Im Normalfall ist der Kläger dabei für anspruchsbegründende, der Beklagte für anspruchsvernichtende Umstände beweisbelastet. Jede Partei muss also beweisen, was für sie günstig ist. Auf Grundlage des so festgestellten Sachverhalts trifft das Gericht seine rechtliche Entscheidung und weist die Klage ganz oder teilweise ab oder spricht ein Urteil zugunsten des Klägers.

Beispiel: Schädiger S verursacht fahrlässig einen Autounfall. Der Wagen des Geschädigten G wird beschädigt und G erheblich verletzt. G verklagt den S auf Ersatz der Schäden am Pkw, auf Ersatz der Heilbehandlungskosten und auf Schmerzensgeld. Er verlangt insgesamt 30.000 €. Der Prozess ist vor einem Zivilgericht zu führen. Wenn das Gericht dem G Recht gibt, steht am Ende des Prozesses ein Urteil, in dem es heißt: Der Beklagte wird verurteilt, an den Kläger 30.000 € zu zahlen.

Dagegen stehen sich im Strafprozess der Staat in der Person des Staatsanwalts und der Angeklagte gegenüber. Das Strafverfahren dient der Durchsetzung des staatlichen Strafanspruchs gegenüber einem Täter. Sowohl Staatsanwaltschaft als auch Gericht sind zur Erforschung der Wahrheit von Amts wegen verpflichtet. Ist das Gericht am Ende des Verfahrens von der Schuld des Angeklagten überzeugt, verhängt es gegen ihn eine Freiheits- oder Geldstrafe.

Beispiel: Die Staatsanwaltschaft erhebt gegen S aufgrund des Unfalls Anklage wegen fahrlässiger Körperverletzung. Der Staatsanwalt beantragt, den S zu einer Geldstrafe zu verurteilen. Spricht das Strafgericht den Angeklagten schuldig und folgt dem Antrag der Staatsanwaltschaft, wird S zu einer Geldstrafe verurteilt. Im Unterschied zum zivilrechtlichen Schadensersatz geht das Geld nicht an den Geschädigten, sondern an die Staatskasse.

Ein Rechtsstreit über Fragen des bürgerlichen Rechts ist also nach den Regeln des Zivilprozesses vor einem ordentlichen Gericht in Zivilsachen zu führen. Ordentliche Gerichte in Zivilsachen sind die

- Amtsgerichte (**AG**)
- Landgerichte (**LG**)
- Oberlandesgerichte (**OLG**, in Berlin Kammergericht)
- und der Bundesgerichtshof (**BGH**).

Eingangsinstanz ist entweder das Amtsgericht oder das Landgericht. Im Regelfall gilt: Klagen mit einem Streitwert bis zu 5000 € sind vor dem Amtsgericht, Klagen mit einem höheren Streitwert vor dem Landgericht zu erheben, §§ 23 und 71 GVG. Wenn die Klage beim Landgericht zu erheben ist, müssen sich die Parteien in dem Rechtsstreit durch Anwälte vertreten lassen, sog. Anwaltszwang.

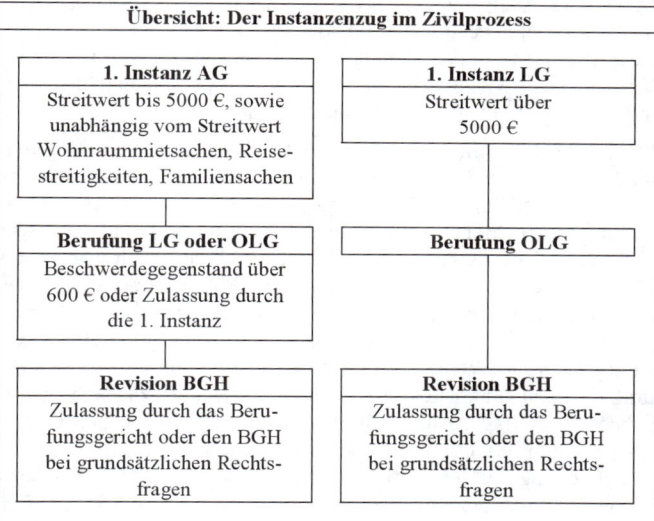

Übersicht: Der Instanzenzug im Zivilprozess

1. Instanz AG	1. Instanz LG
Streitwert bis 5000 €, sowie unabhängig vom Streitwert Wohnraummietsachen, Reise- streitigkeiten, Familiensachen	Streitwert über 5000 €
Berufung LG oder OLG	**Berufung OLG**
Beschwerdegegenstand über 600 € oder Zulassung durch die 1. Instanz	
Revision BGH	**Revision BGH**
Zulassung durch das Beru- fungsgericht oder den BGH bei grundsätzlichen Rechts- fragen	Zulassung durch das Beru- fungsgericht oder den BGH bei grundsätzlichen Rechts- fragen

Örtlich zuständig ist im Normalfall das Gericht am Wohnsitz des Beklagten, §§ 12, 13 ZPO. Verklagt man eine Gesellschaft, entscheidet deren Sitz, § 17 ZPO. In besonderen Fällen ist davon abweichend ein anderer Gerichtsstand festgelegt. So müssen beispielsweise nach § 29a ZPO Streitigkeiten aus Mietverhältnissen immer da geführt werden, wo sich die Räume befinden. In manchen Fällen bekommt der Kläger vom Gesetz auch eine Wahlmöglichkeit eingeräumt, den Beklagten statt an dessen Wohnsitz an einem anderen Ort zu verklagen.

Beispiel: Stammt G aus Berlin und S aus Hamburg, ist bei einem Streitwert über 5000 € das Landgericht Hamburg für die Klage zuständig. Sollte der Unfall in Berlin stattgefunden haben, hat G alternativ auch die Möglichkeit, den S am Landgericht Berlin zu verklagen. Denn bei unerlaubten Handlungen (hier die fahrlässige Eigentums- und Körperverletzung) erlaubt § 32 ZPO dem Kläger, am Ort der unerlaubten Handlung zu klagen.

Das Gericht stellt mit seinem Urteil fest, ob der vom Kläger gegen den Beklagten geltend gemachte Anspruch besteht. Sind Kläger oder Beklagter mit der Entscheidung nicht einverstanden, haben sie unter Umständen die Möglichkeit, das nächsthöhere Gericht anzurufen, d.h. in Berufung und dann eventuell auch noch in Revision zu gehen.

Die Feststellung eines Anspruchs durch das Gericht ist notwendig, da die zwangsweise Durchsetzung in der Hand des Gerichtsvollziehers liegt. Der führt Vollstreckungsmaßnahmen wie beispielsweise Pfändungen nicht auf „Zuruf", sondern nur auf Grundlage eines so genannten Titels durch. Und Titel sind vor allem Urteile, vgl. § 704 ZPO. Bei Geldforderungen besteht die Möglichkeit, statt eines Klageverfahrens ein gerichtliches Mahnverfahren durchzuführen, um einen vollstreckbaren Titel zu erlangen. Auf Antrag erlässt das Amtsgericht am Wohnsitz des Antragstellers ohne inhaltliche Prüfung einen Mahnbescheid, der dem Antragsgegner zugestellt wird. Erhebt der Antragsgegner nicht innerhalb von zwei Wochen Widerspruch, kann auf Grundlage des Mahnbescheids der Erlass eines Vollstreckungsbescheids beantragt werden. Aus dem Vollstreckungsbescheid kann vollstreckt werden wie aus einem Urteil. Der Antragsgegner hat jetzt aber noch einmal die Möglichkeit, Einspruch zu erheben. In diesem Fall geht das Mahnverfahren in ein Klageverfahren über. Beachte: Die Vollstreckung rechtskräftig festgestellter Ansprüche ist 30 Jahre möglich, vgl. § 197 I Nr.3 (Paragraphen ohne Gesetzesangabe sind solche des BGB).

3. Die Privatautonomie und ihre Grenzen

Die Unterscheidung zwischen Privatrecht und öffentlichem Recht ist auch deshalb wichtig, weil im Privatrecht völlig andere Grundsätze gelten als im öffentlichen Recht. Das öffentliche Recht ist durch ein Über-/Unterordnungsverhältnis, das Privatrecht durch Gleichordnung und Selbstbestimmung geprägt.

Öffentliches Recht	**Privatrecht**	
Behörde		
Verwaltungsakt ⇩	Bürger ⟺	Bürger
Bürger	Vertrag	

Im öffentlichen Recht tritt der Staat dem Bürger als Träger hoheitlicher Gewalt gegenüber. Er erlässt Verwaltungsakte (Bescheide), mit denen er einseitig Anordnungen gegenüber dem Bürger trifft. Die Verwaltungsbehörden dürfen aber natürlich nicht willkürlich entscheiden. Immer wenn eine Anordnung für den Bürger wichtig (wesentlich) ist, benötigen Behörden für ihr Handeln eine gesetzliche Grundlage, sog. Gesetzesvorbehalt.

Im Privatrecht können die Bürger die Rechtslage grundsätzlich nach ihrem Willen frei ausgestalten. Das passiert durch so genannte Rechtsgeschäfte. Das sind beispielsweise Testament, Kündigung (einseitige Rechtsgeschäfte) und vor allem Verträge (zweiseitige Rechtsgeschäfte). Es gilt der Grundsatz der Privatautonomie.

■ Grundsatz der Privatautonomie: Jeder kann seine Lebensverhältnisse im Rahmen der Rechtsordnung eigenverantwortlich regeln, insbesondere frei darüber entscheiden, ob, mit wem und mit welchem Inhalt er Verträge schließen will. ■

Wesentliche Elemente der Privatautonomie sind die Freiheit des Eigentums, die Vereinigungsfreiheit und eben die Vertragsfreiheit.

Es ist Sache der Parteien, frei zu entscheiden, ob sie überhaupt einen Vertrag abschließen wollen oder nicht (Abschlussfreiheit). Nur ganz ausnahmsweise besteht Abschlusszwang (Kontrahierungszwang), nämlich wenn es um lebensnotwendige Güter geht. Das ist zum Teil gesetzlich ausdrücklich festgeschrieben, wie etwa in § 10 Energiewirtschaftsgesetz für Gas- und Stromversorger. Aber auch sonst gilt, dass, wer lebenswichtige Güter öffentlich anbietet, den Vertragsschluss nur aus sachlichen Gründen ablehnen darf, wenn für den anderen keine zumutbare Möglichkeit besteht, sich die Leistung anderweitig zu besorgen.

Es ist den Parteien auch überlassen, welche inhaltlichen Vereinbarungen sie treffen (Inhaltsfreiheit). Im Bereich des Privatrechts bestimmen die Bürger im Kern also selbst, was zwischen ihnen rechtlich gelten soll. Das wirft allerdings die Frage auf, in welchem Verhältnis dieses Selbstbestimmungsrecht zu den umfangreichen gesetzlichen Vorgaben durch das BGB und anderen zivilrechtlichen Gesetzen steht.

In weiten Teilen enthält das BGB nur Vorschläge und Auffangregelungen, sog. dispositives Recht. Trotz gesetzlicher Regelung bleibt es dann bei der inhaltlichen Gestaltungsfreiheit der Vertragsparteien.

■ **Dispositives Recht: Die Vertragsparteien können eine abweichende Vereinbarung treffen. Die gesetzliche Regelung gilt nur, wenn und soweit die Parteien nichts Abweichendes vereinbart haben.** ■

Beispiel: Besteller B möchte seine Wohnung renovieren lassen. Er beauftragt Unternehmer U mit der Erstellung eines Kostenvoranschlages. U kann von B keine Vergütung für diese Arbeit verlangen, da § 632 III regelt, dass Kostenvoranschläge im Zweifel nicht zu vergüten sind. Der Zweifel besteht, da die Parteien selbst nichts besprochen haben. Vereinbaren B und U, dass der Kostenvoranschlag mit 50 € zu vergüten ist, muss B die 50 € zahlen. Die Rechtslage richtet sich dann nach der Vereinbarung und nicht nach der Auffangregelung des § 632 III.

Andere Regelungen des BGB sind allerdings zwingend, mit der Konsequenz einer Einschränkung der Vertragsfreiheit.

■ **Zwingendes Recht: Eine Abweichung von den gesetzlichen Vorgaben durch Vertrag ist unzulässig und unwirksam.** ■

Beispiel: Mieter M mietet bei Vermieter V eine Wohnung an. Beide vereinbaren, dass eine Kündigung ohne Grund und mit einer Frist von nur einer Woche möglich sein soll. Die Vereinbarung ist unwirksam, da § 573 das Kündigungsrecht des Vermieters vom Bestehen eines berechtigten Interesses (Kündigungsgrund) abhängig macht und § 573 c eine Kündigungsfrist von mindestens drei Monaten vorsieht. Nach § 573 IV und § 573 c IV sind zum Nachteil des M abweichende Vereinbarungen nicht zulässig.

Beachte: Ob eine Regelung dispositiven oder zwingenden Charakter hat, ist nicht immer dem Wortlaut des Gesetzes zu entnehmen und dann durch Auslegung zu klären.

Grenzen der Inhaltsfreiheit ergeben sich außer aus zwingenden gesetzlichen Regelungen auch aus § 134 und § 138.

Mit §§ 134, 138 werden an sich im dispositiven Bereich liegende Vereinbarungen ausgeschaltet, wenn sie gegen gesetzliche Verbote wie beispielsweise Strafvorschriften verstoßen, sittenwidrig oder wucherisch sind (siehe im Einzelnen unten S. 50 ff.).

Beispiel: A benötigt dringend einen Kredit. B gewährt den Kredit, verlangt aber 35 % Zinsen. Die Zinsregelung ist gemäß § 138 nichtig. Zwar ist die Festlegung der Zinshöhe an sich den Parteien überlassen, aber ein Zinssatz von 35 % „geht zu weit". Das Privatrecht ist als Teil der Gesamtrechtsordnung den Wertungen des Grundgesetzes unterworfen. Wirtschaftliche und soziale Ungleichheit darf nicht dazu führen, dass der Vertrag im Einzelfall nicht mehr als Mittel der Selbstbestimmung dient, sondern eine Partei ihn aufgrund ihrer überlegenen Stellung als Mittel der Fremdbestimmung missbraucht.

4. Die Willenserklärung

Die Willenserklärung ist das Instrument zur privatautonomen Gestaltung der Rechtslage. Denn Verträge, aber auch einseitige Rechtsgeschäfte wie Testament oder Kündigung kommen durch Willenserklärungen der Parteien zustande.

a) Begriff der Willenserklärung

> ■ Eine Willenserklärung ist eine Willensäußerung, die auf Herbeiführung einer Rechtsfolge gerichtet ist. ■

Danach ist nicht jede Willensäußerung auch eine Willenserklärung im rechtlichen Sinne. Wer beispielsweise sagt, dass er mit einem anderen ins Kino gehen möchte, gibt keine Willenserklärung ab. Denn eine Willenserklärung liegt nur dann vor, wenn die Äußerung Rechtsfolgen herbeiführen soll, sich der Erklärende rechtlich binden will. Daran fehlt es häufig bei Erklärungen im rein privaten Bereich, aber auch wenn Rechtsgeschäfte erst einmal nur vorbereitet werden.

Obwohl es keine Willenserklärungen sind, werden sog. geschäftsähnliche Handlungen in vieler Hinsicht wie Willenserklärungen behandelt.

> ■ Geschäftsähnliche Handlungen sind Erklärungen, an die das Gesetz Rechtsfolgen knüpft, ohne dass diese vom Erklärenden gewollt sein müssen. ■

Beispiel: Gläubiger G fordert Schuldner S auf, eine fällige Zahlung zu leisten. Bei dieser Erklärung handelt es sich um eine Mahnung. Sie setzt den S in Verzug. Dass eine Mahnung zu Verzug führt, ist in § 286 I BGB angeordnet. Ob G den Verzug gewollt hat, ist irrelevant. Obwohl die Mahnung eine geschäftsähnliche

Handlung und keine Willenserklärung ist, wird sie wie eine empfangsbedürftige Willenserklärung erst mit Zugang beim Empfänger wirksam (siehe unten S.17 ff.).

b) Die Voraussetzungen einer Willenserklärung

Eine Willenserklärung hat objektive und subjektive Voraussetzungen.

Objektiver Tatbestand

Beim objektiven oder äußeren Tatbestand geht es um die Frage, ob das Verhalten des Erklärenden nach außen den Eindruck einer Willenserklärung erweckt.

> ■ Der objektive Tatbestand einer Willenserklärung liegt vor, wenn eine Äußerung getätigt wird, die Schluss auf Rechtbindungswillen zulässt ■

Die Willensäußerung kann ausdrücklich, aber auch durch konkludentes (schlüssiges) Verhalten erfolgen.

Beispiel: Käufer K möchte eine Zeitung kaufen. Einen entsprechenden Willen bekundet er ausdrücklich, wenn er sagt: „Ich möchte diese Zeitung kaufen." Zum Ausdruck kommt seine Kaufabsicht aber auch, wenn er die Zeitung einfach dem Kassierer vorlegt.

Bloßes Schweigen hat grundsätzlich keinen Erklärungsgehalt.

Beispiel: Versandhändler V schickt dem K unbestellt einen Messerblock ins Haus. In einem Begleitschreiben heißt es: „Wir gehen davon aus, dass sie das einmalige Angebot nutzen wollen, diese Messer zum Preis von nur 99 € zu erwerben. Wir bitten sie deshalb nach einer Überlegungsfrist von 14 Tagen die beiliegende Rechnung zu begleichen." K legt die Messer beiseite und vergisst die Angelegenheit. Keine Vertragsannahme, da K weder ausdrücklich noch durch schlüssiges Verhalten zum Ausdruck gebracht hat, die Messer kaufen zu wollen. Beachte: Auch das Benutzen der Messer wäre nicht als konkludente Vertragsannahme zu werten. Denn gemäß § 241 a darf man unbestellt zugesandte Ware entschädigungslos behalten und benutzen.

Ausnahmen von dem Grundsatz, dass Schweigen keinen Erklärungsgehalt hat, bestehen zum einen, wenn das Schweigen zwischen Erklärendem und Empfänger als Erklärungszeichen vereinbart ist (sog. beredtes Schweigen).

Beispiel: V und K vereinbaren im Vorfeld, dass K, wenn er sich innerhalb von zwei Wochen nach Zusendung der Messer nicht meldet, mit dem Kauf einverstanden ist.

Zum anderen gilt Schweigen im Einzelfall kraft gesetzlicher Anordnung als Willenserklärung (sog. normiertes Schweigen). Solche Anordnungen finden sich beispielsweise in §§ 108 II 2 2.Hs. (siehe unten S.47), 177 II 2 2.Hs., 516 II 2 und auch § 242 kann dazu führen, dass Schweigen als Willenserklärung gilt (siehe unten S. 38).

Die Willensäußerung muss für einen vernünftigen Empfänger den Eindruck erwecken, dass sich der Erklärende rechtlich binden will. Daran fehlt es typischerweise bei

- Äußerungen im rein privaten Bereich wie Absprachen zur Empfängnisverhütung
- rein tatsächlichen Gefälligkeiten wie der Mitnahme eines Anhalters
- Erklärungen und Handlungen, die Rechtsgeschäfte erst einmal nur vorbereiten, wie Auslage von Ware im Schaufenster oder Regal und „Angebote" in Katalogen.

Mit der Auslage von Ware oder der Herausgabe von Warenkatalogen fordert man die Kunden auf, ihrerseits ein Vertragsangebot zu machen (sog. invitatio ad offerendum). Wären dies schon Angebote zum Vertragsschluss, würde der Anbietende Gefahr laufen, dass die Zahl der Annehmenden die Zahl der vorrätigen Ware übersteigt. Er hätte keine Möglichkeit zu verhindern, dass mehr Verträge zustande kommen, als er erfüllen kann. Außerdem könnte er eine eventuell vor dem Vertragsschluss gebotene Bonitätsprüfung des Kunden nicht durchführen. Da diese Umstände für einen vernünftigen Empfänger ersichtlich sind, fehlt es schon am objektiven Tatbestand einer Willenserklärung.

Diese Grundsätze gelten im Prinzip genauso für Warenangebote auf Internetseiten. Im Einzelfall kann es allerdings sein, dass dem Kunden ein direkter Zugriff auf den Warenbestand des Verkäufers suggeriert wird und damit nach Auslegung schon von einem Angebot auszugehen ist. Und auch die Freischaltung einer Angebotsseite bei einer Internetauktion ist schon eine Willenserklärung und nicht nur eine den Vertragsschluss vorbereitende Maßnahme.

Subjektiver Tatbestand

Beim subjektiven oder inneren Tatbestand geht es um die Frage, ob das Verhalten als Willenserklärung gemeint war.

> ■ Der subjektive Tatbestand einer Willenserklärung ist gegeben, wenn der Erklärende Handlungs- und Erklärungsbewusstsein hat. ■

Handlungsbewusstsein liegt vor, wenn der äußere Erklärungstatbestand auf willensgesteuertem Verhalten beruht und ist selten problematisch.

Beispiel: Keine Willenserklärung durch Bewegung im Schlaf, selbst wenn die Bewegung für einen Empfänger den Eindruck zustimmenden Nickens macht.

Erklärungsbewusstsein ist das Bewusstsein, eine rechtsgeschäftliche Erklärung abzugeben. Nach überwiegender Ansicht reicht es allerdings aus, wenn der Erklärende bei pflichtgemäßer Sorgfalt hätte erkennen können, dass sein Verhalten als Willenserklärung gewertet wird, sog. potenzielles Erklärungsbewusstsein.

Beispiel: Der Erklärende E hebt in einer Versteigerung den Arm. Willenserklärung auch dann, wenn er nur einem Bekannten zuwinken wollte, denn ihm hätte klar sein müssen, dass der Auktionator seine Geste als Gebot verstehen wird.

Völlig unerheblich für das Vorliegen einer Willenserklärung ist das Fehlen des sog. Geschäftswillens. Geschäftswille ist der Wille, mit der Erklärung eine ganz bestimmte Rechtsfolge herbeizuführen.

Beispiel: E unterschreibt in seinem Fitnessstudio aus Versehen eine Liste zur Bestellung von Nahrungsergänzungsmitteln in der Ansicht, es handle sich um die Liste zur Bestellung des T-Shirts mit dem Logo des Studios. E hat Erklärungswillen, da ihm klar ist, dass er eine rechtlich relevante Erklärung – Warenbestellung – abgibt. Dass er inhaltlich eine andere Rechtsfolge wollte, gibt ihm die Möglichkeit, sich über eine Anfechtung wieder von der Erklärung zu lösen (siehe unten S. 53 ff.), ändert aber zunächst nichts am Vorliegen einer Willenserklärung.

c) Das Wirksamwerden der Willenserklärung

Nicht empfangsbedürftige Willenserklärungen sind nicht an eine andere Person gerichtet. Sie sind abgegeben und wirksam, wenn der Erklärungsvorgang beendet ist.

Beispiel: Ein Testament ist wirksam errichtet, wenn es fertig geschrieben und unterschrieben (vgl. § 2247) ist.

Willenserklärungen zum Abschluss eines Vertrages, aber auch Erklärungen, mit denen man Gestaltungsrechte ausübt wie Anfechtung, Rücktritt oder Kündigung, sind im Normalfall empfangsbedürftig. Sie richten sich an eine andere Person und werden deshalb erst wirksam, wenn sie
- absichtlich (oder fahrlässig) in Richtung Empfänger auf den Weg gebracht und damit abgegeben worden sind
- und dann dem Empfänger auch zugehen, vgl. § 130 I 1.

Bis zum Zugang sind empfangsbedürftige Willenserklärungen widerruflich, § 130 I 2.

Zugang verkörperter Willenserklärungen

> ■ Der Zugang verkörperter Willenserklärungen (Brief, E-Mail, Fax, Nachricht auf Anrufbeantworter) erfolgt, wenn die Willenserklärung so in den Machtbereich des Empfängers gelangt, dass Kenntnisnahme möglich und nach der Verkehrsanschauung zu erwarten ist. ■

Entscheidend ist also nicht der Moment, in dem etwa ein Brief in den Briefkasten des Empfängers gelangt ist, andererseits aber auch nicht erst der Zeitpunkt, in dem der Adressat den Brief unter Umständen erst zwei Wochen später tatsächlich gelesen hat. Es kommt vielmehr auf den Zeitpunkt an, in dem üblicherweise mit der Leerung des Briefkastens und dem Lesen des Briefs zu rechnen ist.

Beispiel: Um eine Kündigungsfrist zu wahren, soll ein Kündigungsschreiben am 31. Mai beim Adressaten A sein. Der Erklärende E wirft den Brief am 31. Mai um 22 °° Uhr in den Briefkasten des A. Damit ist der Brief im Machtbereich des A und Kenntnisnahme möglich. Üblicherweise zu rechnen ist mit der Kenntnisnahme aber erst am nächsten Tag nach der normalen Postzustellungszeit. Zugang also erst am 1. Juni. Die Kündigung ist verspätet. Anders nur, wenn A erst um 23°° nach Hause kommt und den Brief findet und liest.

Aus Gründen der Rechtssicherheit und weil der Erklärende in die Lage versetzt werden soll, Fristen zu wahren, hindern nach überwiegender Ansicht individuelle Kenntnisnahmehindernisse den Zugang nicht. Maßgebend ist allein, ob unter normalen Umständen die Kenntnisnahme zu erwarten gewesen wäre, nicht ob der konkrete Empfänger tatsächlich dazu in der Lage war.

Beispiel: Das Kündigungsschreiben wird A per Post am 30. Mai zugestellt. Zugang auch dann, wenn A sich für zwei Wochen im Urlaub oder im Krankenhaus befindet.

Bis zum Zugang trägt der Erklärende das Risiko des Verlustes oder der Verzögerung der Erklärung. Erst danach gehen diese Risiken auf den Adressaten über.

Beispiel: E schickt das Kündigungsschreiben sicherheitshalber schon am 26. Mai ab. Aufgrund eines Fehlers der Post geht der Brief verloren bzw. wird der Brief erst am 2. Juni zugestellt. Die Kündigung erfolgt gar nicht bzw. zu spät, da E das Übermittlungsrisiko bis zum Zugang trägt.

Empfangsbote

Zurechnen lassen muss sich der Empfänger aber Verzögerungen oder Verluste, wenn der Erklärende die Willenserklärung schon an einen Empfangsboten ausgehändigt hat.

> ■ Empfangsbote ist, wer entweder tatsächlich ermächtigt ist oder nach der Verkehrsanschauung als ermächtigt und geeignet angesehen werden kann, die Willenserklärung für den Empfänger entgegenzunehmen und an ihn weiterzuleiten. ■

Mit Übergabe an einen Empfangsboten gelangt die Willenserklärung in den Machtbereich des Empfängers. Unabhängig davon, ob der Empfangsbote die Erklärung tatsächlich weitergibt, tritt der Zugang zu dem Zeitpunkt ein, in dem üblicherweise mit Weiterleitung zu rechnen gewesen wäre. Empfangsboten sind beispielsweise der Ehepartner des Adressaten oder Angestellte, die sich in den Geschäfts- oder Wohnräumen des Empfängers aufhalten. Keine Empfangsboten sind Nachbarn, Handwerker oder minderjährige Kinder des Empfängers.

Beispiel: E möchte das Kündigungsschreiben am 31. Mai selbst übergeben, trifft aber in der Wohnung des A nur dessen Ehefrau F an. Er händigt ihr den Brief aus. F vergisst den Brief, findet ihn zufällig nach zwei Wochen wieder und gibt ihn dann erst an A weiter. Zugang schon am 31. Mai, da F Empfangsbotin des A ist und am gleichen Tag mit Weitergabe an A zu rechnen gewesen wäre. Hätte E das Schreiben der 14-jährigen Tochter des A übergeben, läge das Verzögerungsrisiko bei ihm und Zugang wäre erst zwei Wochen später bei tatsächlicher Weitergabe erfolgt.

Zugangshindernisse

Wenn der Adressat absichtlich vereitelt, dass eine Willenserklärung in seinen Machtbereich gelangt oder wenn er die Entgegennahme einer Erklärung unberechtigt verweigert, gilt der Zugang dennoch gemäß § 242 als erfolgt.

Beispiele: E hat A angekündigt, die Kündigung per Fax erklären zu wollen. A legt absichtlich kein Papier in sein Faxgerät ein, damit ihn die Willenserklärung nicht erreicht. A schlägt dem E die Tür vor der Nase zu, als dieser am 31. Mai persönlich das Kündigungsschreiben übergeben will. In beiden Fällen ist der Zugang erfolgt.

Bei nur nachlässiger Zugangsverhinderung durch den Adressaten tritt dagegen zunächst kein Zugang ein. Wer mit dem Zugang von Willenserklärung rechnen muss, wie beispielsweise ein Vermieter, ein Unternehmer, der mit anderen in Geschäftsbeziehungen steht, oder auch eine Privatperson, der Willenserklärungen angekündigt sind, muss Vorkehrungen treffen, dass ihn diese Willenserklärungen auch erreichen. Tut er das nicht, fingiert man zwar nicht den Zugang, aber ein späterer Zugang wirkt über § 242 auf den Zeitpunkt des ersten Zugangsversuchs zurück. Im Unterschied zur absichtlichen Zugangsverhinderung muss der Erklärende bei einer nachlässigen Zugangsverhinderung des Empfängers also erneute Zugangsversuche unternehmen, bis er den Zugang schließlich bewirkt hat. Erst dann wird ihm über § 242 in Bezug auf inzwischen versäumte Fristen geholfen.

Beispiel: E sendet die Kündigung per Einschreiben mit Rückschein an A. Am 28. Mai versucht der Postbote, den Brief zuzustellen. Da A nicht zu Hause ist, hinterlässt er ein Benachrichtigungsschreiben im Briefkasten des A. Beachte: Noch kein

Zugang, da sich die eigentliche Willenserklärung noch nicht im Machtbereich des Empfängers befindet. A holt in den folgenden Tagen das Schreiben nicht von der Post ab, sodass es schließlich an E zurückgeschickt wird. Kein Zugang. Nur wenn E in der Folgezeit durch erneute Zustellversuche oder persönliche Übergabe den Zugang erreicht, wirkt dieser Zugang zeitlich auf den ersten Zustellungsversuch zurück.

Nicht verkörperte Willenserklärungen

Nicht verkörperte Willenserklärungen, d.h. mündliche Willenserklärungen, die persönlich oder über das Telefon direkt von Person zu Person abgegeben werden, gehen zu, wenn der Erklärende nach allen Umständen davon ausgehen durfte, dass der Adressat die Erklärung akustisch bzw. optisch richtig wahrgenommen hat (sog. abgeschwächte Vernehmungstheorie).

d) Die Auslegung von Willenserklärungen

Ist der Inhalt der Willenserklärung zweifelhaft, muss er durch Auslegung gemäß §§ 133, 157 ermittelt werden.

Der Erklärende möchte nur an dem festgehalten werden, was er wirklich erklären wollte. Für eine Auslegung nach dem wahren Willen (sog. natürliche Auslegung) sprechen § 133 und der Grundsatz der Privatautonomie. Der Empfänger einer Willenserklärung möchte, dass die Erklärung so gewertet wird, wie er sie verstanden hat. Dafür spricht der Gedanke des Vertrauensschutzes.

Dieser Schutzgedanke führt dazu, dass bei der Auslegung von empfangsbedürftigen Willenserklärungen grundsätzlich die Sicht des Empfängers maßgebend ist. Allerdings ist nicht entscheidend, was der konkrete Empfänger wirklich verstanden hat, sondern was ein vernünftiger Durchschnittsempfänger unter Berücksichtigung aller erkennbaren Umstände verstehen musste (sog. objektiv-normative Auslegung). Durch das Abstellen auf einen objektivierten Empfängerhorizont verhindert man, dass der Inhalt der Willenserklärung durch vermeidbare Missverständnisse des konkreten Adressaten mitbestimmt wird.

Beispiel: E bittet A schriftlich um Lieferung von zehn Gros Küchenrolle. Er meint damit zehn große Rollen. A denkt ein Gros sei ein Dutzend. Bei der Auslegung ist weder entscheidend, was E erklären wollte (zehn große Rollen), noch was A verstanden hat (zehn Dutzend), sondern das, was ein vernünftiger Empfänger verstanden hätte. Der hätte es „richtig" verstanden. Da ein Gros 12 mal 12 bedeutet, hat E 1440 Küchenrollen bestellt.

Spielt der Empfängerschutz keine Rolle, werden Willenserklärungen nach dem wahren Willen des Erklärenden ausgelegt. Das gilt für nicht empfangsbedürftige Willenserklärungen wie das Testament und für empfangsbedürftige Willenserklärungen, wenn der Adressat ausnahmsweise nicht schutzbedürftig ist. Das ist der Fall, wenn Erklärender und Adressat unter einer falschen Bezeichnung das Gleiche verstehen oder wenn der Adressat den wirklichen Willen des Erklärenden erkannt hat.

Beispiel: A und E denken beide fälschlicherweise, dass zehn Gros zehn Dutzend sind. Bestellung von 120 Küchenrollen.

5. Vertrag und Abstraktionsprinzip

> ■ Ein Vertrag ist die von den Parteien einverständlich getroffene Regelung eines Rechtsverhältnisses. ■

a) Verpflichtende und verfügende Verträge

Eine wichtige Differenzierung ist die zwischen verpflichtenden und verfügenden Verträgen.

> ■ Verpflichtende Verträge binden, verfügende Verträge wirken. ■

In Verpflichtungsverträgen werden Leistungen versprochen. Als Konsequenz des Leistungsversprechens schuldet der Versprechende die Leistung. Verpflichtungsverträge werden deshalb auch Schuldverträge genannt. Es entsteht ein Anspruch des Gläubigers gegen den Schuldner auf die versprochene Leistung und damit ein sog. Schuldverhältnis, vgl. § 241 I.

Beispiele: Verpflichtungsverträge sind der Kaufvertrag (§ 433), der Darlehensvertrag (§ 488), die Schenkung (§ 516), der Mietvertrag (§ 535), die Leihe (§ 598), der Werkvertrag (§ 631) oder die Bürgschaft (§ 765).

Übernimmt nur eine der Parteien eine Leistungspflicht, spricht man von einem einseitig verpflichtenden Vertrag.

Beispiel: Zum Abschluss eines Schenkungsvertrages sind zwar zwei Willenserklärungen erforderlich, aber nur der Schenker übernimmt eine Verpflichtung. Der Beschenkte erwirbt einen Anspruch auf die schenkweise versprochene Leistung, ohne seinerseits Leistungspflichten zu haben.

Bei zweiseitig verpflichtenden Verträgen übernehmen beide Vertragsparteien Verpflichtungen. Von einem gegenseitigen Vertrag spricht man, wenn diese Verpflichtungen im Verhältnis Leistung und Gegenleistung zueinander stehen. Gekennzeichnet ist der gegenseitige Vertrag durch ein Abhängigkeitsverhältnis der beiderseitigen Verpflichtungen, das sich daraus ergibt, dass jede Vertragspartei ihre Leistung um der Gegenleistung willen verspricht.

Beispiel: Bei einem Kaufvertrag verpflichtet sich der Verkäufer zur Lieferung der Kaufsache, damit ihm der Käufer im Gegenzug den Kaufpreis verspricht. Umgekehrt ist auch der Käufer nur bereit, sich zur Geldzahlung zu verpflichten, weil der Verkäufer ihm die Kaufsache verspricht.

> ■ Ein Verfügungsvertrag ist ein Vertrag, mit dem unmittelbar auf ein bestehendes Recht eingewirkt wird. ■

Bei den Verfügungsverträgen geht es darum, ein Recht zu übertragen, zu belasten, inhaltlich zu verändern oder aufzuheben.

Beispiele: Verfügungen sind die Abtretung einer Forderung (§ 398), die Übertragung des Eigentums an einem Kfz (§ 929), die Übertragung des Eigentums an einem Grundstück (§§ 873, 925) oder die Belastung eines Grundstücks mit einer Hypothek (§§ 873, 1113).

Damit ein Verfügungsvertrag zur beabsichtigten Rechtsänderung führt, muss zu der Einigung der Parteien über die Rechtsänderung Verfügungsmacht des Verfügenden hinzukommen. Verfügungsmacht hat der Rechtsinhaber, bei der Eigentumsübertragung also der Eigentümer, bei der Abtretung einer Forderung der Forderungsinhaber (Gläubiger). Fehlende Verfügungsmacht kann durch Zustimmung des Berechtigten überwunden werden und – wenn das

Gesetz das im Einzelfall anordnet – durch guten Glauben des Erwerbers an die Berechtigung des Verfügenden.

Ein weiteres Kennzeichen der Verfügungen ist die Geltung des Prioritätsprinzips. Mit der ersten Verfügung tritt die Rechtsänderung ein. Sollte der ursprünglich Berechtigte danach noch eine weitere Verfügung vornehmen wollen, fehlt ihm dazu die erforderliche Verfügungsmacht.

b) Trennungs- und Abstraktionsprinzip

■ Trennungsprinzip: Der Verpflichtungsvertrag (Grund- oder Kausalgeschäft) und der Verfügungsvertrag (Erfüllungsgeschäft) sind gesonderte Rechtsgeschäfte. ■

Besteht die Verpflichtung darin, dem anderen Eigentum an einem Gegenstand oder die Gläubigerstellung an einer Forderung zu verschaffen, muss zur Erfüllung der Verpflichtung wiederum ein Vertrag geschlossen werden. Das Eigentum muss durch Übereignung übertragen, die Forderung abgetreten werden. Am Beispiel des Kaufes bedeutet das: Im normalen Sprachgebrauch versteht man unter Kauf das gesamte Geschäft, mit dem ein Käufer von einem Verkäufer gegen Zahlung des Kaufpreises eine Kaufsache erwirbt. Juristisch betrachtet ist der Gesamtvorgang aber in mehrere, strikt von einander zu trennende Verträge aufgespalten. Mit dem Kaufvertrag versprechen sich die Parteien die Leistungen und erwerben damit entsprechende Ansprüche gegeneinander. Es wird sozusagen das Programm dessen festgelegt, was passieren soll.

Verkäufer	Kaufvertrag (§ 433)	Käufer

Verpflichtung des K und des V:
- V schuldet mangelfreie Lieferung (Besitz und Eigentum)
- K schuldet den Kaufpreis und Abnahme der Kaufsache

Der Abschluss des Kaufvertrages hat aber überhaupt keinen Einfluss auf die Eigentumsverhältnisse. Damit die Parteien bekommen, was sie wollen, – der Käufer Eigentum an der Kaufsache, der Verkäufer Eigentum am Geld – müssen sie weitere Verträge schließen. Sie müssen Geld und Kaufsache übereignen, also zur Erfüllung ihrer Verpflichtungen Verfügungsverträge abschließen.

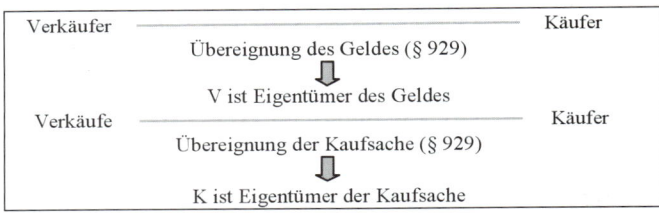

Beispiel: K bestellt beim Möbelversand V einen Tisch zum Preis von 1.000 €. V bestätigt die Bestellung. Zwei Wochen später wird der Tisch ausgeliefert und K übergibt den Kaufpreis an den Fahrer. Mit Bestellung und Bestätigung ist zwischen K und V ein Kaufvertrag (§ 433) zustande gekommen. V ist verpflichtet, K den Tisch zu liefern, und K ist verpflichtet, 1000 € zu zahlen. Bei der Lieferung werden Tisch und Geld jeweils durch Einigung und Übergabe übereignet (§ 929). Die Willenserklärungen, die darauf gerichtet sind, das Eigentum übergehen zu lassen, liegen konkludent in Weggabe und Entgegennahme von Tisch und Geld.

Bei dieser Aufteilung in verschiedene Verträge bleibt es auch bei den üblichen Bargeschäften des täglichen Lebens, bei denen die Übergabe von Geld und Ware sofort erfolgt.

Beispiel: K nimmt am Kiosk eine Zeitung vom Stapel und legt Geld in die Kassierschale. V nimmt das Geld an sich. Kaufvertrag, Übereignung des Geldes und Übereignung der Zeitung.

Nicht bei jeder Verpflichtung muss zur Erfüllung ein weiterer Vertrag abgeschlossen werden. Zum Teil sind nur tatsächliche Handlungen geschuldet. Dann erfüllt der Schuldner seine Verpflichtung einfach, indem er die geschuldete Handlung erbringt.

Beispiele: Der Vermieter schuldet aus dem Mietvertrag (§ 535) die Überlassung der Mietsache, nicht etwa das Eigentum an der Sache. Erfüllung durch Überlassen. Der Arbeitnehmer schuldet aus dem Arbeitsvertrag (§ 611) die Erbringung der Arbeitsleistung. Erfüllung durch Erbringen der Arbeitsleistung.

■ **Abstraktionsprinzip:** Der Verfügungsvertrag ist in seinem Bestand unabhängig vom Vorhandensein eines wirksamen Grundgeschäfts. ■

Verpflichtungs- und Verfügungsvertrag führen ein juristisches Eigenleben. Wenn das Grundgeschäft unwirksam ist, ist das allein kein Grund dafür, auch das Erfüllungsgeschäft für unwirksam zu halten. Die Wirksamkeit der Geschäfte wird völlig losgelöst voneinander beurteilt.

Beispiel: K ist 16 und kauft einem 18-jährigen Freund V für 500 € dessen umfangreiche Comic-Sammlung ab. K übergibt das Geld und V die Hefte. Der Kaufvertrag, mit dem sich K zur Zahlung des Kaufpreises verpflichtet, ist wegen der beschränkten Geschäftsfähigkeit des K ohne Zustimmung seiner Eltern unwirksam. Die Übereignung der Comic-Hefte an K ist aber wirksam, da gemäß § 107 rechtlich vorteilhafte Geschäfte, die ein beschränkt Geschäftsfähiger schließt, auch ohne Zustimmung der Eltern gelten. Die Tatsache, dass der Kaufvertrag unwirksam ist, beeinflusst die Wirksamkeit der Übereignung der Comic-Hefte nicht.

Dem Abstraktionsprinzip widerspricht es nicht, dass im Einzelfall Grund- und Erfüllungsgeschäft unwirksam sind. Bei der getrennten Prüfung der verschiedenen Verträge kann sich ergeben, dass sie an demselben Mangel kranken, sog. Fehleridentität.

Beispiel: Ebenso wie der Kaufvertrag ist auch die Übereignung des Geldes an V infolge der beschränkten Geschäftsfähigkeit des K ohne Zustimmung der Eltern unwirksam. Denn die Aufgabe des Eigentums an dem Geld ist natürlich nachteilig für K.

Beachte: Leistungen, die aufgrund eines unwirksamen Verpflichtungsgeschäfts ausgetauscht wurden, können über bereicherungsrechtliche Ansprüche zurückgeholt werden. In § 812 I 1 1.F. ist nämlich angeordnet, dass rechtsgrundlos erlangte Vermögensvorteile wieder herausgegeben werden müssen.

Beispiel: K hat zwar Besitz und Eigentum an den Comic-Heften erlangt. Gemäß § 812 I 1 1.F. muss er beides wieder herausgeben, weil der zugrunde liegende Kaufvertrag unwirksam ist. Er muss die Comics zurückübereignen.

6. Der Aufbau des BGB

Verfügungsverträge, die Sachen betreffen, sind im 3. Buch des BGB, dem Sachenrecht geregelt. Vorschriften zu Schuldverträgen finden sich im 2. Buch des BGB, dem Schuldrecht. Insgesamt ist das BGB in fünf Bücher unterteilt.

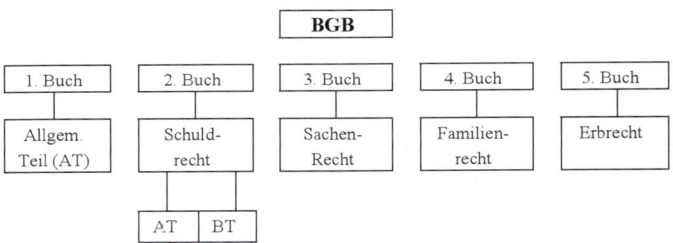

Die Verteilung der Regelungsmaterien auf die fünf Bücher folgt verschiedenen Gesichtspunkten.

a) Das Allgemeine vor dem Besonderen

Im Allgemeinen Teil des BGB (§§ 1 - 240) finden sich im Wesentlichen Vorschriften zu den handelnden Personen, zur Willenserklärung, zum Vertragsschluss, zu den Wirksamkeitshindernissen und zu Fristen, Terminen und Verjährung. Damit ist das vor die Klammer gezogen, was für alle nachfolgenden Bereiche relevant ist. Auf diese Weise werden Doppelungen vermieden.

Beispiel: Es gibt schuldrechtliche Verträge wie den Kaufvertrag, sachenrechtliche Verträge wie die Übereignung, erbrechtliche Verträge wie den Erbvertrag und familienrechtliche Verträge wie den Ehevertrag. Die Methode des Vertragsschlusses ist ein für alle Mal in §§ 145 ff. geregelt. Zur Frage des wirksamen Zustandekommens des Vertrages ist bei den einzelnen Verträgen nur noch dann etwas gesagt, wenn Besonderheiten, z.B. Formerfordernisse, gelten.

Auch im Schuldrecht sind Regelungen, die alle Schuldverhältnisse gleichermaßen betreffen, in einem allgemeinen Teil zusammengefasst und den besonderen Regeln, die einzelne Schuldverhältnisse betreffen, vorangestellt.

b) Getrennte Behandlung von relativen und absoluten Rechten

Schuldrecht und Sachenrecht folgen der Einteilung in relative und absolute Rechte.

Schuldrecht

Im Schuldrecht (§§ 241 - 853) geht es um Beziehungen zwischen Personen.

> ■ Ein Schuldverhältnis ist ein Rechtsverhältnis zwischen (mindestens) zwei Personen, kraft dessen die eine Person, der Gläubiger, von der anderen, dem Schuldner, eine Leistung fordern kann, vgl. § 241 I. ■

Schuldverhältnisse sind durch ihre Relativität gekennzeichnet. Sie wirken immer nur zwischen den Beteiligten. Nur diese sind aus der Sonderverbindung berechtigt und verpflichtet.

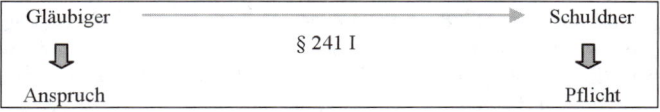

Gläubiger	────────────────────→	Schuldner
⇩	§ 241 I	⇩
Anspruch		Pflicht

Schuldverhältnisse entstehen
- durch den Abschluss verpflichtender Verträge
- durch einseitige Rechtsgeschäfte wie etwa die Auslobung
- oder aufgrund gesetzlicher Anordnung.

§ 311 II regelt beispielsweise, dass schon die Aufnahme von Vertragsverhandlungen oder die sonstige Anbahnung geschäftlichen Kontakts ein Schuldverhältnis begründet (siehe auch S. 97). Inhalt dieses Schuldverhältnisses sind aber, da ein Leistungspflichten begründender Vertrag gerade noch nicht besteht, nur Pflichten im Sinne des § 241 II. Das sind weitere Verhaltenspflichten wie Aufklärungspflichten oder Schutzpflichten in Bezug auf Rechtsgüter oder Interessen des anderen. Der Begriff des Schuldverhältnisses ist also nicht zwingend mit dem Bestehen einer Leistungspflicht verknüpft. Andere Pflichten stehen häufig neben Leistungspflichten, können aber wie im Fall des § 311 II und bei manchen Gefälligkeiten auch alleiniger Inhalt des Schuldverhältnisses sein.

Beispiel: A nimmt Anhalter B mit. Rein tatsächliche Gefälligkeit (siehe oben S.15), also weder Leistungs- noch Schutzpflichten. C verspricht D verbindlich, für ihn einen Pkw von Hamburg nach Berlin zu überführen, verlangt dafür aber kein Geld. Gefälligkeitsvertrag in Form eines Auftrages (§ 662), also Leistungs- und Schutzpflichten. Spediteur E bittet Spediteur F, ihm mit einem Fahrer auszuhelfen. F ist sich erst nicht sicher, ob das möglich sein wird, schickt dann aber doch einen Fahrer zu E. Keine Leistungs-, aber Schutzpflichten. Der Fahrer muss angesichts der Werte, die ihm anvertraut werden, geeignet sein. Ist er noch nie selbständig einen größeren Lastzug gefahren und beschädigt deshalb den Lkw bei einem Wendemanöver, kommen deshalb nicht nur außervertragliche Haftungsansprüche nach §§ 823 ff., sondern auch vertragliche Schadensersatzansprüche des E gegen F nach § 280 I in Betracht. Beachte: Welche Form der Gefälligkeit vorliegt, richtet sich nach Art, Grund und Zweck der Gefälligkeit, ihrer wirtschaftlichen und rechtlichen Bedeutung und der Interessenlage der Parteien.

Im Allgemeinen Schuldrecht finden sich insbesondere Regelungen zu den Leistungsmodalitäten wie Leistungsinhalt, -ort und -zeit, zum Erlöschen schuldrechtlicher Verpflichtungen durch Erfüllung oder Erfüllungssurrogate (z.B. Aufrechnung), zu den Rechtsfolgen von Pflichtverletzungen, zur Übertragung von Forderungen (Abtretung) und zur Gläubiger- und Schuldnermehrheit.

Im Besonderen Schuldrecht (§§ 433 ff.) werden einzelne vertragliche und gesetzliche Schuldverhältnisse behandelt. Für besonders wichtige und häufig vorkommende Schuldverträge wie etwa Kauf, Miete, Dienst- oder Werkvertrag sind hier spezielle Regeln aufgestellt, die das allgemeine Schuldrecht ergänzen bzw. verdrängen.

Beispiel: In §§ 536 ff. geht es um die Rechtsfolgen von Mängeln einer Mietsache. § 536 a I ordnet an, unter welchen Voraussetzungen der Mieter vom Vermieter wegen Mietmängeln Schadensersatz verlangen kann. Diese spezielle Regelung verdrängt die Regelungen des allgemeinen Schuldrechts zu Schadensersatz bei Pflichtverletzungen des Schuldners.

Die im besonderen Schuldrecht vorgestellten Schuldvertragstypen bilden keine abschließende Aufzählung. Kraft Vertragsfreiheit können die Parteien selbstverständlich auch andere als die im Gesetz erwähnten Schuldverträge schließen, vgl. § 311 I.

Beispiel: Nicht geregelte, aber in der Praxis häufig vorkommende Vertragstypen sind der Beherbergungsvertrag, der Schuldbeitritt (siehe unten S.178) oder der Franchisevertrag.

Von den Schuldverhältnissen, die kraft Gesetzes entstehen, sind im besonderen Schuldrecht die Ansprüche aus Geschäftsführung ohne Auftrag (§§ 677 ff.), aus ungerechtfertigter Bereicherung (§§ 812 ff.) und aus unerlaubter Handlung (§§ 823 ff.) geregelt.

Beispiel: G sitzt als Gast in einem Selbstbedienungsrestaurant. Ein anderer Gast S läuft mit einem voll beladenen Tablett durch den Raum und verschüttet aus Unachtsamkeit Suppe. Die Suppe verschmutzt die Jacke des G. Zwischen S und G besteht kein Vertrag. Trotzdem schuldet Schädiger S dem Geschädigten G eventuell anfallende Reinigungskosten. § 823 I ordnet nämlich an, dass, wer Leben, Körper, Gesundheit, Freiheit, Eigentum oder ein sonstiges Recht eines anderen vorsätzlich oder fahrlässig verletzt, dem anderen zum Ersatz des daraus entstehenden Schadens verpflichtet ist.

Sachenrecht

Im Sachenrecht (§§ 854 - 1296) geht es um die tatsächlichen und rechtlichen Beziehungen zwischen Personen und Sachen, d.h. um Besitz, Eigentum und beschränkt dingliche Rechte. Mitgeregelt sind die dinglichen und schuldrechtlichen Ansprüche, die sich daraus Personen gegenüber ergeben.

> ■ Besitz ist die tatsächliche Sachherrschaft einer Person über eine Sache. Eigentum ist das umfassende Herrschaftsrecht einer Person an einer Sache, vgl. § 903. ■

Beispiel: Dieb D bricht das Auto des Eigentümers E auf und fährt damit weg. D hat die tatsächliche Gewalt über das Auto und ist deshalb Besitzer. Das ändert aber nichts am Recht des E an dem Pkw. Bei Beeinträchtigungen ist er als Eigentümer insbesondere über § 985 (Herausgabeanspruch), § 1004 (Beseitigungs- und Unterlassungsanspruch) und § 823 I (Schadensersatzanspruch) geschützt.

Rechte an Sachen nennt man auch dingliche Rechte. Neben dem Eigentum als umfassendem Herrschaftsrecht gibt es noch die beschränkt dinglichen Rechte, bei denen das Herrschaftsrecht nur in bestimmter Hinsicht besteht. Es gibt Nutzungs-, Verwertungs- und

Erwerbsrechte. Soweit beschränkt dingliche Rechte reichen, schränken sie das Herrschaftsrecht des Eigentümers ein.

Beispiel: Eine Hypothek ist ein dingliches Verwertungsrecht an einem Grundstück zur Absicherung einer bestimmten Forderung. Wird die Forderung nicht getilgt und die Hypothek damit fällig, ist der Eigentümer zur Duldung der Zwangsvollstreckung (Zwangsversteigerung) in das Grundstück verpflichtet.

Dingliche Rechte sind dadurch gekennzeichnet, dass sie gegenüber jedermann wirken. Das ist der Grund, warum man sie als absolute Rechte bezeichnet.

Beispiel: Das Grundstück des N liegt nicht direkt an der Straße. Der günstigste Weg zur Straße führt über das Grundstück des E. E bestellt zugunsten des N ein Wegerecht (Nutzungsrecht in Form einer sog. Dienstbarkeit), das in das Grundbuch eingetragen wird. Kurz danach veräußert E sein Grundstück. Hätte E dem N nur schuldrechtlich versprochen, dass der über sein Grundstück laufen darf, wäre der neue Eigentümer daran nicht gebunden, Relativität der Schuldverhältnisse. N hat aber ein dingliches Recht an dem Grundstück. Dieses dingliche Recht wirkt auch dem neuen Eigentümer gegenüber, Absolutheit der dinglichen Rechte.

Da dingliche Rechte gegenüber jedermann wirken, können sie nur so übertragen und begründet werden wie gesetzlich vorgesehen. Es besteht in diesem Bereich also keine Vertragsfreiheit.

c) Zusammenfassung spezieller Rechtsverhältnisse

Im Familienrecht (§§ 1297–1921), sind die Regelungen zusammengefasst, die mit Ehe und Verwandtschaft zu tun haben. Dazu kommen Vorschriften zu Vormundschaft und Pflegschaft, die quasi verwandtschaftsersetzende Funktion haben. Im Erbrecht (§§ 1922–2385) geht es um die vermögensrechtlichen Folgen des Todes eines Menschen.

7. Die Fallbearbeitung

Bei der Lösung zivilrechtlicher Probleme kann es um Vertragsgestaltung gehen oder darum, isoliert eine Rechtsfrage zu klären wie beispielsweise, ob eine Person Eigentümer einer Sache ist. Es kann darum gehen, die Frage zu beantworten, welche Rechte und damit Möglichkeiten jemand in einer Situation hat. Häufig besteht die Aufgabe darin, herauszufinden, ob Personen Ansprüche gegeneinander haben, also etwa ob eine Person von der anderen Zahlung eines Geldbetrages verlangen kann. Als Vorüberlegung ist dann zu klären:

■ Wer, will was, von wem, woraus?　　　　　　　　　　　　　　■

Die Frage nach Anspruchsteller („wer") und Anspruchsgegner („von wem") ist häufig einfach zu beantworten. Die Frage nach dem „was" ist nur vordergründig leicht zu klären. Denn hier gilt es herauszufinden, welcher Beweggrund hinter der Geltendmachung eines Anspruchs steht und damit welches Anspruchsziel bzw. welche Anspruchsziele der Anspruchsteller verfolgt. Typische Anspruchsziele sind:

- Vertragserfüllung
- Schadensersatz
- Herausgabe bzw. Rückgabe von Gegenständen
- Surrogatherausgabe
- Verwendungsersatz
- Nutzungsersatz
- Beseitigung und Unterlassung
- Rückgriff

Beispiel: Dieb D stiehlt dem E ein Bild, das 10.000 € wert ist, und veräußert es anschließend auch für 10.000 € an den Sammler S. Wenn E erfährt, dass sich das Bild im Besitz des S befindet, kommen Herausgabeansprüche des E gegen S in Betracht. Sollte D gefasst werden, wird E von ihm 10.000 € haben wollen. Damit ist die Frage, „was" er will, aber noch nicht ausreichend beantwortet. Da das gestohlene Bild 10.000 € wert war, ist E durch den Diebstahl ein Schaden in dieser Höhe entstanden. Er kann diesen Betrag also als Schadensersatz geltend machen. Daneben kommt aber auch Surrogatherausgabe in Betracht, da die

10.000 €, die S an D als Kaufpreis gezahlt hat, bei D an die Stelle des Bildes getreten sind.

Mit solchen Überlegungen ist die Beantwortung der Frage nach dem „Woraus" vorbereitet, die darauf zielt, rechtliche Grundlagen für das Begehren des Klägers, sog. Anspruchsgrundlagen aufzufinden.

■ Anspruchsgrundlagen sind vor allem Paragraphen und Verträge, die das als Rechtsfolge vorsehen, was verlangt wird. ■

Beispiele: Verkäufer V verlangt von Käufer K Kaufpreiszahlung. Anspruchsgrundlage ist der zwischen ihnen geschlossene Kaufvertrag, da ein Kaufvertrag für den Käufer die Kaufpreiszahlungspflicht zur Folge hat. Der Geschädigte G verlangt vom Schädiger S Schadensersatz. Als Anspruchsgrundlagen kommen Paragraphen wie § 280 I und § 823 I in Betracht, die vorsehen, dass bei Vorliegen bestimmter Voraussetzungen eine Person einer anderen Schadensersatz zu leisten hat.

Sind in einem Fall mehrere Anspruchsgrundlagen relevant, gilt der Grundsatz, dass die vertraglichen (bzw. auf Vertrag oder sonstigem Schuldverhältnis basierenden) Anspruchsgrundlagen vor den gesetzlichen zu prüfen sind.

Beispiel: § 280 I ist vor § 823 I zu prüfen. § 280 I regelt eine Schadensersatzpflicht für den Fall, dass ein Schuldner seine Pflicht aus einem Schuldverhältnis verletzt. Die Betroffenen müssen also einen Vertrag oder ein sonstiges Schuldverhältnis miteinander haben, damit § 280 I eingreift. Deshalb ist § 280 I – obwohl gesetzlich geregelt – eine „vertragliche" Anspruchsgrundlage.

Die Anspruchsgrundlage besteht aus der Rechtsfolge (der Konsequenz) und dem Tatbestand, d.h. der abstrakten Beschreibung der Voraussetzungen, die vorliegen müssen, damit die Rechtsfolge eintritt.

Beispiel: Die Rechtsfolge des § 823 I lautet „... ist dem anderen zum Ersatze des daraus entstehenden Schadens verpflichtet." Der Tatbestand des § 823 I lautet: „Wer vorsätzlich oder fahrlässig das Leben, den Körper, die Gesundheit, die Freiheit, das Eigentum oder ein sonstiges Recht eines anderen widerrechtlich verletzt...".

Der Tatbestand enthält also eine Reihe von Tatbestandsmerkmalen, die geprüft werden müssen. Anders ausgedrückt: Aus dem Tatbestand lässt sich eine „Checkliste" mit Einzelpunkten entwickeln, die komplett „abgehakt" werden müssen; nur wenn alle Voraussetzungen vorliegen, tritt die Konsequenz ein. Der Prüfungsvorgang ist folgender: Man gleicht nacheinander bei jedem Einzelpunkt, das was passiert ist (den Sachverhalt), mit der abstrakt beschriebenen Voraussetzung ab. Diesen Vorgang nennt man Subsumtion.

Beispiel: S fährt mit seinem Fahrrad auf dem Bürgersteig und telefoniert dabei mit einem Freund. Er streift den Passanten P. Der stürzt. Dabei geht seine fast neue Uhr im Wert von 200 € kaputt. Einen Schadensersatzanspruch aus § 823 I hat P gegen S nur, wenn P in einem der in § 823 I genannten Rechtsgüter (Leben, Körper, Gesundheit, Freiheit, Eigentum, sonstiges Recht) verletzt wurde. Die Zerstörung der Uhr ist eine Eigentumsverletzung. Der Abgleich von Geschehen und Gesetz (Sachverhalt und Tatbestand) führt also in diesem Punkt zu einem Haken an der Checkliste. § 823 I setzt weiter voraus, dass S vorsätzlich oder fahrlässig handelte. Diese Begriffe sind nicht aus sich selbst heraus verständlich, müssen also erst einmal durch Auslegung oder Rückgriff auf an anderer Stelle im Gesetz gegebene Definitionen geklärt werden. § 276 II sagt: „Fahrlässig handelt, wer die im Verkehr erforderliche Sorgfalt außer Acht lässt." Das Verhalten des S – telefonierend auf dem Bürgersteig fahren – entspricht nicht der erforderlichen Sorgfalt. Also ist auch in diesem Punkt der Abgleich erfolgreich. Hat man auch alle weiteren Tatbestandsmerkmale in dieser Weise bearbeitet, kann man am Ende feststellen, dass P tatsächlich einen Schadensersatzanspruch gegen S hat.

Dieser gedankliche Weg zur Lösung eines Falles spiegelt sich im sog. Gutachtenstil wieder. Beim Aufschreiben stellt man nicht das Ergebnis voran, sondern beginnt in Form einer Hypothese mit der in Betracht kommenden Anspruchsgrundlage.

Beispiele: „Ein Anspruch des P gegen S auf Schadensersatz in Höhe von 200 € kann sich aus § 823 I ergeben." oder „P könnte gegen S einen Anspruch auf Schadenersatz in Höhe von 200 € aus § 823 I haben."

Dann nennt man die Tatbestandsmerkmale (Voraussetzungen) und nimmt zu jedem Punkt den Abgleich zwischen der Voraussetzung und dem, was geschehen ist, vor.

Beispiele: „S müsste eines der in § 823 I genannten Rechtsgüter des P verletzt haben…" „Voraussetzung ist weiter, dass S vorsätzlich oder fahrlässig handelte…"

Gelangt man im Laufe der Prüfung zu einer Voraussetzung, die nicht vorliegt, bricht man ab und stellt als Ergebnis fest, dass die Rechtsfolge nicht eintritt. Liegen alle Voraussetzungen vor, bestätigt sich die Anfangs aufgestellte Hypothese.

Beispiel: „P hat damit gegen S einen Schadensersatzanspruch in Höhe von 200 € aus § 823 I."

Kapitel 2: Die wirksame Einigung

Um einen verpflichtenden oder einen verfügenden Vertrag zu schließen, müssen sich die Parteien einigen (siehe unten 1.). Die gewollten Rechtswirkungen entfaltet die Einigung aber nur dann, wenn keine Wirksamkeitshindernisse entgegenstehen (siehe unten 2.). Relativ häufig ergeben sich Besonderheiten beim Vertragsschluss daraus, dass Beteiligte den Vertrag nicht selbst schließen, sondern sich vertreten lassen (siehe unten 3.) oder Allgemeine Geschäftsbedingungen (AGB) zum Bestandteil eines verpflichtenden Vertrages gemacht werden sollen (siehe unten 4.).

1. Einigung

■ Ein Vertrag kommt durch mindestens zwei übereinstimmende Willenserklärungen zustande. ■

Das Zustandekommen von Verträgen ist in §§ 145 ff. geregelt und setzt im Einzelnen voraus:

- Vertragsangebot (oder Antrag) und Vertragsannahme
- Annahmefähigkeit des Angebots zur Zeit der Annahme
- Inhaltliche Übereinstimmung der Willenserklärungen

Im Normalfall des Vertragsschlusses gibt es eine zeitlich vorangehende Willenserklärung, das Angebot, das durch eine zeitlich nachfolgende Willenserklärung, die Annahme, angenommen wird. Für die Einordnung als Angebot oder Annahme ist völlig egal, ob und wie die Parteien ihre Willenserklärungen bezeichnen. Es ist gar nicht selten, dass das, was als Annahme gedacht und bezeichnet war, in Wirklichkeit ein (neues) Angebot ist, weil das vermeintliche Angebot noch nicht oder nicht mehr existierte.

Denkbar sind auch Abschlussformen, bei denen Angebot und Annahme gar nicht mehr als solche einzuordnen sind, so etwa wenn die Parteien gleichzeitig einem vorbereiteten Vertragstext zustimmen. Maßgebend ist dann nur, dass mindestens zwei übereinstimmende Willenserklärungen bestehen.

a) Angebot

> ■ Das Angebot ist eine empfangsbedürftige Willenserklärung, durch die dem Empfänger der Vertragsschluss so angetragen wird, dass das Zustandekommen des Vertrages nur noch von dessen Zustimmung abhängt. ■

Inhaltlich muss das Angebot so bestimmt sein, dass die Annahme durch ein bloßes „Ja" des anderen möglich ist. Die wesentlichen Vertragsbestandteile (essentialia negotii) müssen also in der Willenserklärung enthalten sein, bzw. zumindest bestimmbar sein. Ein Kaufvertrag beispielsweise ist nur geschlossen, wenn die Kaufsache und der Kaufpreis vereinbart sind. Außerdem müssen die Vertragsparteien feststehen, also klar sein, wer Käufer und wer Verkäufer ist. Ein Kaufangebot muss diese Informationen – zumindest konkludent – enthalten.

Beispiel: K bestellt in der Buchhandlung des V ein Buch. Vertragsangebot, auch wenn der Kaufpreis nicht erwähnt wird, da konkludent miterklärt ist, das Buch zum Ladenpreis kaufen zu wollen.

Von dem verbindlichen Angebot ist die bloße Aufforderung zur Abgabe eines Angebots zu unterscheiden, die in der Auslage von Ware im Schaufenster oder im Regal und in „Angeboten" in Katalogen liegt (siehe oben S.15).

Beispiel: Die Auslage der Ware im Regal eines Supermarktes ist eine Aufforderung zur Abgabe eines Angebots, der der Kunde nachkommt, wenn er die Ware an der Kasse zum Kassieren vorlegt. Das Einlegen in den Einkaufswagen ist dagegen noch kein Angebot des Kunden, da es unproblematisch möglich sein muss, die Ware wieder in die Regale zurückzulegen. Die Vertragsannahme erfolgt, wenn der Kassierer den Rechnungsbetrag feststellt. Wird irrtümlich durch das Geschäft falsch ausgepreiste Ware vorgelegt, hat der Verkäufer auf diese Weise die Möglichkeit, den Vertrag nicht anzunehmen und so den Vertragsschluss zum falschen Preis zu verhindern.

b) Annahme

> ■ Die Annahme ist eine grundsätzlich empfangsbedürftige Willenserklärung, durch die der Empfänger des Angebots seine Zustimmung zu verstehen gibt. ■

Gemäß § 151 S.1 muss die Annahme dem Antragenden nicht zugehen, wenn der Zugang nach der Verkehrssitte nicht zu erwarten ist oder der Antragende auf ihn verzichtet hat. § 151 lässt nicht die Notwendigkeit einer Annahmeerklärung entfallen, ist also kein Fall, in dem Schweigen als Annahmeerklärung gilt (siehe oben S. 14 f.), sondern macht die grundsätzlich empfangsbedürftige Annahme in Ausnahmefällen zu einer nicht empfangsbedürftigen Willenserklärung.

Beispiel: Der Geschäftsmann K bestellt beim Büroversand V Druckpatronen. Ohne weitere Bestätigung schickt V die Ware sofort an K ab. Die Annahmeerklärung liegt konkludent in Losschicken der Patronen. Nach der Verkehrssitte ist die Annahme im Versandhandel nicht zugangsbedürftig und wird deshalb schon mit Vornahme der Erfüllungshandlung (Absenden) wirksam. Anderenfalls bestünde während des Transports der Ware noch kein Kaufvertrag, was zur Folge hätte, dass die Regelungen des Kaufrechts zur Transportgefahr beim Versendungskauf in diesen Fällen niemals Anwendung finden könnten.

c) Annahmefähigkeit des Angebots

Das Angebot darf zur Zeit der Annahme nicht erloschen sein. Grundsätzlich ist ein Angebot, das mit Zugang wirksam geworden ist, zunächst einmal bindend (vgl. § 145) und erlischt erst wieder
- durch Ablehnung, § 146 1.F
- oder durch Zeitablauf, § 146 2.F. i.V.m. §§ 147 - 149.

Erlöschen des Angebots durch Ablehnung

Zu beachten ist, dass auch ein „ja, aber" (sog. modifizierte Annahme) nach § 150 II eine Ablehnung ist, die dann als neues Vertragsangebot gilt.

Beispiel: V bietet dem Sammler K einen Satz Vatikan-Euromünzen des Jahres 2003 zum Preis von 650 € an. K gibt zurück, er nehme die Münzen für 600 €. Das Angebot des V ist gemäß § 150 II i.V.m. § 146 1.F. erloschen und es liegt ein neues Angebot des K auf dem Tisch. Lehnt V nun ab, erlischt gemäß § 146 1.F. auch dieses Angebot. Wenn K jetzt auf das ursprüngliche Angebot des V zurückkommt und erklärt, die Münzen doch für 650 € kaufen zu wollen, macht er ein völlig neues Angebot. V ist frei, es anzunehmen oder abzulehnen.

Erlöschen des Angebots durch Zeitablauf

Der Anbietende kann eine Annahmefrist festlegen, § 148. Ohne Bestimmung durch den Anbietenden richtet sich die Frage, wie viel Zeit der potenzielle Vertragspartner zur Annahme hat, danach, ob ein Angebot unter Anwesenden (bzw. telefonisch, vgl. § 147 I 2) gemacht wird oder etwa per Brief oder Fax an einen Abwesenden geht. Ein mündliches Angebot muss sofort angenommen werden, § 147 I. Beim Angebot unter Abwesenden kommt es darauf an, wann nach den Umständen des Einzelfalls mit dem Eingang einer Annahmeerklärung zu rechnen war, § 147 II. Dabei sind die Übermittlungszeiten von Angebot und Annahme und eine angemessene Überlegungsfrist zu berücksichtigen.

Eine verspätete Annahme gilt gemäß § 150 I als neues Angebot. Bei geringfügiger Verspätung ist im Normalfall davon auszugehen, dass der zunächst Anbietende immer noch am Vertragsschluss interessiert ist. Unter Berücksichtigung von Treu und Glauben (§ 242) erwartet man deshalb von ihm, dass er sich äußert, wenn es im Einzelfall einmal anders sein sollte. Reagiert er gar nicht, liest man in sein Schweigen eine Annahme des neuen Angebots hinein. Im Unterschied zu § 151 liegt in dieser Konstellation also tatsächlich einer der Ausnahmefälle vor, in denen Schweigen als Willenserklärung gilt. Beachte: Das ist nicht auf § 150 II übertragbar. Denn ein Schweigen auf eine inhaltlich abweichende Annahme wird man niemals als Zustimmung interpretieren dürfen.

Erlöschen des Angebots durch Widerruf oder Tod

Willenserklärungen sind im Normalfall nur bis zum Zugang widerruflich, vgl. § 130 I 2. Der Widerruf eines mit Zugang wirksam gewordenen Angebots ist deshalb nur dann ausnahmsweise denkbar, wenn der Antragende sich den Widerruf ausdrücklich oder konkludent vorbehalten hat. Dass diese Möglichkeit besteht, kommt in § 145 a.E. zum Ausdruck.

Beispiel: V bietet dem K Ware „freibleibend" an. Je nachdem in welcher Situation eine solche Äußerung erfolgt, handelt es sich entweder um eine invitatio ad offerendum (also noch nicht um ein Angebot) oder um ein Angebot, das widerruflich ist.

Keinen Einfluss auf die Annahmefähigkeit hat es im Regelfall, wenn der Anbietende nach Abgabe oder Zugang des Angebots stirbt. § 130 II zeigt, dass der Tod nicht verhindert, dass eine schon abgegebene Willenserklärung wirksam wird. Und laut § 153 bleibt das Angebot eines Toten im Zweifel annahmefähig, wobei die Annahme dann gegenüber den Erben zu erklären ist. Anders zu beurteilen sind Fälle, in denen der Verstorbene Bestellungen zum persönlichen Bedarf wie etwa einen Maßanzug vorgenommen hat, vgl. § 153 a.E.

d) Inhaltliche Übereinstimmung (Konsens)

Die zwei Willenserklärungen führen nur dann zu einem Vertragsschluss, wenn sie inhaltlich übereinstimmen und alle regelungsbedürftigen Punkte umfassen. Ist das nicht der Fall, spricht man von einem Dissens. Im Zweifel ist bei einem Dissens der Vertrag nicht zustande gekommen.

Offener Dissens

Für den offenen Dissens ist das in § 154 I angeordnet. Ein offener Dissens liegt vor, wenn beide Parteien wissen, dass noch keine Einigung besteht. Die Zweifelregelung des § 154 I ist aber widerlegt, wenn sich die bestehenden Vertragslücken ausfüllen lassen und die Parteien sich trotz der offenen Punkte erkennbar vertraglich binden wollen. Einen solchen Willen kann man in der Regel in die einvernehmliche Durchführung des unvollständigen Vertrages hineinlesen.

Beispiel: Unternehmer K bestellt bei Unternehmer V unter Hinweis darauf, dass seine Einkaufsbedingungen gelten sollen, Ware. V bestätigt den Vertragsschluss mit dem Zusatz, dass seine Verkaufsbedingungen gelten sollen. Wird der Vertrag trotzdem durchgeführt – V liefert und K nimmt die Lieferung entgegen – ist der Vertrag zustande gekommen. Die Geschäftsbedingungen der Parteien werden nicht Vertragsbestandteil, soweit sie sich widersprechen. An die Stelle der nicht einbezogenen Bedingungen tritt das dispositive Gesetzesrecht.

Versteckter Dissens

Ein versteckter Dissens liegt vor, wenn wenigstens eine Partei nicht bemerkt, dass noch keine Einigung besteht. Für den versteckten Dissens regelt § 155 nur eine eng umgrenzte Ausnahme vom Grundsatz, dass ein Vertrag bei Dissens nicht zustande kommt. Bei Nichtübereinstimmung oder Unvollständigkeit in Bezug auf Nebenpunkte gilt der Vertrag, wenn er auch ohne diesen Punkt geschlossen worden wäre. Je unbedeutender die Lücke, desto eher kann man dies annehmen.

Auslegung vor Dissens

Es ist wichtig zu erkennen, dass nicht jedes Missverständnis der Parteien beim Vertragsschluss zu einem Dissens führt.

Ein Konsens und kein Dissens liegt vor, wenn die objektiv-normativ ausgelegten Willenserklärungen übereinstimmen, obwohl eine Partei eigentlich etwas ganz anderes erklären wollte. Der Vertrag ist zustande gekommen, aber die irrende Partei kann ihn anfechten (siehe unten S. 53 ff.).

Beispiel: K wohnt in einer ländlichen Gegend und möchte eine Gesamtausgabe der Opern von Richard Strauss kaufen. In der nächstgrößeren Stadt befindet sich die CD-Handlung des V, bei der er anruft und sagt, dass er Opernliebhaber sei und eine Gesamtausgabe der Werke von Strauss wolle. V hat eine Gesamtausgabe der Werke von Johann Strauss (Operetten!) vorrätig und erwidert: „Kein Problem." K wollte ein Angebot „Richard Strauss" machen und so musste ein vernünftiger Empfänger seine Äußerung angesichts des Hinweises auf Opern auch verstehen. V hat K missverstanden und wollte mit der Äußerung „Kein Problem" eine Vertragsannahme „Johann Strauss" erklären. Ein vernünftiger Empfänger in der Lage des K musste das aber als Annahme des Vertragsangebots werten, so wie es gemacht wurde, also „Richard Strauss". Die beiden objektiv-normativ ausgelegten Willenserklärungen stimmen damit überein. Konsequenz ist ein Vertrag „Richard Strauss". Die Tatsache, dass auf der Seite des V Wille und durch Auslegung ermittelter Erklärungsinhalt auseinander klaffen, eröffnet ihm aber die Möglichkeit, den Vertrag anzufechten.

Und schließlich liegt auch ein Konsens und kein Dissens vor, wenn die Parteien nur auf subjektiver Ebene übereinstimmen.

Beispiel: K sagt am Telefon nur, dass er die Gesamtwerke von Strauss will. V erwidert: „Kein Problem." Angebot und Annahme sind objektiv mehrdeutig. Auch ein vernünftiger Empfänger kann den Willenserklärungen aufgrund der Umstände keinen eindeutigen Inhalt mehr zuweisen. Sollten K und V aber beide „Richard Strauss" gewollt haben, reicht die Übereinstimmung auf subjektiver Ebene für einen Vertragsschluss. Wollte K „Richard" und V „Johann" liegt ein versteckter Dissens vor, da die beiden Erklärungen dann weder auf objektiver noch auf subjektiver Ebene übereinstimmen.

2. Wirksamkeitshindernisse

Trotz Einigung bringt ein Vertrag nicht die gewollten Rechtswirkungen hervor, wenn er unwirksam ist. Man bezeichnet Wirksamkeitshindernisse auch als rechtshindernde Einwendungen.

Wirksamkeitshindernisse sind insbesondere:
- Beschränkte Geschäftsfähigkeit, § 108 I
- Formnichtigkeit, § 125
- Verstoß gegen gesetzliches Verbot, § 134
- Sittenwidrigkeit, § 138 I
- Anfechtung, § 142 I
- Nichteintritt einer aufschiebenden Bedingung, § 158 I

Das Gesetz spricht in den meisten dieser Fälle davon, dass das Geschäft nichtig ist.

Nichtige Verträge werden über das Bereicherungsrecht (§ 812 I 1 1.F.) rückabgewickelt (siehe im Einzelnen unten S. 134 ff.). Die Vertragsparteien eines gescheiterten Vertrages (keine Einigung oder Unwirksamkeit) wissen häufig nicht sofort, dass der Vertrag gar nicht besteht und erbringen deshalb die im Vertrag versprochenen Leistungen. Diese Leistungen sind Leistungen „ohne rechtlichen Grund" und können nach § 812 I 1 1.F. zurückgefordert werden.

a) Geschäftsfähigkeit, §§ 104 ff.

> - Geschäftsfähigkeit ist die Fähigkeit, Rechtsgeschäfte selbst wirksam vorzunehmen.

Die Geschäftsfähigkeit fehlt oder ist eingeschränkt bei Personen, die typischerweise nicht die notwendige Einsicht in die Tragweite ihrer rechtsgeschäftlichen Handlungen haben.

> ■ Geschäftsunfähig ist, wer noch nicht sieben Jahre alt ist oder wer an einer krankhaften Störung der Geistestätigkeit leidet, § 104. Beschränkt geschäftsfähig ist, wer sieben aber noch nicht achtzehn Jahre alt ist, §§ 106, 2. ■

Sieben bzw. achtzehn Jahre alt ist man mit Beginn des jeweiligen Geburtstages (0 Uhr), vgl. §§ 187 II, 188 II.

Abgeschafft ist das Rechtsinstitut der Entmündigung, mit dem früher durch rechtsgestaltenden staatlichen Akt die Geschäftsfähigkeit aufgehoben werden konnte. An die Stelle der Entmündigung ist die Betreuung (§§ 1896 ff.) getreten, deren Anordnung aber keinen Einfluss auf die Geschäftsfähigkeit einer Person hat. Liegen die Voraussetzungen des § 104 Nr.2 nicht vor, bleibt der Betreute geschäftsfähig. Ordnet das Vormundschaftsgericht einen sog. Einwilligungsvorbehalt an, ist der Betreute weitgehend einem beschränkt Geschäftsfähigem gleichgestellt, § 1903.

Die Rechte und Interessen der Geschäftsunfähigen und beschränkt Geschäftsfähigen nehmen ihre gesetzlichen Vertreter wahr. Das sind bei Kindern im Normalfall die Eltern. Denn die Eltern haben gemäß § 1626 die Pflicht und das Recht, für die Kinder zu sorgen. Das Sorgerecht umfasst gemäß § 1629 auch die Befugnis, die Kinder im Rechtsverkehr zu vertreten.

Die Geschäftsfähigkeit darf nicht mit der Rechtsfähigkeit verwechselt werden.

> ■ Rechtsfähigkeit ist die Fähigkeit, Träger von Rechten und Pflichten zu sein. ■

Alle Menschen (natürliche Personen) sind ohne Einschränkung rechtsfähig, vgl. § 1.

Beispiel: Der vierjährige V hat ein Mietshaus geerbt. V ist rechtsfähig und kann deshalb Eigentümer des Hauses sein. Er kann auch Partei der Mietverträge, also Vermieter, sein. Er kann aber weder Mietverträge abschließen noch Mietverhältnisse kündigen oder Handwerker mit Reparaturmaßnahmen beauftragen. V ist geschäftsunfähig, sodass andere für ihn handeln müssen.

Rechtsfähig sind auch sog. juristische Personen.

> ■ Juristische Personen sind Personenvereinigungen oder Vermögensmassen, die von der Rechtsordnung als selbständige Rechtsträger anerkannt sind. ■

Beispiele: Rechtsfähiger Verein, Aktiengesellschaft und GmbH sind juristische Personen. Sie können wie Menschen Vertragspartner eines Kaufvertrages oder Eigentümer eines Grundstückes sein. „Rechtliche Gebilde" sind aber nicht handlungsfähig. Sie haben deshalb Organe (z.B. Vorstand), die diese Funktion übernehmen.

Rechtsfolgen von Geschäftsunfähigkeit

Geschäftsunfähige können überhaupt nicht selbstständig am Rechtsverkehr teilnehmen. Ihre Willenserklärungen sind gemäß § 105 I nichtig. Der Vertragsschluss durch einen Geschäftsunfähigen scheitert schon daran, dass die Willenserklärung des Geschäftsunfähigen „nicht zählt". Es gibt also keine zwei Willenserklärungen, die den Vertrag herbeiführen könnten. Geschäftsunfähige können auch keine Willenserklärungen empfangen, § 131 I.

Beispiel: V spielt im Garten seines Mietshauses. Ein Mieter übergibt V, der ja sein Vermieter ist, eine Kündigung. V verbuddelt den Brief im Sandkasten. Keine wirksame Kündigung. Zugang erst, wenn die Erklärung zum gesetzlichen Vertreter gelangt.

Nach § 105 II ist auch die Willenserklärung eines Geschäftsfähigen nichtig, wenn sie im Zustand der Bewusstlosigkeit (meint hochgradige Bewusstseinstrübung etwa durch Blutalkoholgehalt von mehr als 3 Promille) oder vorübergehender Störung der Geistestätigkeit abgegeben wird. Im Unterschied zum Geschäftsunfähigen bleibt der Zugang von Willenserklärungen möglich.

Rechtsfolgen beschränkter Geschäftsfähigkeit

Beschränkt Geschäftsfähige können nach Maßgabe der §§ 107 ff. auch selbst wirksam Rechtsgeschäfte vornehmen.

Prüfungsschema: Vertragsschluss durch einen beschränkt Geschäftsfähigen

Die Wirksamkeit eines Vertrages, den ein beschränkt Geschäftsfähiger schließt, richtet sich nach den §§ 107 - 113. Der Vertrag ist gemäß 108 I unwirksam, wenn

- keine Teilgeschäftsfähigkeit gemäß § 112 oder § 113 vorliegt
- der Vertrag auch nicht lediglich rechtlich vorteilhaft ist, § 107
- der Vertrag ohne die damit erforderliche Einwilligung geschlossen wurde, § 107 oder § 110
- und auch keine Genehmigung erteilt ist, § 108

Teilgeschäftsfähigkeit

Haben die Eltern dem Minderjährigen die Aufnahme eines Arbeitsverhältnisses erlaubt oder ihn mit Genehmigung des Vormundschaftsgerichts zum Betrieb eines Erwerbsgeschäfts ermächtigt, ist der Minderjährige geschäftsfähig in Bezug auf praktisch alle Geschäfte, die mit dem Erwerbsgeschäft bzw. dem Arbeitsverhältnis notwendigerweise zusammenhängen. Ausbildungsverhältnisse werden allerdings nicht als Arbeitsverhältnis im Sinne des § 113 angesehen und begründen damit keine Teilgeschäftsfähigkeit.

Rechtlich lediglich vorteilhaftes Geschäft

Gemäß § 107 sind Rechtsgeschäfte eines beschränkt Geschäftsfähigen, auch ohne dass der gesetzliche Vertreter mitwirkt, wirksam, wenn sie rechtlich lediglich vorteilhaft sind.

■ Rechtlich lediglich vorteilhaft sind Geschäfte, die keine unmittelbaren rechtlichen Nachteile für den Minderjährigen haben, d.h. weder vorhandene Rechte aufheben oder mindern noch persönliche Pflichten begründen. ■

Für Verfügungen bedeutet das: Verträge, mit denen der Minderjährigen seine Rechte weggibt, sind nachteilig und damit zustimmungsbedürftig. Verfügungen zugunsten des Minderjährigen mehren seine Rechte, sind also im Normalfall vorteilhaft und auch ohne Einwilligung wirksam.

Beispiel: Der 17-jährige M übereignet (§ 929) sein Fahrrad an seinen volljährigen Freund F. Das Geschäft ist nachteilig. Ebenso die Abtretung (§ 398) einer Forderung an F. Finden die gleichen Vorgänge in umgekehrte Richtung statt – F übereignet an M, F tritt eine Forderung an M ab – sind sie vorteilhaft für M.

Nur mittelbare Nachteile spielen bei der Beurteilung keine Rolle, da sonst vorteilhafte Geschäfte praktisch nicht mehr denkbar wären.

Beispiel: Die Eltern des 17-jährigen M übereignen ihm ein Grundstück. Öffentliche Abgaben und Steuern, die auf M als Eigentümer zukommen, machen den Vertrag nicht nachteilig. Nachteilig ist die Übereignung aber, wenn das Grundstück vermietet ist. Denn gemäß § 566 knüpft sich an den rechtsgeschäftlichen Eigentumserwerb der Eintritt in bestehende Mietverhältnisse. Unmittelbare Folge der Verfügung zugunsten des M sind dann also Vermieterpflichten.

Von den verpflichtenden Verträgen ist nur die Schenkung zugunsten des Minderjährigen vorteilhaft. Erfolgt die Schenkung unter Auflage, ist auch sie nachteilig. Sonstige verpflichtende Verträge begründen ausnahmslos persönliche Pflichten. Selbst bei Verträgen, bei denen der Minderjährige keine Gegenleistung verspricht, ergeben sich Rückgabe-, Aufwendungsersatz- oder sonstige Nebenpflichten, die verhindern, dass die Verträge nur vorteilhaft sind.

Beispiel: M leiht sich von seinem Freund F ein Fahrrad. Nachteilig, da M als Entleiher gemäß § 604 I zur Rückgabe verpflichtet ist.

Da es nur auf die rechtliche Vorteil- oder Nachteilhaftigkeit ankommt, ist völlig unerheblich, ob das Geschäft wirtschaftlich günstig ist oder nicht.

Beispiel: F verkauft M sein Fahrrad, das 500 € wert ist, für 100 €. Nachteilig, da der Kaufvertrag den Käufer M zur Zahlung des Kaufpreises verpflichtet. Es ist irrelevant, dass der Kaufpreis im Verhältnis zur Gegenleistung extrem niedrig ist.

Indem man für vorteilhaft hält, was nicht nachteilig ist, dehnt man den Anwendungsbereich von § 107 1. F. über den Wortlaut des Paragraphen hinaus auf neutrale Geschäfte aus. Dieses Abgehen vom Wortlaut rechtfertigt sich daraus, dass der Minderjährige in Bezug auf neutrale Geschäfte nicht schutzbedürftig ist. Vgl. auch § 165.

Beispiel: M verkauft und übereignet ein Fahrrad, das er sich von F geliehen hat, an einen Käufer K, der M für den Eigentümer hält. Gutgläubiger Eigentumserwerb des K vom Nichtberechtigten M gemäß §§ 929 S.1, 932 I. Die Einigung über den Eigentumsübergang zwischen M und K ist trotz der beschränkten Geschäftsfähigkeit des M wirksam. Denn nicht der M, sondern der F verliert durch diese Übereignung sein Eigentum.

Einwilligung

Bei nicht lediglich vorteilhaften Verträgen ist eine Einwilligung des gesetzlichen Vertreters erforderlich, vgl. § 107.

> ■ Einwilligung ist die vorherige Zustimmung, § 183   ■

Die Einwilligung kann sowohl gegenüber dem Minderjährigen als auch gegenüber dem Vertragspartner erteilt werden, vgl. § 182 I. Möglich ist die vorherige Zustimmung zu einem konkreten Geschäft, aber auch zu bestimmten Arten von Geschäften.

Beispiel: Die Eltern des M erlauben ihm, mit Freunden zum Zelten zu fahren. Darin liegt die Einwilligung zu allen Geschäften, die üblicherweise auf einer solchen Reise abgeschlossen werden müssen.

Eine besondere Form der Einwilligung regelt § 110, der sog. Taschengeldparagraph. Danach ist ein Vertrag wirksam, wenn
- dem beschränkt Geschäftsfähigen Mittel zur freien Verfügung überlassen wurden
- und er mit den Mitteln die vertragsmäßige Leistung bewirkt hat.

Im Gegensatz zur normalen Einwilligung wird bei der konkludenten Einwilligung, die in der Geldüberlassung liegt, der Vertrag nicht sofort bei Abschluss wirksam, sondern erst, wenn der Minderjährige seine Leistungspflicht erfüllt hat. Damit wird unter anderem verhindert, dass der Minderjährige an Ratengeschäfte gebunden ist, bevor alle Raten getilgt sind.

Beispiel: M macht eine Ausbildung als Krankenpfleger. Die Eltern belassen ihm die Ausbildungsvergütung in Höhe von 500 €. M schließt mit dem Verkäufer V einen Kaufvertrag über eine Computeranlage ab. Sie vereinbaren, dass M den Kaufpreis in 6 Raten zahlen soll. Der Vertrag ist erst wirksam, wenn die 6. Rate gezahlt ist. Bis zur Zahlung der 6. Rate können die Eltern die Einwilligung widerrufen, vgl. § 183.

Genehmigung

Ist der Vertrag ohne die erforderliche Einwilligung geschlossen worden, hängt seine Wirksamkeit von der Genehmigung ab, § 108 I.

■ Genehmigung ist die nachträgliche Zustimmung, § 184 ■

Auch die Genehmigung kann sowohl gegenüber dem Minderjährigen als auch gegenüber dem Vertragspartner erteilt werden, vgl. § 182 I. Ist der Minderjährige zwischenzeitlich volljährig geworden, ist es gemäß § 108 III seine Sache, den Vertragsschluss zu genehmigen bzw. die Genehmigung zu verweigern.

Bis zur Erteilung der Genehmigung (macht den Vertrag wirksam) oder der Verweigerung der Genehmigung (macht den Vertrag endgültig unwirksam), ist der Vertrag schwebend unwirksam. Der Vertragspartner hat die Möglichkeit, dem Schwebezustand ein Ende zu bereiten, indem er den gesetzlichen Vertreter zur Genehmigung auffordert. Erfolgt darauf innerhalb von zwei Wochen keine Reaktion, gilt die Genehmigung als verweigert, § 108 II 2. Es handelt sich um einen Fall des normierten Schweigens (siehe oben S.15).

b) Formnichtigkeit, § 125

Die Parteien sind in der Wahl ihrer Erklärungsmittel frei, können im Regelfall Verträge also auch ohne weiteres mündlich schließen. Etwas anderes gilt nur, wenn sie selbst durch Vereinbarung Formerfordernisse aufstellen (gewillkürter Formzwang) oder das Gesetz den Grundsatz der Formfreiheit einschränkt (gesetzlicher Formzwang). Wird eine gesetzlich vorgeschriebene Form missachtet, ist das Geschäft gemäß § 125 S.1 nichtig. Im Zweifel gilt das auch, wenn vereinbarte Formen nicht eingehalten werden, § 125 S.2.

Prüfungsschema: Verstoß gegen ein gesetzliches Formerfordernis
Ein Vertrag oder ein sonstiges Rechtsgeschäft ist gemäß § 125 S.1 wegen Formverstoß nichtig, wenn folgende Voraussetzungen vorliegen: • Verstoß gegen ein gesetzliches Formerfordernis • Keine Heilung des Formverstoßes • Keine Überwindung des Formmangels nach § 242

Gesetzliche Formerfordernisse

Gesetzliche Formerfordernisse erfüllen verschiedene Funktionen. Sie dienen der Klarstellung, ob und mit welchem Inhalt ein Geschäft zustande gekommen ist (Klarstellungs- und Beweisfunktion). Bei besonders riskanten oder einschneidenden Geschäften bieten Formerfordernisse Schutz vor übereiltem Abschluss (Warnfunktion). Zum Teil stellen sie auch eine sachkundige Belehrung und Beratung der Beteiligten sicher (Beratungsfunktion).

Es gibt verschiedene Arten der Form, die in §§ 126 ff. beschrieben werden. Ob und welche Form für ein Rechtsgeschäft gilt, ist dann bei dem jeweiligen Rechtsgeschäft festgelegt.

- Notarielle Beurkundung, vgl. § 128: Bei der notariellen Beurkundung wird die gesamte Vertragsurkunde vom Notar errichtet. Das Beurkundungsverfahren richtet sich nach dem Beurkundungsgesetz.
  Beispiele: Grundstückskaufverträge (§ 311b I 1) und Schenkungsversprechen (§ 518 I) sind notariell zu beurkunden.

- Öffentliche Beglaubigung, vgl. § 129: Bei der öffentlichen Beglaubigung bezeugt ein Notar die Echtheit der Unterschriften unter einer schriftlichen Erklärung.
  Beispiel: Die Anmeldung eines Vereins zum Vereinsregister (§ 77) ist öffentlich zu beglaubigen.

- Schriftform, vgl. § 126: Bei der Schriftform muss das Schriftstück eigenhändig unterzeichnet werden, vgl. § 126. Die Schriftform wird auch durch die „höherrangige" notarielle Beurkundung gewahrt, vgl. 126 IV. Die Übermittlung einer Urkunde durch Fax reicht für die Einhaltung gesetzlich angeordneter Schriftform nicht, da dem Empfänger nicht das unterschriebene Schriftstück zugeht. Anders bei vereinbarter Schriftform, vgl. § 127 II.
  Beispiele: Die Erklärung des Bürgen zum Abschluss eines Bürgschaftsvertrages (§ 766) und Schuldanerkenntnisse (§§ 780, 781) bedürfen der Schriftform. Gilt nicht für Kaufleute, vgl. § 350 Handelsgesetzbuch (HGB). Miet- und Arbeitsverträge können zwar mündlich geschlossen werden (Ausnahme § 550 S.1), die Kündigung muss aber schriftlich erfolgen (§ 568 und § 623).

- Elektronische Form, vgl. § 126 a: Bei der elektronischen Form wird ein elektronisches Dokument mit einer elektronischen Signatur nach dem Signaturgesetz versehen.
  Beispiel: Bei der Kündigung des Mietvertrages kann die Schriftform auch durch die elektronische Form ersetzt werden, vgl. §§ 126 III, 126a.
- Textform, vgl. § 126 b: Im Unterschied zur Schriftform ist keine eigenhändige Unterschrift erforderlich. Damit ist die Textform auch praktikabel, wenn Erklärungen automatisiert erstellt werden oder die Übermittlung per Fax oder E-Mail erfolgt.
  Beispiele: Textform ist für Mieterhöhungsverlangen (§ 558 a I) und den Widerruf von Verbraucherverträgen angeordnet (§ 355 I 2).

- Zum Teil gelten besondere Formerfordernisse.
  Beispiele: Wer ein Testament selbst errichten möchte, muss den Text eigenhändig schreiben und dann unterschreiben (§ 2247). Bei der Einigung über den Eigentumsübergang an Grundstücken müssen die Willenserklärungen gleichzeitig vor einer zuständigen Stelle (insbesondere Notar) abgegeben werden (§ 925). Beachte: In der Praxis wird eine notarielle Beurkundung vorgenommen.

Die Warnfunktion macht es in Einzelfällen erforderlich, den Formzwang auch auf an sich nicht formbedürftige Rechtsgeschäfte zu erstrecken, sog. abgeleiteter Formzwang. Das gilt, wenn eine Partei durch ein vorgelagertes Rechtsgeschäft unmittelbar oder mittelbar gebunden wird, den formbedürftigen Vertrag zu schließen. Denn wenn man nicht mehr frei ist, ja oder nein zu sagen, kann eine Warnung nichts ausrichten.

Beispiel: K und V schließen einen Vorvertrag, in dem sie sich verpflichten, einen Grundstückskaufvertrag zu schließen. Schon der Vorvertrag ist in entsprechender Anwendung des § 311b I 1 notariell zu beurkunden.

Überwindung eines Formmangels durch Heilung oder gemäß § 242

In §§ 311b I 2, 518 II, 766 S.3 ist angeordnet, dass, wenn Grundstücksverkäufer, Schenker oder Bürge ihre formungültig versprochene Leistung trotzdem – freiwillig – erbringen, mit der Erfüllung der Formmangel geheilt ist. Das heißt, der zunächst unwirksame Vertrag wird wirksam.

Beispiel: Schuldner S nimmt bei Gläubiger G ein Darlehen über 10.000 € auf, für das sich der Bruder des S in einem Gespräch mit G verbürgt. Einige Zeit später nimmt G den B aus der Bürgschaft in Anspruch. B muss nicht zahlen, da der Bürgschaftsvertrag gemäß § 125 S.1 i.V.m. § 766 unwirksam ist. Denkt B, er sei verpflichtet und zahlt deshalb, wird der Vertrag wirksam. Das hat zur Folge, dass B, selbst wenn er nun erfährt, dass mündliche Bürgschaften eigentlich nicht gelten, sein Geld nicht zurückholen kann. Ein Anspruch aus § 812 I 1 1.F. besteht nicht, da die Zahlung nicht rechtsgrundlos, sondern auf Basis des durch Heilung wirksam gewordenen Vertrages erfolgte.

In eng umgrenzten Ausnahmefällen kann ein Formverstoß gemäß § 242 nach Treu und Glauben unschädlich sein. Voraussetzung ist, dass Formnichtigkeit im konkreten Fall nicht nur ein ungerechtes, sondern ein völlig untragbares Ergebnis ist. Das kann beispielsweise dann der Fall sein, wenn eine Partei die andere arglistig über die Formbedürftigkeit täuscht und sich dann später auf die Formnichtigkeit beruft.

c) Verstoß gegen ein Verbotsgesetz, § 134

Verträge können nicht nur wegen ihrer Form, sondern auch wegen ihres Inhalts nichtig sein. Nach § 134 ist das bei Verstoß gegen ein gesetzliches Verbot der Fall.

> ■ Verbotsgesetze sind Rechtsnormen (Gesetze im formellen Sinne, aber auch Verordnungen), die ein an sich mögliches Rechtsgeschäft wegen seines Inhalts oder der besonderen Umstände seiner Vornahme untersagen. ■

Beispiele: Kaufverträge sind an sich unproblematisch möglich, der Kauf und Verkauf gestohlener Sachen (Hehlerei) ist aber gemäß § 259 Strafgesetzbuch (StGB) verboten, der Vertrag also gemäß § 134 nichtig. Ebenso unwirksam ist gemäß § 134 i.V.m. § 17 Transplantationsgesetz ein Kaufvertrag, mit dem Organe gehandelt werden.

Aber nicht jeder Gesetzesverstoß führt zur Unwirksamkeit. Nach § 134 2.Hs. ist zu berücksichtigen, ob eine Auslegung des Verbotsgesetzes ergibt, dass ein Geschäft trotz Verstoß gültig sein soll. So hat etwa die Verletzung sog. Ordnungsvorschriften, die nur die äußeren Umstände – etwa Ort oder Zeit – des Zustandekommens eines Vertrages missbilligen, keine Nichtigkeit zu Folge.

Beispiel: Der Berliner Einzelhändler E öffnet sein Geschäft jeden Sonntag, obwohl das Berliner Ladenöffnungsgesetz nur 10 verkaufsoffene Sonntage vorsieht. Es liegt ein Verstoß gegen das Gesetz vor. Die geschlossenen Kaufverträge sind trotzdem wirksam.

Besonders problematisch und jeweils nach dem Sinn und Zweck der in Frage stehenden Verbotsnorm zu entscheidende Fälle sind solche, in denen sich ein Verbot nur an einen der Vertragspartner richtet oder im konkreten Fall nur einer dagegen verstößt.

Beispiele: Der Vertrag mit einem Makler, der seine Tätigkeit ohne die erforderliche Gewerbeerlaubnis ausübt, ist wirksam; der mit einem nicht zugelassenen Steuerberater unwirksam. Verstößt nur der Auftragnehmer gegen das Gesetz zur Bekämpfung der Schwarzarbeit, werden dem „gutgläubigen" Auftraggeber seine vertraglichen Erfüllungs- und Gewährleistungsansprüche belassen.

d) Sittenwidrigkeit, § 138 I

Auch § 138 I stellt Mindestanforderung an den Inhalt eines Vertrages auf: Er darf nicht gegen die guten Sitten verstoßen. Die (nur bedingt hilfreiche) Formel lautet:

> ■ Ein Rechtsgeschäft ist sittenwidrig, wenn es gegen das Anstandsgefühl aller billig und gerecht Denkenden verstößt. ■

Mit § 138 I existiert eine sehr allgemein formulierte Generalklausel, die es ermöglicht, ganz unterschiedliche Varianten des Missbrauchs der Privatautonomie zu erfassen (siehe schon oben S.12 f.). Die Fälle der Sittenwidrigkeit sind vielfältig und reichen von Verträgen, mit denen der Intimbereich kommerzialisiert wird, zu Geschäften, mit denen eine wirtschaftliche Monopolstellung ausgenutzt wird. Gerade in dem besonders relevanten Bereich sittenwidrigen Verhaltens gegenüber Geschäftspartnern lassen sich aber einige wichtige und immer wiederkehrende Fallgruppen herausstellen:

- Wucherähnliche Geschäfte: Ratenkreditverträge sind sittenwidrig, wenn zwischen Leistung und Gegenleistung ein auffälliges Missverhältnis besteht und der Kreditgeber mit dem Abschluss des Vertrages die schwächere Lage des Kreditnehmers ausnutzt, was bei Verbraucherkrediten vermutet wird. Ein auffälliges Missverhältnis besteht, wenn der Vertragszins den Marktzins um mehr als 12 Prozentpunkte übersteigt bzw. ein relativer Zinsunterschied von 100 % vorliegt. § 138 II – Wucher – ist in diesen Fällen meist nicht anwendbar, da sein subjektives Merkmal (Ausbeutung einer Zwangslage usw.) nicht erfüllt ist.

- Bürgschaftsverträge vermögensloser Familienangehöriger: Solche Verträge können unwirksam sein, wenn die Bürgschaftsverpflichtung den Bürgen finanziell erheblich überfordert und er sich auf die Bürgschaft nur aus emotionaler Verbundenheit mit dem Kreditnehmer eingelassen hat.

- Knebelungsverträge wie beispielsweise ein Bierlieferungsvertrag über 20 Jahre oder eine übersichernde Sicherungsübereignung oder Sicherungsabtretung (siehe unten S.183 ff.): Der Kreditgeber darf sich nicht von vornherein zu viel an Sicherheit einräumen lassen. Die Übertragung ist nichtig, wenn der bei einer späteren Verwertung des Sicherungsguts vermutlich erzielbare Erlös (Sicherungswert) in einem auffälligen Missverhältnis zur Höhe der gesicherten Forderung steht. Die kritische Grenze dürfte erreicht sein, wenn der Sicherungswert (nicht der Einkaufspreis des Sicherungsguts) das Doppelte der gesicherten Forderung beträgt.

- Verleitung zum Vertragsbruch: Lässt sich der Geldkreditgeber zur Absicherung eines Unternehmenskredits Forderungen abtreten, die der Kreditnehmer üblicherweise später im Rahmen eines verlängerten Eigentumsvorbehalts (siehe unten S.181) an seine Warenlieferanten abtreten muss, verleitet er den Kreditnehmer zum Vertragsbruch gegenüber den Lieferanten und die Sicherungsabtretung ist sittenwidrig.

Beachte: Werden Verträge bereicherungsrechtlich rückabgewickelt, die nach § 134 oder § 138 nichtig sind, ist neben § 812 I 1 1.F. auch § 817 zu berücksichtigen.

e) Anfechtung, §§ 119 ff.

Die Anfechtung gehört zu den Gestaltungsrechten, mit denen man sich von vertraglichen Verpflichtungen befreien kann. Dazu gehören auch Rücktritt, Widerruf bei Verbraucherverträgen und Kündigung (siehe unten Kapitel 3). Im Unterschied zu den anderen drei Möglichkeiten ist die Anfechtung auch bei Verfügungen möglich und führt, wenn alle Voraussetzungen vorliegen, dazu, dass das Rechtsgeschäft von Anfang an nichtig ist, § 142 I.

Prüfungsschema: Anfechtung

Ein Vertrag oder ein sonstiges Rechtsgeschäft ist gemäß § 142 I infolge Anfechtung nichtig, wenn folgende Voraussetzungen vorliegen:

- Anwendbarkeit der §§ 119 ff.
- Zulässigkeit der Anfechtung
- Anfechtungsgrund, §§ 119, 120 und 123
- Anfechtungserklärung, § 143
- Innerhalb der maßgeblichen Anfechtungsfrist, §§ 121 und 124

Weitere Rechtsfolgen einer wirksamen Anfechtung ergeben sich aus § 122 und aus § 142 II.

Anwendbarkeit der §§ 119 ff. und Zulässigkeit der Anfechtung

Man muss bei einer Anfechtung immer klären, ob Anfechtungsgrund und Anfechtungserklärung vorliegen und die Anfechtungsfrist eingehalten wurde. Die Anwendbarkeit und Zulässigkeit ist in den meisten Fällen völlig unproblematisch und dann auch nicht zu erörtern. Es verbergen sich hier aber eine Reihe von Einzelproblemen, die in manchen Konstellationen zu bedenken sind.

- Die §§ 119 ff. sind nicht anwendbar, wenn Spezialregeln bestehen wie etwa für die Anfechtung einer Eheschließung oder einer Erbschaftsannahme.

- Beim normierten Schweigen (siehe oben S.15) muss man unterscheiden: Schweigen, das als Zustimmung gilt, ist anfechtbar (Argument: Durch Schweigen kann keine stärkere Bindung eintreten als durch „echte" Willenserklärungen), nicht aber Schweigen, das als Ablehnung gilt (Argument: In diesen Fällen ist gerade eine endgültige Klärung der Rechtslage gewollt).

- Man kann auch bereits nichtige Rechtsgeschäfte noch anfechten. Argument: Es muss die Möglichkeit bestehen, ungünstige Folgen eines Nichtigkeitsgrundes (etwa der Schadensersatzpflicht bei einer Anfechtung nach § 119) durch Geltendmachung eines weiteren (einer Anfechtung nach § 123) zu vermeiden.

- Irrt jemand über die mängelbegründende Eigenschaft einer Kaufsache, ist die Anfechtung nach § 119 (nicht die nach § 123) durch die Vorschriften zur Mängelhaftung in §§ 434 ff. verdrängt. Argument: Die Verjährungsregelung des Kaufrechts (gemäß § 438 I Nr.3, II im Normalfall 2 Jahre ab Ablieferung) darf nicht mit späterer Anfechtung unterlaufen werden.

- Sehr fraglich ist, ob es zulässig ist, eine Vollmacht anzufechten, die bereits benutzt wurde. Überwiegend wird es für möglich gehalten, obwohl damit den bereits mit der Vollmacht getätigten Rechtsgeschäften im Nachhinein der Boden entzogen wird. Geschäftsgegner und Vertreter seien aber ausreichend über § 122 und § 179 geschützt.

- Arbeits- und Gesellschaftsverträge, die bereits in Vollzug gesetzt wurden, können im Normalfall nur mit Wirkung für die Zukunft angefochten werden. Die rückwirkende Anfechtung ist aus Gründen des Schutzes des Arbeitnehmers bzw. der Gläubiger der Gesellschaft unzulässig.

Anfechtungsgrund

Anfechtungsgründe sind in §§ 119, 120 und 123 geregelt.

Irrtumsanfechtung, § 119

Die drei Anfechtungsgründe des § 119 knüpfen jeweils an einen Irrtum des Erklärenden an.

- Irrtum ist das unbewusste Auseinanderfallen von Wille und Erklärung zur Zeit der Abgabe der Willenserklärung.

Geregelt sind:

- Inhaltsirrtum, § 119 I 1.F.: Der Erklärende irrt sich über die Bedeutung des gewählten Erklärungszeichen. „Er weiß, was er sagt, er weiß aber nicht, was er damit sagt."
  Beispiel: K bestellt 10 Gros Küchenrollen und versteht darunter 10 große Rollen. V bestätigt die Bestellung und liefert 1440 Rollen. Nach objektiv-normativer Auslegung hat K 1440 Rollen bestellt (siehe Kap.1 zur Auslegung von Willenserklärungen). Wenn V diese Bestellung bestätigt, bedeutet das nach objektiv-normativer Auslegung Annahme nicht des „gewollten" Angebots, sondern des tatsächlich gemachten Angebots. Also Vertrag über 1440 Rollen. Aber Inhaltsirrtum des K, der ihn zur Anfechtung berechtigt (zum Verhältnis Auslegung, Vertragsschluss, Anfechtung siehe schon oben S.40).

- Kein Inhaltsirrtum liegt beim sog. Kalkulationsirrtum vor und zwar selbst dann, wenn der Erklärende die Grundlagen seiner Kalkulation offengelegt hat (sog. externer Kalkulationsirrtum). Gibt man durch eine fehlerhafte Kalkulation motiviert eine Willenserklärung ab, sagt man im Moment der Erklärung genau das, was man sagen will. Der Irrtum liegt im Vorfeld der Erklärung.
  Beispiel: Unternehmer U macht Besteller B ein Angebot, dessen Wohnzimmer für insgesamt 1000 € zu streichen. B ist einverstanden. Bei der Erstellung des Angebots legt U allerdings eine zu niedrige Quadratmeterzahl zugrunde. Der Werkvertrag ist nicht anfechtbar. In Betracht kommt Vertragsanpassung über § 313 wegen Störung der Geschäftsgrundlage. Allerdings nur dann, wenn das Risiko der Fehlkalkulation nicht in den alleinigen Risikobereich des Kalkulierenden fällt (so aber meist), etwa weil die falschen Berechnungsgrundlagen von B kamen.

- Beim Rechtsfolgenirrtum ist zu differenzieren: Hat der Vertrag nicht die gewollten, sondern ganz andere Rechtsfolgen, greift § 119 I 1.F. Irrt man sich nur über Nebenfolgen, die sich kraft Gesetzes an das Geschäft knüpfen, ist das Geschäft nicht anfechtbar. § 119 soll dem wahren Willen wieder zum Durchbruch verhelfen. Solche Nebenfolgen beruhen aber gerade nicht auf dem Willen.
  Beispiel: Meint K eine Sache geschenkt zu bekommen, während er in Wirklichkeit gerade einen Kaufvertrag schließt, kann er anfechten. Weiß V nicht, dass er als Verkäufer für die Mangelfreiheit der Sache haftet, berechtigt ihn das, wenn er es erfährt, nicht zur Anfechtung.

- Erklärungsirrtum, § 119 I 2.F.: Der Erklärende irrt sich bei der Wahl des Erklärungszeichens durch Verschreiben, Vergreifen oder Versprechen. „Er weiß nicht, was er sagt."
Beispiel: Restaurantbesitzer R stellt eine Bestellliste für den Großhändler zusammen. Er vertippt sich und setzt 21 statt 12 Hummer auf die Liste.

- Irrtum über eine verkehrswesentliche Eigenschaft von Sache oder Person, § 119 II: Der Erklärende irrt sich über wertbildende Merkmale, die objektiv oder nach der Vereinbarung der Parteien für Sache oder Person relevant sind.
Beispiele: Verkehrswesentliche Eigenschaften sind Lage und Bebaubarkeit eines Grundstücks, Original oder Fälschung bei einem Bild, Laufleistung und Unfallfreiheit bei einem Pkw, Sachkunde eines Gutachters. Keine Eigenschaft ist der Wert einer Sache an sich.

Anfechtung wegen Täuschung oder Drohung, § 123

Eine Willenserklärung, die auf manipulativer Einflussnahme beruht, ist kein Ausdruck rechtsgeschäftlicher Selbstbestimmung Deshalb ermöglicht § 123 I die Anfechtung von Willenserklärungen, die durch arglistige Täuschung oder Drohung hervorgerufen wurden.

Wer bei Abschluss eines verpflichtenden Vertrags getäuscht oder bedroht wird, gibt auch die Willenserklärung zum Abschluss des verfügenden Vertrages, mit dem er seine Verpflichtung erfüllt, noch unter dem Eindruck der Täuschung oder Bedrohung ab. Möglich ist also die Anfechtung beider Rechtsgeschäfte, die dann beide unwirksam sind, Fall der Fehleridentität (siehe oben S.25).

Beispiel: K bringt den V mit massiven Drohungen dazu, ihm ein Seegrundstück zu einem weit unter Verkehrswert liegenden Preis zu verkaufen. Anschließend überträgt V in Erfüllung des Kaufvertrages das Eigentum an dem Grundstück an K. V kann Kaufvertrag und Übereignung anfechten.

> - Täuschung ist ein Verhalten, das darauf abzielt, in dem anderen eine falsche Vorstellung hervorzurufen, zu bestärken oder aufrechtzuerhalten.

Täuschen kann man auch durch das Verschweigen von Tatsachen, wenn eine Pflicht zur Aufklärung besteht. Auf Fragen muss grundsätzlich vollständig und richtig geantwortet werden. Auch ungefragt sind Umstände zu offenbaren, die für den Vertragspartner erkennbar von entscheidender Bedeutung sind.

Beispiel: V verkauft seinen Pkw an K und erwähnt bei den Vertragsverhandlungen nicht, dass er vor kurzem einen Auffahrunfall mit dem Wagen hatte. Sobald es nicht nur um Bagatellschäden geht, sind Unfallschäden beim Gebrauchtwagenverkauf auch ungefragt zu offenbaren. Also Täuschung. Beachte: Im Unterschied zu § 119 II ist die Anfechtungsmöglichkeit nach § 123 I nicht durch die Mängelhaftung gemäß §§ 434 ff. verdrängt (siehe oben S.54).

> ■ Arglist erfordert Täuschungswillen, d.h. der Handelnde muss die Unrichtigkeit seiner Angaben kennen und den anderen zur Abgabe der gewünschten Willenserklärung veranlassen wollen. ■

Bedingter Vorsatz ist ausreichend. Arglistig handelt also schon, wer, ohne es positiv zu wissen, damit rechnet, dass die eigenen Angaben falsch sind und ins Kalkül zieht, dass die Angaben möglicherweise für die Willensbildung des anderen von Bedeutung sind. Eindeutig nicht erforderlich sind Schädigungsvorsatz oder böse Absichten.

Beispiel: V macht Angaben zur Unfallfreiheit des Pkw, den er allerdings selbst gebraucht gekauft hat. V muss deutlich machen, dass der Wagen nur seiner Kenntnis nach unfallfrei ist. Sonst liegt eine Täuschung durch Angaben „ins Blaue hinein" vor, wenn sich herausstellt, dass der Vorbesitzer des V mit dem Wagen einen Unfall hatte.

Die Täuschungsanfechtung ist gemäß § 123 II 1 ausgeschlossen, wenn nicht der Vertragspartner, sondern ein Dritter getäuscht hat und der Vertragspartner die Täuschung weder kannte noch kennen musste. Diese Regelung greift nicht, wenn der Täuschende Vertreter, Verhandlungsgehilfe oder Vertrauensperson des Vertragspartners ist. Täuschungen solcher Hilfspersonen muss sich der Geschäftsgegner ohne weiteres zurechnen lassen. Sie sind keine Dritten i.S. des § 121 II 1.

Beispiel: Schuldner S veranlasst den B durch Täuschung über seine Vermögensverhältnisse dazu, ein Darlehen, das ihm die G-Bank gewährt, durch eine Bürgschaft abzusichern. Der Täuschende S ist keine Hilfsperson der G-Bank. B kann den mit der G-Bank geschlossenen Bürgschaftsvertrag wegen der Täuschung des

S deshalb nur anfechten, wenn die Bank von der Täuschung wusste oder wissen musste. Das wird im Normalfall kaum anzunehmen sein.

> ■ Drohung ist das Inaussichtstellen eines künftigen Übels, dessen Eintritt nach Vorgabe des Drohenden von seinem Willen abhängig ist. ■

Um zur Anfechtung zu berechtigen, muss die Drohung widerrechtlich sein. Das kann sich aus der Rechtswidrigkeit des mit der Drohung erstrebten Zwecks, aus der Rechtswidrigkeit des in Aussicht gestellten Verhaltens (Drohungsmittel), aber auch aus der sog. Zweck-Mittel-Relation ergeben.

Beispiel: Droht jemand Schläge an, ergibt sich die Widerrechtlichkeit schon aus der Rechtswidrigkeit des Mittels. Droht jemand, um den Abschluss eines Kaufvertrages zu forcieren, damit, anderenfalls den Vertragspartner wegen einer Unfallflucht anzuzeigen, ergibt sich die Widerrechtlichkeit aus der Benutzung dieses Mittels zu diesem Zweck. Sowohl der Abschluss des Kaufvertrags als auch die Anzeige sind legal. Die Verknüpfung ist aber rechtswidrig, da das eine an sich mit dem anderen nichts zu tun hat.

Anfechtungserklärung, § 143

Die Anfechtung kann ausdrücklich, aber auch konkludent erklärt werden. Die Erklärung ist bedingungsfeindlich (siehe unten S. 60).

> ■ Anfechtungserklärung ist jede Erklärung, die erkennen lässt, dass die Willenserklärung rückwirkend wegen eines Willensmangels nicht gelten soll. ■

Anfechtungsberechtigt ist grundsätzlich derjenige, der die Willenserklärung abgegeben hat. Im Fall der Stellvertretung steht die Anfechtungsbefugnis allerdings dem Vertretenen zu. Anfechtungsgegner ist bei einem Vertrag nach § 143 II der Vertragspartner.

Anfechtungsfrist

Eine Irrtumsanfechtung muss unverzüglich erfolgen, § 121. Unverzüglich heißt nicht sofort, sondern, wie das Gesetz selbst definiert, ohne schuldhaftes Zögern. Obergrenze dürfte im Normalfall eine Frist von 10 - 14 Tagen sein. Die Frist beginnt aber erst zu laufen, wenn der Anfechtungsberechtigte Kenntnis vom Anfechtungsgrund erlangt. Eine Anfechtung wegen Täuschung oder Drohung ist innerhalb eines Jahres nach Entdeckung der Täuschung, bzw. Nachlassen der Drohung möglich, § 124 I, II. In allen Fällen gilt eine objektive Höchstfrist von 10 Jahren nach Abgabe der Willenserklärung, vgl. §§ 121 II, 124 III.

Beispiel: V und K haben im März 1999 einen Vertrag geschlossen. Mitte 2007 erfährt K, dass er arglistig getäuscht wurde. Er hat gemäß § 124 I, II ein Jahr Zeit, die Anfechtung zu erklären. Wurde der Vertrag schon 1997 geschlossen, ist die Anfechtung gemäß § 124 III nicht mehr möglich, obwohl K gerade erst vom Anfechtungsgrund erfahren hat, da schon mehr als 10 Jahre vergangen sind.

Rechtsfolgen

Neben der rückwirkenden Nichtigkeit nach § 142 I, die zur Rückabwicklung des Vertrages nach §§ 812 ff. führt, ergeben sich weitere Rechtsfolgen der Anfechtung aus § 142 II und § 122. § 142 II ist insbesondere wichtig, wenn eine Verfügung angefochten wird und der Erwerber den Gegenstand zwischenzeitlich schon an einen Dritten weiterübertragen hat.

Beispiel: A veräußert einen Gegenstand an B, der ihn an C weiter überträgt. Ficht A später die Übereignung an B nach § 123 I an, wird die Eigentümerstellung des B rückwirkend beseitigt. C hat den Gegenstand also von einem Nichtberechtigten erworben. Gutgläubiger Erwerb scheitert über § 142 II, wenn C wusste, dass das Geschäft zwischen A und B anfechtbar war.

Nach § 122 muss der Anfechtende in den Fällen der Irrtumsanfechtung (nicht bei Anfechtung nach § 123 I) den sog. Vertrauensschaden ersetzen.

Übersicht: Vertrauensschadensersatz
Vertrauensschaden ist der Schaden, den der Ersatzberechtigte dadurch erleidet, dass er auf die Gültigkeit des Geschäfts vertraut. Anders gesagt: Er ist vermögensmäßig so zu stellen, wie er stünde, wenn er von Anfang an gewusst hätte, dass das Geschäft **nicht** besteht (deshalb: sog. negatives Interesse). Dann hätte er bestimmte Dispositionen nicht getroffen (z.B. die Ware nicht zum Käufer transportiert) oder er hätte andere Dispositionen getroffen (z.B. einen Vertrag mit einem anderen Vertragspartner geschlossen, aus dem er Gewinn gezogen hätte). Anspruchsgrundlagen, die auf Ersatz des Vertrauensschadens gehen, sind § 122 und § 179 II. Bei Verletzung vorvertraglicher Pflichten ist der Geschädigte

gemäß § 280 I i.V.m. § 311 II so zu stellen, wie er ohne die Pflichtverletzung stünde. Werden vorvertragliche Aufklärungspflichten über Umstände verletzt, die die Wirksamkeit des Geschäfts betreffen, kann der Anspruch auf das negative Interesse gerichtet sein.

f) Aufschiebende Bedingung, § 158 I

Bei der aufschiebenden Bedingung wird der Vertrag oder das sonstige Rechtsgeschäft ohne Bedingungseintritt nicht wirksam. Bei der auflösenden Bedingung wird das zunächst wirksame Geschäft mit Bedingungseintritt unwirksam (kein Wirksamkeitshindernis, sondern Erlöschensgrund).

■ Bedingung ist das Abhängigmachen der Wirksamkeit eines Geschäfts vom Eintritt eines zukünftigen ungewissen Ereignisses. ■

Beispiel: V verkauft K einen Pkw. Der Wagen wird sofort an K übergeben. Den Kaufpreis soll K in mehreren Raten verteilt über zwei Jahre zahlen. In dieser Situation ist es üblich, im Rahmen des Kaufvertrags einen Eigentumsvorbehalt zu vereinbaren (§§ 433, 449), der dazu führt (vgl. § 449 I), dass die Übereignung des Kfz unter der aufschiebenden Bedingung vollständiger Kaufpreiszahlung steht (§§ 929 S.1, 158 I). Trotz sofortiger Übergabe wird K erst Eigentümer, wenn er alle Raten gezahlt hat.

Gestaltungsrechte wie Anfechtung, Rücktritt, Widerruf bei Verbraucherverträgen, Kündigung und Aufrechnung sind im Normalfall bedingungsfeindlich, auch wenn eine ausdrückliche Anordnung nur in § 388 S.2 für die Aufrechnung besteht. Da ohne Zutun des anderen auf die Rechtslage eingewirkt wird, muss sich aus Gründen der Rechtssicherheit und Rechtsklarheit die beabsichtigte Rechtsänderung eindeutig aus der Erklärung ergeben. Möglich ist aber beispielsweise die sog. Rechtsbedingungen, bei der eine Erklärung nur gelten soll, wenn die eigene Rechtsansicht falsch ist.

Beispiel: V nimmt K auf Kaufpreiszahlung in Anspruch. K behauptet, ein Vertrag sei gar nicht zustande gekommen, weil V und K sich missverstanden hätten. Sollte aber doch eine Einigung vorliegen, erkläre er die Anfechtung des Vertrags, da er sich geirrt habe, sog. Eventualanfechtung. Damit ist eine „zweigleisige" Verteidigung gegen Ansprüche möglich.

3. Stellvertretung

Eine beim Vertragsschluss häufig vorkommende Variante ist die Einschaltung eines Stellvertreters. Die Regeln der Stellvertretung, die sich in §§ 164 ff. befinden, ermöglichen die Zurechnung von Willenserklärungen. So wird beispielsweise der Inhaber eines Einzelhandelsgeschäfts kaum sämtliche Kaufverträge mit seinen Kunden selbst schließen wollen, sondern zu diesem Zweck Verkaufspersonal einschalten. Wenn alle Voraussetzungen wirksamer Stellvertretung vorliegen, tauschen zwar der Kunde (Geschäftsgegner) und der Kassierer (Vertreter) die Willenserklärungen aus, die Willenserklärung des Kassierers wirkt aber für den vertretenen Einzelhändler. Der Vertrag kommt zwischen dem Kunden und dem Einzelhändler zustande.

Prüfungsschema: Stellvertretung

Gemäß § 164 I wirkt die Willenserklärung eines Vertreters für und gegen den Vertretenen, wenn folgende Voraussetzungen erfüllt sind:

- Anwendbarkeit der §§ 164 ff.
- Zulässigkeit der Stellvertretung
- Eigene WE des Vertreters
- Im fremden Namen
- Mit Vertretungsmacht

---

a) Anwendbarkeit der §§ 164 ff.

Die Regeln der Stellvertretung sind für die Abgabe und den Empfang (vgl. § 164 III) von Willenserklärungen gemacht. Damit sind natürlich nicht nur Angebot und Annahme erfasst, sondern auch sonstige Willenserklärungen, wie etwa die Anfechtungserklärung.

b) Zulässigkeit der Stellvertretung

Unzulässig ist Vertretung insbesondere bei den höchstpersönlichen Rechtsgeschäften des Familien- oder Erbrechts.

Beispiele: Weder die Eheschließung noch die Testamentserrichtung (vgl. § 2247) können an Vertreter delegiert werden.

c) Eigene Willenserklärung des Vertreters

Daran fehlt es, wenn die Hilfsperson nur als Bote fungiert, also eine fremde Willenserklärung überbringt. Die Abgrenzung erfolgt im Zweifelsfall nach dem Empfängerhorizont, also danach, ob die Hilfsperson im Außenverhältnis als Vertreter oder als Bote auftritt.

d) Im fremden Namen

■ Es gilt der sog. Offenkundigkeitsgrundsatz: Der Vertreter muss entweder ausdrücklich im Namen des Vertretenen handeln oder dies muss sich zumindest aus den Umständen ergeben, § 164 I 2.   ■

Beispiel: Dass ein Kassierer Verträge nicht für sich selbst, sondern den Geschäftsinhaber schließt, ergibt sich aus seiner sozialen Stellung, ohne dass er es noch ausdrücklich erwähnen muss.

Das Offenkundigkeitsprinzip dient dem Schutz des Geschäftsgegners, der die Chance haben muss zu erkennen, mit wem er gerade einen Vertrag schließt. Ausnahmsweise ohne Offenlegung der Fremdwirkung einer Willenserklärung kommt das Geschäft mit dem Vertretenen deshalb in den Fällen zustande, in denen der Geschäftsgegner nicht schutzbedürftig ist. Das ist insbesondere bei Bargeschäften des täglichen Lebens der Fall, bei denen beide Seiten ihre Leistungen sofort erbringen. Bei solchen Geschäften ist es dem Geschäftsgegner im Normalfall egal, wer der Vertragspartner ist.

Ansonsten gilt: Ist die Fremdwirkung der Willenserklärung nicht erkennbar, schließt der Vertreter den Vertrag für sich selbst ab. Er kann dann auch nicht mit dem Hinweis darauf, ein Geschäft für sich selbst nicht gewollt zu haben, anfechten, § 164 II.

e) Mit Vertretungsmacht

Damit das Geschäft für und gegen den Vertretenen wirkt, muss der im fremden Namen Handelnde zur Zeit der Vornahme des Vertretergeschäfts Vertretungsmacht haben und das konkrete Geschäft muss auch von der Vertretungsbefugnis gedeckt sein.

Die Arten der Vertretungsbefugnis

Vollmacht

> ■ Eine Vollmacht ist rechtsgeschäftlich (durch Willenerklärung) erteilte Vertretungsmacht, vgl. § 166 II. ■

Die Vollmacht kann gemäß § 167 I entweder gegenüber dem Vertreter erteilt werden (Innenvollmacht) oder auch gegenüber dem Geschäftsgegner (Außenvollmacht). Im Normalfall ist die Erteilung formfrei möglich, vgl. § 167 II. Eine Ausnahme besteht etwa in § 492 IV oder kann sich aus abgeleitetem Formzwang ergeben.

Die Vollmacht erlischt nach § 168, wenn sie widerrufen wird oder das ihrer Erteilung zugrunde liegende Rechtsverhältnis endet, also etwa der Arbeitsvertrag eines Kassierers gekündigt ist. Ein Erlöschen kann sich auch aus der Vollmacht selbst ergeben, wenn sie zeitlich befristet oder nur für ein einziges, inzwischen erledigtes Geschäft erteilt wurde.

Besondere Arten der Vollmacht sind beispielsweise Untervollmacht oder die handelsrechtlichen Vollmachten Prokura und Handlungsvollmacht, die in §§ 48 ff. HGB geregelt sind, und nur von Kaufleuten erteilt werden können.

Gesetzliche und organschaftliche Vertretungsmacht

Ein Beispiel für gesetzliche Vertretungsmacht ist die Vertretungsbefugnis der Eltern für ihre Kinder, die in § 1629 geregelt ist. Organschaftliche Vertretungsmacht haben beispielsweise GmbH-Geschäftsführer oder Vorstände einer Aktiengesellschaft.

Vollmacht kraft Rechtsschein

In bestimmten Fällen wird das Vertrauen des Geschäftsverkehrs in eine in Wahrheit nicht existierende Vertretungsbefugnis geschützt. Das passiert, wenn es so aussieht, als gäbe es eine Vollmacht (Rechtsschein), der Vertretene für diese „Täuschung" mitverantwortlich ist und der Geschäftsgegner an die nicht existierende Vollmacht glaubt. Gesetzlich geregelte Rechtsscheintatbestände finden sich in §§ 170 - 173. Daneben sind Duldungs- und Anscheinsvollmacht anerkannt.

■ Eine Duldungsvollmacht liegt vor, wenn der Vertretene es wissentlich geschehen lässt, dass ein anderer für ihn ohne Vertretungsmacht als Vertreter auftritt. Eine Anscheinsvollmacht ist gegeben, wenn der Vertretene zwar nicht positiv weiß, dass ein anderer für ihn wiederholt im Rechtsverkehr auftritt, er es aber bei pflichtgemäßer Sorgfalt hätte erkennen und verhindern können. ■

Beispiel: Der Angestellte A ist in der Innenrevision der Firma F tätig und hat in dieser Funktion keinerlei Kundenkontakt. Da ihm die Tätigkeit nicht gefällt, nutzt er seit längerem jede Gelegenheit, sich in den Außendienst einzuschalten und Verträge mit Kunden abzuschließen, ohne dass offiziell veränderte Zuständigkeiten geschaffen und dem A entsprechende Vollmachten erteilt werden. Die Verträge, die A schließt, wirken trotzdem für F. Ist das Verhalten des A der Firmenleitung bekannt, liegt eine Duldungsvollmacht vor, wenn nicht, eine Anscheinsvollmacht, da das Vorgehen des A bei einer vernünftigen Kontrolle der Organisationsstrukturen hätte bekannt sein müssen.

Der Umfang der Vertretungsbefugnis

Der Umfang einer Vollmacht ergibt sich im Normalfall aus der Vollmacht selbst und ist durch Auslegung zu ermitteln. Das ist für den Geschäftsgegner misslich, da er bei der Innenvollmacht den Wortlaut der Vollmacht häufig gar nicht kennt. Überschreitet der Vertreter seine Vertretungsbefugnis, ist die Konsequenz die gleiche, als wenn gar keine Vertretungsbefugnis besteht. § 164 I sagt deutlich, dass die Willenserklärung innerhalb der Vertretungsmacht des Vertreters liegen muss, damit wirksame Stellvertretung vorliegt.

Beispiel: V hat zwei Pkw und beauftragt seinen Neffen N, der sich mit Autos viel besser auskennt, den einen, einen VW-Golf, zu verkaufen und erteilt N auch eine entsprechende Vollmacht. Der K macht dem N für den anderen Wagen, einen Opel Corsa, ein sehr gutes Angebot. N erklärt sich damit einverstanden und verkauft den Opel im Namen des V an K. V ist entsetzt und verweigert die Herausgabe des Opel. Kein Kaufvertrag zwischen V und K, da N zwar eine Vollmacht hatte, die aber nicht auch den Opel Corsa umfasste. Der Geschäftsgegner K hat deshalb keinen Anspruch auf Erfüllung des Kaufvertrages gegen V, sondern nur einen Anspruch gegen den Vertreter ohne Vertretungsmacht N aus § 179 I (siehe unten S.67 f.). Da N nicht Eigentümer des Wagens ist, bekommt K von N aber nicht, was er wirklich möchte, nämlich den Opel Corsa, sondern „nur" Schadensersatz.

Bei organschaftlicher und gesetzlicher Vertretungsbefugnis, aber auch im Sonderfall der handelsrechtlichen Vollmachten, ergibt sich der Umfang der Vertretungsbefugnis aus dem Gesetz.

Beispiele: Die Vertretungsbefugnis des GmbH-Geschäftsführers umfasst gemäß § 35 GmbH-Gesetz alle gerichtlichen und außergerichtlichen Angelegenheiten, die des Prokuristen gemäß § 49 HGB alle gerichtlichen und außergerichtlichen Geschäfte, die zum Betrieb eines (meint irgendeines, nicht des konkreten) Handelsgewerbes gehören, mit Ausnahme der Veräußerung und Belastung von Grundstücken.

Die gesetzliche Festlegung schützt die Geschäftsgegner: Die Information ist öffentlich zugänglich und man kann sich auf den dort vorgegebenen Umfang verlassen. Eine Einschränkung ist gar nicht (vgl. § 37 II GmbHG oder § 50 I HGB) bzw. nur möglich, wenn der Geschäftsgegner von ihr weiß (so gemäß § 54 III HGB beim Handlungsbevollmächtigten).

Beispiel: Prokurist P ist im Autohaus des V für betriebliche Organisation und Einkauf zuständig. Trotzdem verkauft er eines Tages im Namen des V einen Pkw an einen Kunden K. K bekommt, was er will, nämlich einen Kaufvertrag mit V. Der in § 49 HGB festgelegte Umfang der Prokura erfasst auch den Verkauf des Pkw. Das würde selbst für völlig branchenfremde Geschäfte gelten, also wenn P auf Grund gewandelten Umweltbewusstseins plötzlich Fahrräder statt Autos einkauft. Eine interne Beschränkung der Prokura ist im Außenverhältnis zum jeweiligen Geschäftsgegner nach § 50 I HGB unbeachtlich. Beachte: Im Innenverhältnis zu V verletzt P mit der Missachtung interner Vorgaben seine Pflichten und muss, sollte sich daraus ein Schaden für V ergeben, wegen Verletzung des Arbeitsvertrages Schadensersatz zahlen.

Es gibt zwei Einschränkungen, die für jede Art von Vertretungsbefugnis gelten:

Verbot von Insichgeschäften, §181
Einem Vertreter sind nach § 181 Geschäfte verboten, bei denen er auf beiden Seiten des Geschäfts die Willenserklärung abgibt, es sei denn der Vertretene hat das sog. Insichgeschäft gestattet oder es dient nur der Erfüllung einer Verbindlichkeit.

Beispiele: Prokurist P verkauft sich selbst ein Auto, indem er ein Verkaufsangebot im Namen des Autohauses V abgibt, das er dann im eigenen Namen annimmt.

Verbotenes Insichgeschäft. P hat den Autokaufvertrag mit dem Eigentümer des Autohauses V geschlossen und übereignet sich nun selbst das Auto. Erlaubtes Insichgeschäft, da nur ein bereits vorgegebenes Programm umgesetzt wird und deshalb die beim Insichgeschäft befürchtete Interessenkollision nicht eintreten kann. Beachte: Obwohl in § 181 nicht als erlaubte Insichgeschäfte geregelt, sind Insichgeschäfte unproblematisch., wenn sie für den Vertretenen lediglich rechtlich vorteilhaft sind, da in diesem Fall eine Interessenkollision ebenfalls ausscheidet.

Missbrauch der Vertretungsmacht

Die Regeln vom Missbrauch der Vertretungsmacht, die von der Rechtsprechung entwickelt wurden, besagen zum einen, dass, wenn Geschäftsgegner und Vertreter zum Nachteil des Vertretenen zusammenwirken (sog. Kollusion), das Vertretergeschäft gemäß § 138 I nichtig ist. Zum anderen hat der Geschäftsgegner dann keinen Erfüllungsanspruch gegen den Vertretenen, wenn der Vertreter die bestehende Vertretungsbefugnis pflichtwidrig einsetzt und dieser Missbrauch für den Geschäftsgegner evident ist.

Beispiel: Prokurist P nimmt für sich persönlich bei der B-Bank einen Kredit auf. Weil die Bank Sicherheiten verlangt, schließt er im Namen des V einen Bürgschaftsvertrag mit B ab. Kein Bürgschaftsanspruch der B gegen V. P hat Vertretungsbefugnis (siehe oben S.65), handelt aber pflichtwidrig gegenüber V, wenn er sie dazu verwendet, seine privaten Schulden abzusichern. B ist nicht schutzwürdig, da P die Vertretungsbefugnis in so verdächtiger Weise einsetzt, dass der Missbrauch auf der Hand liegt.

Rechtsfolgen der Vertretung mit Vertretungsmacht

Neben der Zurechnung der Willenserklärung nach § 164 I ist § 166 I zu beachten. Danach sind bei einem Vertrag, der durch einen Vertreter geschlossen wird, dessen Willensmängel (Irrtümer) und nicht die des Vertretenen entscheidend. Und auch das Wissen des Vertreters muss sich der Vertretene zurechnen lassen, was insbesondere für die Möglichkeit gutgläubigen Erwerbs wichtig ist. Mit § 166 II wird aber unterbunden, dass der selbst bösgläubige Geschäftsherr einen gutgläubigen Vertreter vorschiebt.

Im Einzelfall kommt bei wirksamer Stellvertretung eine Schadensersatzhaftung des Vertreters aus § 280 I i.V.m. §§ 311 II, III in Betracht, wenn er beim Abschluss des Vertrages in besonderem

Maß Vertrauen in Anspruch genommen hat, sog. Eigenhaftung des Vertreters.

Beispiel: Kfz-Händler H verkauft den Gebrauchtwagen des V in dessen Namen an K. Einige Zeit später verunglückt K mit dem Pkw, der schwere verdeckte Mängel aufwies. Die Mängel waren H bekannt, er verschwieg sie aber beim Vertragsschluss. Neben den Mängelansprüchen gegen V hat K auch einen Schadensersatzanspruch gegen H aus § 280 I i.V.m. § 311 II, III, da H als Fachhändler bei K besonderes Vertrauen erweckte.

Rechtsfolgen der Vertretung ohne Vertretungsmacht

Die Rechtsfolgen der Vertretung ohne Vertretungsmacht sind in §§ 177 ff. geregelt.

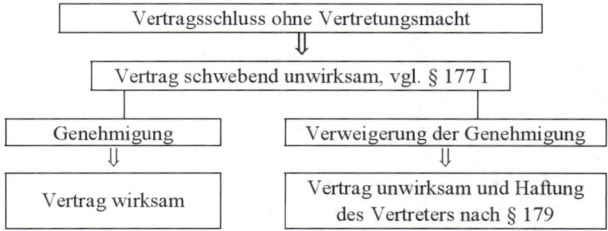

Verweigert der Vertretene die Genehmigung des Vertrags und wusste der Vertreter positiv, dass er keine Vertretungsmacht hatte, hat der Geschäftsgegner gegen den Vertreter einen Anspruch aus § 179 I auf Erfüllung bzw. auf das Interesse an der Erfüllung in Geld.

■ Bei Schadensersatzansprüchen, die auf das Erfüllungs- oder Leistungsinteresse gerichtet sind, ist der Gläubiger gemäß §§ 251, 252 vermögensmäßig so zu stellen, wie er im Fall der ordnungsgemäßen Leistung stünde (sog. positives Interesse). ■

Beispiel: Im Opel-Corsa-Fall (siehe oben Seite S.64) liegt in der Verweigerung der Herausgabe des Opel durch V zugleich die konkludente Verweigerung der Genehmigung des durch N ohne Vertretungsmacht geschlossen Vertrages. N wusste, dass er keine Vertretungsbefugnis in Bezug auf den Opel hatte, sodass K gegen ihn aus § 179 I vorgehen kann. Vertragserfüllung ist für N unmöglich, da er nicht Eigentümer des Pkw ist und V nicht bereit ist, den Wagen wegzugeben.

Anstelle der Erfüllung kann K aber von N fordern, wenigstens wertmäßig so gestellt zu werden, als sei der Vertrag erfüllt worden. Bei ordnungsgemäßer Vertragsabwicklung hätte K den Opel zum vereinbarten Kaufpreis bekommen. Falls er einen vergleichbaren Pkw bei einem anderen Verkäufer nur zu einem höheren Preis bekommt, kann er über § 179 I diese Mehrkosten auf N abwälzen. Falls er den Wagen zur Weiterveräußerung gekauft hat, kann er den Gewinn, den er bei einem Weiterverkauf erzielt hätte, ersetzt verlangen, vgl. § 252.

Wusste der Vertreter nicht positiv, dass er keine Vertretungsmacht hatte, geht der Anspruch gegen ihn gemäß § 179 II auf Ersatz des Vertrauensschadens, erfasst also alle Kosten und Nachteile die der Vertragspartner erleidet, weil er auf die Gültigkeit des Vertrages vertraut (siehe schon oben S. 59 f.).

Beispiel: War N irrtümlich davon ausgegangen, dass die ihm erteilte Vollmacht auch den Opel Corsa erfasste, erhält K von N nicht den an die Erfüllung anknüpfenden entgangenen Gewinn aus Weiterveräußerung. Erhöhte Kosten eines anderweitigen Autokaufs kann K nur dann ersetzt verlangen, wenn sie gerade deshalb höher sind, weil K auf den Vertrag mit V vertraute. Hatte ihm beispielsweise ein anderer Anbieter einen Opel Corsa für 5.000 € angeboten und hatte er dieses Angebot mit Blick auf die noch günstigeren Offerte des N ausgeschlagen, besteht ein Schadensersatzanspruch in Höhe von 200 € gemäß § 179 II, wenn dieser Anbieter seinen Wagen zwischenzeitlich schon verkauft hat, und K einen vergleichbaren Pkw jetzt nur noch für 5.200 € bekommt.

4. Allgemeine Geschäftsbedingungen

■ Allgemeine Geschäftsbedingungen (AGB) sind für eine Vielzahl von Verträgen vorformulierte Vertragsbedingungen, § 305 I. ■

Statt Vertragsbedingungen für jeden einzelnen Vertrag auszuhandeln, besteht bei immer wiederkehrenden Geschäften ein Bedürfnis, auf vorformulierte Vertragsbedingungen zurückzugreifen. Damit besteht aber die Gefahr, dass der Verwender der AGB einseitig für ihn günstige Vertragsbedingungen „diktiert" und der Vertragspartner sich darauf einlässt, weil er die AGB gar nicht zur Kenntnis nimmt oder keine Chance sieht, sich gegen den häufig wirtschaftlich überlegenen Verwender durchzusetzen. Dem Missbrauch von AGB wird dadurch entgegengewirkt, dass die Geltung der AGB für den einzelnen Vertrag von der Einhaltung besonderer Einbeziehungsvoraussetzungen abhängig gemacht wird. Außerdem wird die Toleranzschwelle gegenüber den Inhalten gesenkt: Handeln die Vertragspartner einen Vertrag „normal" aus, verweigert die Rechtsordnung nur sittenwidrigen Vereinbarungen die Akzeptanz; gemäß §§ 307 - 309 sind AGB-Klauseln schon dann unwirksam, wenn sie den Vertragspartner „bloß" unangemessen benachteiligen.

Sind Vertragsklauseln nicht in den Vertrag einbezogen worden oder unwirksam, bleiben der Rest des Vertrages und die übrigen ABG wirksam, vgl. § 306 I. An Stelle der nicht einbezogenen oder unwirksamen Klausel gelten wieder die Vorgaben des Gesetzes, von denen die Klausel - im Zweifel zugunsten des Verwenders - abgewichen ist.

Prüfungsschema: Allgemeine Geschäftsbedingungen

- Anwendbarkeit der Sonderregeln der §§ 305 ff.
  - Vorliegen von AGB i.S. des § 305 I
  - Keine Einschränkung nach § 310
- Einbeziehung der AGB in den Vertrag, §§ 305 II – 305 c
- Inhaltskontrolle, §§ 307 – 309

---

a) Anwendbarkeit der Sonderregeln der §§ 305 ff.

Vorliegen von AGB i.S. des § 305 I

Es muss um Regelungen gehen, die den Vertragsinhalt gestalten sollen und für eine Vielzahl von Verträgen vorformuliert, d.h. schriftlich oder in sonstiger Weise fixiert sind.

Beispiel: Verwender V diktiert in jeden Vertrag, den er schließt, dieselbe Formulierung hinein. Die Klausel ist vorformuliert, da „Speichern im Kopf" insoweit ausreicht.

Auch ansonsten stellt § 305 I 2 klar, dass formale Kriterien, bei der Frage, ob AGB vorliegen, völlig irrelevant sind. Natürlich ist das klassische „Kleingedruckte" mit einer Menge verschiedener Klauseln erfasst, aber beispielsweise auch eine einzelne Vertragsbedingung, die auf einem Schild steht und für alle Verträge gelten soll, die dort mündlich geschlossen werden.

Beispiel: Gastwirt G hängt neben den Garderobenständer ein Schild, auf dem steht, dass für Garderobe nicht gehaftet wird.

Von einer Vielzahl spricht man, wenn die Vertragsklauseln zur zumindest dreimaligen Verwendung erstellt werden. Es ist egal, wer die AGB erstellt hat. Wer „fremde", zur mehrfachen Verwendung vorformulierte Klauseln benutzt, ist Verwender von AGB, auch wenn er selbst nur einen einmaligen Einsatz plant.

Beispiel: V möchte seinen alten Wagen verkaufen und besorgt sich zu diesem Zweck einen Gebrauchtwagenkaufvertrag vom ADAC und benutzt das Vertragsformular beim Vertragsschluss. V ist Verwender von AGB.

Bei Verträgen zwischen einem Verwender von AGB, der Unternehmer i. S. des § 14 ist, und einem Vertragspartner, der Verbraucher i. S. des § 13 ist (siehe zu diesen Begriffen im Einzelnen unten S.84), sind zum Schutz des Verbrauchers über § 310 III Nr.2 auch Klauseln der Inhaltskontrolle nach §§ 307 - 309 unterworfen, die für nur einen Vertrag vorformuliert wurden.

Keine Einschränkung nach § 310 I, II oder IV

Gemäß § 310 IV gelten die §§ 305 ff. nicht für erbrechtliche, familienrechtliche und gesellschaftsrechtliche Verträge.

Eine weitere wichtige Begrenzung ergibt sich aus § 310 I. Wie gerade am Beispiel des § 310 III Nr.2 gesehen, genießt ein Verbraucher erhöhten Schutz, wenn er mit AGB eines Unternehmers konfrontiert wird, vgl. auch § 310 III Nr.1 und Nr.3. Umgekehrt setzt § 310 I das Schutzniveau herab, wenn AGB gegenüber einem Unternehmer verwendet werden. Ob die AGB zwischen den Parteien gelten, richtet sich dann nicht nach den besonderen Einbeziehungsvoraussetzungen des § 305 II, III (siehe dazu sogleich), sondern im Wesentlichen nach den allgemeinen Regeln der §§ 145 ff. Die Inhaltskontrolle findet nur nach § 307 und nicht auch nach §§ 308, 309 statt. Vgl. zum Problem der sich widersprechenden AGB von Unternehmern oben S.39.

Beispiel: Die Unternehmen V und K stehen in ständiger Geschäftsbeziehungen. Den Kaufverträgen zwischen ihnen werden jeweils AGB zu Grunde gelegt, die unter anderem die Aufrechnung von Forderungen komplett untersagen. Eines

Tages bestellt K telefonisch Ware bei V, ohne dass über die Geltung der AGB gesprochen wird. Später möchte K gegen die Kaufpreisforderung des V aus dieser Bestellung mit einer unstreitig bestehenden Gegenforderung aufrechnen. Die AGB sind Vertragsbestandteil geworden, da nach §§ 145 ff. auch stillschweigende Einbeziehung der AGB in den Vertrag möglich ist. Der Ausschluss der Aufrechnung auch mit unstreitigen Forderungen widerspricht dem Klauselverbot des § 309 Nr.3, das aber gemäß § 310 I 1 nicht anwendbar ist. § 310 I 2 macht jedoch deutlich, dass bei Verwendung von AGB gegenüber Unternehmern die Klauselverbote der §§ 308, 309 eine Indizwirkung für die Unwirksamkeit nach § 307 haben, soweit nicht die Besonderheiten des unternehmerischen Geschäftsverkehrs eine andere Beurteilung nahe legen. Ein vollständiger Aufrechnungsausschluss hat auch im unternehmerischen Geschäftsverkehr keine Berechtigung. Die Klausel ist deshalb gemäß § 307 unwirksam. K kann aufrechnen.

b) Einbeziehung der AGB in den Vertrag

Die Einbeziehungsvoraussetzungen sollen verhindern, dass für die andere Vertragspartei ungünstige Vertragsbedingungen über das Rechtsinstitut AGB heimlich zum Vertragsinhalt werden. Deshalb muss gemäß § 305 II grundsätzlich bei (nicht nach!) Vertragsschluss ein ausdrücklicher Hinweis auf die Geltung der AGB erfolgen. Ausnahmsweise reicht bei unverhältnismäßigen Schwierigkeiten ein deutlich sichtbarer Aushang der AGB am Ort des Vertragsschlusses. Das gilt für Massengeschäfte, bei denen mangels persönlichen Kontakts der Hinweis gar nicht möglich ist oder der Hinweis eine unverhältnismäßige Erschwerung der Massenabfertigung wäre.

Beispiel: Ein Aushang reicht beispielsweise im Parkhaus oder in einer Reinigung.

Daneben muss die Möglichkeit bestehen, bei (nicht nach!) Vertragsschluss in zumutbarer Weise Kenntnis vom Inhalt der AGB zu nehmen und die andere Vertragspartei muss mit der Geltung der AGB einverstanden sein. Das ist konkludent der Fall, wenn die ersten beiden Voraussetzungen erfüllt sind und die andere Vertragspartei den Vertrag abschließt. Ganz unproblematisch gewahrt sind die Voraussetzungen des § 305 II bei sog. Formularverträgen wie z.B. Mietverträgen, bei denen die am Ende zu unterschreibende Vertragsurkunde selbst AGB-Klauseln enthält. Mit der Unterschrift zeigen die Parteien, dass auch die Klauseln von ihrem Vertragswillen umfasst sind.

Trotz Vorliegens der Voraussetzungen des § 305 II werden Klauseln nicht Vertragsbestandteil, die individualvertraglichen Vereinbarungen widersprechen (§ 305 b) oder überraschend sind (§ 305 c). Überraschend sind Klauseln mit einem Überrumpelungseffekt, also Klauseln, die von den Erwartungen eines typischen Durchschnittskunden in der Situation des konkreten Kunden deutlich abweichen und mit denen er vernünftigerweise nicht zu rechnen braucht.

Beispiele: Nicht Vertragsbestandteil nach § 305 b ist eine Klausel, nach der Liefertermine unverbindlich sind, wenn persönlich eine bestimmte Lieferzeit besprochen wird. Nicht Vertragsbestandteil nach § 305 c ist die formularmäßige Zweckvereinbarung einer Bürgschaft, die alle gegenwärtigen und künftigen Verbindlichkeiten des Schuldners erfasst, wenn der Bürge gebeten worden war, für ein ganz bestimmtes Darlehen zu bürgen.

c) Inhaltskontrolle

§§ 308 und 309 enthalten Kataloge verbotener Klauseln.

Beispiel: Händler V verkauft dem Privatkunden K einen Gebrauchtwagen. Der Vertrag enthält die Klausel: „Mängelansprüche des Käufers verjähren innerhalb eines Jahres nach Gefahrübergang". Die Wirksamkeit der Klausel scheitert nicht schon an einem Verstoß gegen zwingendes Recht. Bei Kaufvertragen zwischen Unternehmer und Verbraucher ist die inhaltliche Gestaltungsfreiheit zwar stark eingeschränkt (vgl. § 475 I), die Herabsetzung der an sich zweijährigen Verjährungsfrist (vgl. § 438 I Nr.3) auf ein Jahr ist bei gebrauchten Sachen allerdings möglich, vgl. § 475 II. Die Herabsetzung verstößt in der hier vorliegenden Form aber gegen § 309 Nr. 7 a) und b), wonach in AGB Haftungsausschlüsse (und Haftungsbegrenzungen) für Schäden an Leben, Körper und Gesundheit und für Schäden, die auf grobem Verschulden beruhen, unzulässig sind. Zu den Mängelansprüchen, die einem Käufer zustehen können, gehören gemäß § 434 Nr.3 auch Schadensersatzansprüche. V hätte die Verjährung nur in Bezug auf andere Mängelansprüche wie den Nacherfüllungsanspruch und in Bezug auf nicht in den Geltungsbereich des § 309 Nr. 7 a) und b) fallende Schadensersatzansprüche ausschließen dürfen. Beachte: Nach überwiegender Ansicht wird die Klausel auch nicht auf das zulässige Maß reduziert, sog. Verbot der geltungserhaltenden Reduktion. Macht K nach 15 Monaten Reparaturansprüche geltend, scheitern auch die nicht an der Verjährung, da die Klausel insgesamt unwirksam ist.

§§ 309 und 308 werden durch die Generalklausel des § 307 ergänzt, der anordnet, dass AGB dann unwirksam sind, wenn sie den Vertragspartner unangemessen benachteiligen. Das ist nach § 307 II insbesondere anzunehmen, wenn von wesentlichen Grundgedanken der gesetzlichen Regelung ohne sachlichen Grund abgewichen wird oder durch Einschränkung wesentlicher Vertragsrechte oder -pflichten („Kardinalpflichten") der Vertragszweck gefährdet wird.

Beispiel: Gemäß § 307 II Nr.1 unwirksam ist die Vertragsbedingung eines Maklers, nach der er entgegen § 652, auch ohne dass durch seine Tätigkeit ein Vertrag zustande kommt, den Maklerlohn erhält.

Beachte: Neben dem Vertragspartner in einem individuellen Rechtsstreit können sich nach § 1 Unterlassungsklagengesetz auch Verbraucherverbände gegen unwirksame Klauseln zur Wehr setzen und dem Verwender die Benutzung generell untersagen lassen.

Übungsfälle zu Kapitel 2

Übungsfall 1 – Danziger Trilogie

Viktor Voss (V) betreibt ein Unternehmen für Wohnungsauflösungen und Entrümpelungen. Möbel aus den Wohnungsauflösungen verkauft er im angegliederten Second-Hand-Möbelladen, Bücher und Porzellan gibt er an spezialisierte Händler weiter. Gegen Mittag des 24.1 (einem Montag) schreibt V eine Mail an den Antiquar Klaus Kranz (K). Er bietet unter anderem die Danziger Trilogie von Günter Grass zum Preis von 4 € pro Buch an, die sein Angestellter mit einer Notiz „guter Zustand, keine Besonderheiten" gekennzeichnet hatte. V bittet K um baldige Kaufentscheidung. K, der gerade mit der Inventur beschäftigt ist, liest die Mail erst am Morgen des 26. 1, schickt dann aber sofort eine zustimmende Antwort-Mail. Da V von Mittwoch bis Freitag komplett durch die Auflösung eines großen Villen-Haushaltes in Anspruch genommen ist, ruft er seine Mails erst wieder am Sonnabend den 29.1 ab. Da er schon einmal Online ist und etwas Zeit hat, recherchiert er noch einmal wegen der Grass-Bücher im Internet. Er findet heraus, dass es sich um Erstausgaben handelt und beispielsweise die Erstausgabe der Blechtrommel von 1959 im Internet zum Preis von 45 € angeboten wird. Er schreibt sofort an K und erklärt, er könne die Grass-Bände leider nicht liefern, da K auf das Vertragsangebot zu spät reagiert habe. Im Übrigen verweigere er die Lieferung auch deshalb, weil die fraglichen Bücher Erstausgaben und damit sehr viel wertvoller als angenommen seien. K ist über dieses Schreiben höchst verärgert und beharrt darauf, die Grass-Bücher für insgesamt 12 € zu bekommen. Hat K gegen V einen Anspruch auf Lieferung der Bücher gegen Zahlung von 12 €?

Übungsfall 2 – Gut gemeint

Anton (A) sammelt Möbel der Biedermeierzeit. Sein Freund Paul (P) ist ebenfalls Sammler, aber eher an Gründerzeitmöbeln interessiert. Auf einer Antiquitätenmesse entdeckt P bei Händler H einen besonders schönen Biedermeiertisch. Da auch ein anderer Messebesucher an dem Tisch Interesse zeigt und A nicht auf seinem Handy erreichbar ist, kauft P den Tisch kurz entschlossen im Namen des A. Eine halbe Stunde später gelingt es ihm dann doch, A telefonisch zu erreichen. Der ist entsetzt und will den Tisch nicht. A erklärt, er habe gerade selbst ein sehr schönes Stück erworben und danach kein Geld für weitere Ankäufe zur Verfügung. P erwidert empört, das habe man nun von seinem Freundschaftssinn; er selbst wolle einen Biedermeiertisch ganz bestimmt nicht haben. H verfolgt die Auseinandersetzung mit wachsender Ungeduld und erklärt, er wolle sein Geld, egal vom wem. Kann H von A oder von P Bezahlung und Abnahme des Biedermeiertisches verlangen?

Variante: Paul (P) ist Prokurist der „Aktuelle-Wohnwelten-GmbH" (A-GmbH). Er ist dort für den Bereich Verkauf und innenarchitektonische Beratung zuständig. Einkaufsgeschäfte fallen in die Zuständigkeit des Geschäftsführers der A-GmbH und sind P untersagt. Als die „Handmade-Manufaktur" (H) eine besonders schöne Kollektion von Esstischen anbietet, bestellt P im Namen der A-GmbH 15 Tische zum Preis von insgesamt 15.000 €. H verlangt von der A-GmbH Zahlung des Kaufpreises in Höhe von 15.000 € und Abnahme der Tische. Besteht der geltend gemachte Anspruch?

Die Lösungen finden Sie auf der CD-ROM

Kapitel 3: Erlöschen und Durchsetzbarkeit schuldrechtlicher Ansprüche

Mit der wirksamen Einigung über einen verpflichtenden Vertrag entsteht der vertragliche Erfüllungsanspruch, der auch Anspruch auf die Primärleistung genannt wird. Er besteht aber nicht auf alle Zeit, sondern kann erlöschen (im Idealfall durch Erfüllung) oder durch eine Einrede dauernd (z.B. Verjährung) oder vorübergehend (z.B. Zurückbehaltungsrecht) in seiner Durchsetzbarkeit gehindert sein.

Prüfungsschema: Vertraglicher Erfüllungsanspruch

Eine Person hat gegen eine andere Person Anspruch auf die vertraglich versprochene Leistung, wenn folgende Voraussetzungen erfüllt sind:

- Anspruch entstanden
  - Einigung durch Angebot und Annahme, §§ 145 ff.
  - Keine Wirksamkeitshindernisse
    Wirksamkeitshindernisse sind insbesondere: Beschränkte Geschäftsfähigkeit, § 108 I, Formnichtigkeit, § 125, Verstoß gegen gesetzliches Verbot, § 134, Sittenwidrigkeit, § 138 I, Anfechtung, § 142 I, aufschiebende Bedingung, § 158 I
- Anspruch nicht erloschen
  Das Erlöschen kann beruhen auf:
  - Eintritt einer auflösenden Bedingung, § 158 II oder Endtermin, § 163
  - Befriedigung des Gläubigerinteresses
    Erfüllung, § 362, Leistung an Erfüllungs Statt, §364 I, Aufrechnung, § 389
  - Unmöglichkeit, § 275 I (unmögliche Leistungspflicht) und § 326 I (Gegenleistungspflicht)
  - Verlangen nach Schadensersatz statt der Leistung, § 281 IV
  - Ausübung eines Gestaltungsrechts
    Rücktritt, Widerruf § 355 I 1, Kündigung, z.B. §§ 314, 573, 626, 671
  - Vertragliche Vereinbarung
    Erlassvertrag, § 397, Aufhebungsvertrag, § 311 I
- Keine Einreden
  Insbesondere: Einrede der Verjährung, § 214 I, Zurückbehaltungsrechte, §§ 273, 320, Einrede der unzulässigen Rechtsausübung, § 242, Einrede der Vorausklage, § 771

1. Erfüllung und Erfüllungssurrogat

a) Erfüllung

Gemäß § 362 I erlischt der Anspruch, wenn die geschuldete Leistung an den Gläubiger bewirkt wird. Bewirken heißt, dass der geschuldete Leistungserfolg eingetreten sein muss. Als Besonderheiten sind zu beachten:

- Die Leistung muss nicht durch den Schuldner selbst, sondern kann auch durch einen Dritten erbracht werden, § 267. Der Dritte muss aber mit erkennbarem Fremdtilgungswillen handeln.

- Durch Vereinbarung der Parteien kann dem Schuldner die Befugnis eingeräumt werden, die Forderung durch eine andere als die eigentlich geschuldete Leistung zum Erlöschen zu bringen, § 364 I. Dann ist § 365 zu beachten.
  Beispiel: K kauft bei V einen Neuwagen, für den ein Preis von 30.000 € vereinbart wird, wobei V allerdings bereit ist, den alten Pkw des K zu einem Anrechnungsbetrag von 3.000 € in Zahlung zu nehmen, um ihn dann im eigenen Namen als Gebrauchtwagen weiterzuveräußern (sog. echte Inzahlungnahme). Wenn K dem V 27.000 € und den Alt-Pkw gibt, erlischt der Kaufpreisanspruch gemäß § 362 I in Höhe von 27.000 € durch Zahlung und gemäß § 364 I in Höhe von 3.000 € durch Hingabe des Pkw. Über § 365 haftet K für den Alt-Pkw wie ein Verkäufer.

- Abzugrenzen ist diese sog. Leistung an Erfüllungs Statt von einer Leistung, die erfüllungshalber erfolgt. Bei der Leistung erfüllungshalber ist der Gläubiger bereit, vorläufig etwas anderes als die eigentliche Leistung zu nehmen, will seine Forderung aber erst aufgeben, wenn er den Ersatzgegenstand verwertet hat.
  Beispiel: Schuldner S bietet dem Gläubiger G statt des geschuldeten Geldes einen Scheck oder eine Forderung gegen einen Dritten an. Im Zweifel (vgl. § 364 II und §§ 133, 157) erlischt der Zahlungsanspruch des G gegen S erst, wenn der Scheck wirklich eingelöst wird oder der Dritte an G gezahlt hat.

- Ausnahmsweise bringt auch die Leistung an jemanden, der in Wirklichkeit gar nicht der Gläubiger ist, das Schuldverhältnis zum Erlöschen. Das geschieht gemäß § 362 II, wenn der Schuldner den Dritten zur Entgegennahme der Leistung ermächtigt hat, oder in Fällen, in denen das Gesetz wie beispielsweise in § 370 oder § 407 den guten Glauben des Schuldners daran schützt, dass der Empfänger empfangsberechtigt ist. Umgekehrt führt die Leistung an einen Geschäftsunfähigen oder beschränkt Geschäftsfähigen, auch wenn er wirklich Gläubiger ist, nicht zum Erlöschen. Ihm fehlt die so genannte Empfangszuständigkeit.

b) Aufrechnung

Schulden Personen einander gegenseitig Geld, bietet die Aufrechnung die Möglichkeit, die Verbindlichkeiten zu tilgen, ohne das Geld hin- und herzureichen. Die Aufrechnungserklärung bewirkt, dass die beiden Forderungen, soweit sie in der Höhe übereinstimmen, erlöschen, § 389.

Prüfungsschema: Aufrechnung

Ansprüche erlöschen gemäß § 389 infolge Aufrechnung, wenn folgende Voraussetzungen erfüllt sind:

- Aufrechnungslage, § 387
  - Gegenseitigkeit und Gleichartigkeit der Forderungen
  - Erfüllbare Hauptforderung
  - Fällige und durchsetzbare Gegenforderung (Beachte aber § 215)
- Aufrechnungserklärung, § 388
- Kein gesetzlicher Aufrechnungsausschluss, §§ 393, 394

Bei der Aufrechnung verteidigt man sich gegen die Inanspruchnahme aus einer Forderung (der Hauptforderung) mit einer offenen Gegenforderung. Insoweit bestehen Gemeinsamkeiten mit den Zurückbehaltungsrechten. Die Zurückbehaltungsrechte bieten allerdings nur ein Druckmittel –, man hält die eigene Leistung zurück, bis auch der andere seine Leistung erbringt –, während man es über die Erklärung der Aufrechnung in der Hand hat, die einander gegenüberstehenden Ansprüche zum Erlöschen zu bringen.

2. Rücktritt und Widerruf von Verbrauchergeschäften

Rücktritt und Widerruf von Verbrauchergeschäften bieten die Möglichkeit, durch Rücktritts- bzw. Widerrufserklärung die noch offenen Primäransprüche zum Erlöschen zu bringen.

Übersicht: Die Möglichkeiten, sich einseitig vom Vertrag zu lösen
Grundsätzlich ist man an geschlossene Verträge gebunden. Besteht ein Anfechtungsgrund, ein Rücktrittsrecht, ein Widerrufsrecht bei Verbraucherverträgen oder eine Kündigungsmöglichkeit, kann man durch entsprechende Erklärung die Bindung beseitigen. Erst die unbedingte Ausübung des jeweiligen Gestaltungsrechts führt Rechtsfolgen herbei. Macht man von der Gestaltungsmöglichkeit keinen bzw. keinen fristgerechten Gebrauch, bleiben die Leistungspflichten bestehen.

- Anfechtung

Anfechtungsgrund bei Irrtum, Täuschung oder Drohung

⬇ fristgerechte Anfechtungserklärung

Vertrag ist von Anfang an nichtig

Rückabwicklung über §§ 812 ff.

- Rücktritt

Rücktrittsrecht bei vertraglicher Vereinbarung oder nach §§ 323 ff. bei Verletzung von Pflichten aus einem gegenseitigen Vertrag

⬇ Rücktrittserklärung

Vertrag wird in ein Rückgewährschuldverhältnis umgewandelt

Rückabwicklung über §§ 346 ff.

- Widerruf bei Verbraucherverträgen

Widerrufsrecht bei Verbraucherverträgen, wenn gesetzlich angeordnet

⬇ fristgerechte Widerrufserklärung

Vertrag wird in ein Rückgewährschuldverhältnis umgewandelt

Rückabwicklung über § 357 i.V.m. § 346 ff.

- Kündigung

Kündigungsmöglichkeit bei vertraglicher Vereinbarung oder kraft Gesetzes, vgl. z.B. §§ 314, 573, 626

⬇ Kündigungserklärung

Vertrag wird mit Wirkung für die Zukunft beendet

Keine Rückabwicklung

a) Rücktritt

> ■ Der Rücktritt ist ein Gestaltungsrecht, das bei Ausübung das Schuldverhältnis in ein Rückgewährschuldverhältnis umwandelt. ■

Das heißt zum einen, dass alle noch offenen Primäransprüche erlöschen und zum anderen, dass Rückgewähransprüche gemäß §§ 346 ff. entstehen. Ein Recht zum Rücktritt kann sich aus vertraglicher Vereinbarung oder aus dem Gesetz ergeben. Die gesetzlichen Rücktrittsrechte sind im Wesentlichen in §§ 323 ff. geregelt und basieren darauf, dass der Schuldner seine Pflichten aus einem gegenseitigen Vertrag verletzt (siehe im Einzelnen unten Kap. 4).

Prüfungsschema: Rücktritt

Die noch offenen Primäransprüche erlöschen und Rückgewähransprüche gemäß §§ 346 ff. entstehen, wenn folgende Voraussetzungen vorliegen:

- Rücktrittsrecht
  - Vertragliches Rücktrittsrecht
  - Gesetzliches Rücktrittsrecht: § 313 III, § 321 II, § 323, § 324, § 326 V
- Wirksame Rücktrittserklärung, § 349

Die Rückabwicklungsregeln der §§ 346 ff. sind nicht nur für den Rücktritt selbst, sondern über Verweisungsnormen auch in vielen sonstigen Fällen anwendbar, in denen Vertragsparteien etwas voneinander zurückbekommen sollen.

Beispiel: K mindert den Kaufpreis wegen eines Mangels. Nach § 441 IV 2 kann er den bereits zuviel gezahlten Betrag nach §§ 346 ff. zurückfordern.

Die §§ 346 ff. sind damit neben den bereicherungsrechtlichen Vorschriften, über die unwirksame Verträge rückabgewickelt werden, das zweite große Rückabwicklungsinstitut des BGB, an das man denken sollte, wenn eine Partei von der anderen etwas zurückhaben will. Im Einzelnen ergeben sich aus §§ 346 ff. folgende Ansprüche der Parteien gegeneinander:

Rückgewähr bzw. Wertersatz

Nach § 346 I hat jede Partei gegen die andere einen Anspruch auf Rückgewähr der bereits ausgetauschten Leistungen.

Beispiel: K hat bei V einen Pkw gekauft und tritt nach zwei Monaten berechtig-
terweise wegen eines Mangels vom Vertrag zurück. K hat gegen V einen Anspruch auf Rückzahlung des Kaufpreises aus § 346 I und V gegen K einen Anspruch auf Rückgabe und Rückübereignung des Pkw aus § 346 I. Daneben muss
K die zweimonatige Benutzung vergüten (siehe unten zum Nutzungsersatz).

Verbrauch, Veräußerung, Verschlechterung oder Untergang (vgl.
im Einzelnen § 346 II 1 Nr.1 - 3) des zurückzugebenden Gegenstandes schließen den Rücktritt nicht aus, sondern führen zu einer
Wertersatzpflicht. Die Höhe des Wertersatzes orientiert sich gemäß
§ 346 II 2 an der Gegenleistung. Maßgeblich ist also, was die Leistung den Parteien wert war.

Beispiel: Der gekaufte Pkw ist ein Gebrauchtwagen, der kurze Zeit nach dem
Kauf bei einem Unfall vollständig zerstört wird. Beim Abtransport der Überreste
stellt sich zufällig heraus, dass der Wagen einen nicht typgerechten Austausch-
motor hatte. K kann zurücktreten und hat dann einen Kaufpreisrückzahlungsanspruch gegen V, obwohl er seinerseits den Pkw nicht zurückgeben kann. V hat
aber einen Anspruch auf den Wert des Pkw und zwar gemäß § 346 II 2 in Höhe
des Kaufpreisanspruches, allerdings gekürzt um den mängelbedingten Minderwert des Fahrzeugs.

Von der Wertersatzpflicht gibt es eine Reihe von Ausnahmen.
Wichtig sind vor allem:

- § 346 III 1 Nr.2, der die Wertersatzpflicht komplett ausschließt,
  wenn die andere Partei des Rückgewährschuldverhältnisses den
  Untergang oder die Verschlechterung zu vertreten hat. Damit
  sollen insbesondere die Fälle erfasst werden, in denen Untergang
  oder Verschlechterung auf einem Mangel beruhen.
  Beispiel: Der Unfall, der den Pkw zerstört, beruht auf einem schon bei Übergabe an K vorhandenem Defekt der Bremsanlage. K kann wegen des Mangels
  zurücktreten, bekommt über § 346 I seinen Kaufpreis von V zurück, muss
  seinerseits aber keinen Wertersatz für den Pkw leisten.

- § 346 III 1 Nr.3, der den Rückgewährschuldner im Fall eines
  gesetzlichen Rücktrittsrechts von der Wertersatzpflicht befreit,
  wenn er die Sache – weil er gar nicht weiß, dass er sie eventuell
  zurückgeben muss – wie alle seine Sachen behandelt und dabei
  beschädigt oder zerstört.

Beispiel: K nimmt alle Mahlzeiten auf dem Sofa vor dem Fernseher ein und kleckert dabei gern und viel. Als er sein neu gekauftes Bettsofa wegen eines nicht behebbaren Fehlers in der Klappmechanik nach zwei Monaten zurückgibt, ist es mit einigen Flecken versehen. Keine Wertersatzpflicht. Beachte: Die Privilegierung des § 346 III 1 Nr.3 – keine Wertersatzpflicht bei Wahrung der sog. eigenüblichen Sorgfalt – ist wohl nur gerechtfertigt, wenn der Rückgewährschuldner tatsächlich nichts von dem gesetzlichen Rücktrittsrecht weiß. Also Wertersatzpflicht, wenn K den Mangel kennt, aber, da das Sofa nun schon einmal dasteht, trotzdem vor dem Rücktritt jeden Abend kleckernd seine Mahlzeiten auf ihm einnimmt.

- § 346 II 1 Nr.3 2.Hs., wonach die besondere Werteinbuße, die bei vielen Gegenständen mit der erstmaligen Benutzung verbunden ist, nicht ersetzt werden muss.

  Beispiel: Mit der Erstzulassung wird ein Neuwagen zum Gebrauchtwagen und verliert auf einen Schlag etwa 20 Prozent seines Marktwerts. Der Käufer muss im Fall des Rücktritts den Pkw zurückgeben, für die zwischenzeitliche Benutzung Nutzungsersatz leisten, nicht aber die besondere Wertminderung ausgleichen, die durch die erstmalige Ingebrauchnahme eintritt.

Nutzungsersatz

Nach § 346 I besteht für jede Partei ein Anspruch auf Herausgabe der tatsächlich gezogenen Nutzungen und nach § 347 I auf Ersatz der schuldhaft nicht gezogenen, bzw. bei gesetzlichem Rücktrittsrecht der entgegen der eigenüblichen Sorgfalt nicht gezogenen Nutzungen.

Beispiel: K kauft ein Reitpferd, hat dann aber doch keine Lust zum Reiten und macht nach acht Wochen von einem vertraglich vereinbarten Rücktrittsrecht Gebrauch. Geht man davon aus, dass drei Ausritte pro Woche üblich sind und eine Mietreitstunde 20 € kostet, müsste K dem V gemäß § 347 I 480 € Nutzungsersatz zahlen, obwohl er überhaupt nicht geritten ist.

Übersicht: Nutzungsersatz
Die Pflicht zu Nutzungsersatz ist typische Begleitfolge, wenn jemand etwas hatte und es zurückgeben muss. Was Nutzungen sind, ist in § 100 definiert. Der Begriff umfasst einerseits die Früchte einer Sache oder eines Rechts (vgl. dazu § 99), also beispielsweise die Erzeugnisse von Sachen wie etwa der Ernteertrag eines Feldes, Zinserträge bei Geld, oder Mieterträge eines Grundstücks. Andererseits sind auch bloße Gebrauchs-

vorteile Nutzungen wie beispielsweise der Vorteil, ein Kfz fahren oder ein Grundstück bewohnen zu können. Der Wert des Gebrauchsvorteils von Sachen, die sich abnutzen, wird nach der Dauer des Gebrauchs im Verhältnis zur Gesamtnutzungsdauer des Gegenstandes berechnet. Bei Sachen, die sich nicht abnutzen, ist der übliche Mietzins maßgebend. Anspruchsgrundlagen, über die Nutzungsersatz verlangt werden kann, ergeben sich insbesondere aus §§ 346 ff., §§ 987 ff. und §§ 812 ff. i.V.m. § 818 I.

Verwendungs- bzw. Aufwendungsersatz

Nach § 347 II kann jede Partei notwendige Verwendungen uneingeschränkt und sonstige Aufwendungen insoweit ersetzt verlangen, als der Gegner bei Rückgabe durch sie bereichert wird.

Beispiel: K hat das Pferd im ersten Monat wegen einer Kolik behandeln lassen und dafür 200 € an den Tierarzt gezahlt. Dieses Geld kann K dem V nach dem Rücktritt in Rechnung stellen.

Übersicht: Aufwendungs- und Verwendungsersatz

Aufwendung ist der Gegenbegriff zum Schaden. Schäden sind unfreiwillige, Aufwendungen freiwillige Vermögensopfer. Kommen Aufwendungen Sachen zugute, indem sie die Sache erhalten, wiederherstellen oder verbessern, nennt man sie Verwendungen. Umstritten ist, ob der Begriff auch umgestaltende Aufwendungen erfasst. Die Frage nach Verwendungsersatz ist, wie die nach Nutzungsersatz, häufig Begleitfolge, wenn jemand etwas hatte und es zurückgeben muss. Denn sehr häufig ist ein Auto zwischenzeitlich repariert, ein Haus gestrichen oder ein Tier gefüttert worden. Verwendungsersatzansprüche differenzieren zum Teil danach, ob die Verwendung notwendig, nützlich oder nichts von beidem, also reiner Luxus war. Notwendig ist eine Verwendung, die zur Erhaltung oder Bewirtschaftung einer Sache objektiv erforderlich ist. Nützlich ist eine wertsteigernde Verwendung. Anspruchsgrundlagen, über die Aufwendungs-, bzw. Verwendungsersatz verlangt werden kann, sind insbesondere § 284, § 304, § 347 II, § 478 II, § 670, § 670 i.V.m. §§ 677, 683 S. 1, §§ 994 ff. und § 812 I 1 2.F.

Schadensersatz und Surrogatherausgabe

Über § 346 IV i.V.m. §§ 280 ff. kommen Schadensersatzansprüche und Surrogatherausgabeansprüche in Betracht, wenn eine Partei schuldhaft ihre Pflichten aus dem Rückgewährschuldverhältnis verletzt, also beispielsweise in Kenntnis der Rückgewährpflicht die Sache fahrlässig oder vorsätzlich zerstört oder den Gegenstand veräußert. Schadensersatz- und Surrogatherausgabeansprüche können günstiger als der bloße Wertersatz sein, beispielsweise wenn der Rückgewährgläubiger entgangenen Gewinn gemäß § 252 geltend machen kann oder die herauszugebende Sache über Wert veräußert wurde.

b) Widerruf von Verbraucherverträgen

In einer Reihe von verbraucherschützenden Sondervorschriften sind Verbrauchern, befristete Widerrufsrechte, die zum Teil durch Rückgaberechte ersetzt werden können (vgl. § 356), eingeräumt.

> ■ Verbraucher ist nach § 13 eine natürliche Person, die ein Geschäft zu einem privaten Zweck abschließt. ■

Damit der Verbraucher das Widerrufsrecht hat, muss auf der anderen Seite des Vertrages ein Unternehmer stehen.

Übersicht: Unternehmer- und Kaufmannsbegriff im Vergleich

- Unternehmer ist nach § 14 eine natürliche Person oder eine rechtsfähige Gesellschaft, die ein Geschäft in Ausübung ihrer gewerblichen oder selbstständigen beruflichen Tätigkeit abschließt.

- Kaufmann ist gemäß § 1 I HGB ist wer ein Handelsgewerbe betreibt. Das setzt eine gewerbliche selbständige Tätigkeit voraus. Hinzukommen müssen Größe und Komplexität der Tätigkeit (vgl. § 1 II HGB) oder – bei einem Kleingewerbe – die freiwillige Eintragung in das Handelsregister, vgl. § 2 HGB. Unabhängig von gewerblicher Tätigkeit, Größe und Komplexität werden sog. Handelsgesellschaften wie beispielsweise GmbH und Aktiengesellschaft kraft ihrer Rechtsform immer als Kaufleute behandelt, vgl. 6 I HGB.

- Der Begriff des Unternehmers ist damit weiter als der des Kaufmanns, an den die Sondervorschriften des HGB anknüpfen. Selbständige, die kein Gewerbe betreiben, und Kleingewerbetreibende ohne Eintragung sind Unternehmer, aber keine Kaufleute.

Beispiel: Ein selbständiger Rechtsanwalt ist Unternehmer, wenn er berufliche, Verbraucher, wenn er private Geschäfte macht. Er ist nie Kaufmann, da Freiberufler (das sind außer Rechtsanwälten beispielsweise Ärzte, Architekten oder Wirtschaftsprüfer) nicht als Gewerbetreibende angesehen werden. Kaufmann (und Unternehmer) wäre aber eine Rechtsanwalts-GmbH.

Die Widerrufsrechte setzen keine Pflichtverletzung des Unternehmers voraus, sondern bieten dem Verbraucher einfach eine Überlegungsfrist, innerhalb derer er ohne weiteren Grund die vertragliche Bindung wieder lösen kann.

Die Rückabwicklung des widerrufenen Vertrages erfolgt über die Verweisung des § 357 I im Wesentlichen nach den Vorschriften der §§ 346 ff. (siehe oben S. 80 ff.). Einige Abweichungen ergeben sich aus § 357.

Beispiel: Der Discounter V bietet über sein Internetportal besonders günstige Kleinwagen an. K kauft einen Pkw, lässt ihn zu, fährt 20 km und widerruft den Vertrag dann eine Woche nach Vertragsschluss. V verlangt den Wertverlust ersetzt, der durch die Erstzulassung entstanden ist. Anders als beim Rücktritt (siehe oben S. 82) muss K gemäß § 357 III auch für die besondere Werteinbuße Ersatz leisten, die durch die bestimmungsgemäße Ingebrauchnahme der Sache eintritt, wenn er bei Vertragsschluss in Textform einen entsprechenden Hinweis (keine Zulassung bis zum Ablauf der Widerrufsfrist) erhalten hat. Denn ihm ist zuzumuten, solange er noch überlegt, ob er den Vertrag will oder nicht, jede Benutzung zu unterlassen, die über die bloße Prüfung der Sache hinausgeht.

Prüfungsschema: Widerruf von Verbraucherverträgen

Die noch offenen Primäransprüche erlöschen gemäß § 355 I 1 und Rückgewähransprüche gemäß § 357 I 1 i.V.m. §§ 346 ff. modifiziert durch § 357 II - IV entstehen, wenn folgende Voraussetzungen vorliegen:

- Widerrufsrecht
  - § 312 I 1 Haustürgeschäft
  - § 312 d I 1 Fernabsatzgeschäft
  - § 485 Teilzeit-Wohnrechtvertrag
  - § 495 Verbraucherdarlehensvertrag
  - § 499 I i.V.m. § 495 Verbraucherfinanzierungshilfe
  - § 505 I Ratenlieferungsvertrag
- Wirksame Widerrufserklärung, § 355 I
- Innerhalb der Frist des § 355

Die widerruflichen Geschäfte im Einzelnen

Die Widerrufsrechte in § 312 I 1 und § 312 d I 1 knüpfen an besondere Vertriebsformen an, die den Verbraucher besonders schutzbedürftig machen.

▪ Bei Haustürgeschäften befürchtet man, dass Verbraucher überrumpelt werden und sich übereilt zu Verträgen überreden lassen, die für sie ungünstig oder sinnlos sind. Es ist für die Widerrufsmöglichkeit allerdings irrelevant, ob der konkrete Verbraucher tatsächlich überrumpelt wurde.

Beispiele: Haustürgeschäfte sind Kaufverträge, die mit Vertretern, die nicht bestellt waren (vgl. § 312 III Nr.1), zu Hause geschlossen werden (§ 312 I Nr.1), aber auch Vertragsschlüsse bei Kaffeefahrten (§ 312 I Nr.2) und auf der Straße (§ 312 I Nr.3), es sei denn der Kaufpreis beträgt nicht mehr als 40 Euro und wird sofort bezahlt (vgl. § 312 III Nr.2).

▪ Bei Fernabsatzverträgen i.S. des § 312 b sieht man den Nachteil für den Verbraucher darin, dass Geschäftsgegner und Geschäftsgegenstand schwer zu beurteilen sind, da die Verträge unter Verwendung von Fernkommunikationsmitteln ohne gleichzeitige körperliche Anwesenheit der Parteien zustande kommen.

Beispiele: Fernabsatzverträge sind Kaufverträge mit Versandhändlern, die auf Grund schriftlicher oder telefonischer Bestellung geschlossen werden oder die über eine Internet-Auktion (z.B. bei Ebay) zustande kommen. Beachte: § 312 d IV Nr.5 schließt zwar das Widerrufsrecht für Versteigerungen aus, ein Kauf über Ebay – obwohl Versteigerung genannt – erfolgt aber nicht durch eine „echte" Versteigerung i.S. des § 156 (Gebot des Käufers und Zuschlag des Verkäufers), sondern durch ein Angebot des Verkäufers an den innerhalb der Frist höchstbietenden Käufer und der in dem Höchstgebot liegenden Annahme des Käufers. Ein Widerrufsrecht besteht also, aber natürlich nur, wenn ein „professioneller" Verkäufer (Unternehmer) an einen Privaten (Verbraucher) verkauft.

Der Schutz des Verbrauchers bei Fernabsatzgeschäften wird außer durch das Widerrufsrecht durch vielfältige Informationspflichten nach § 312 c und § 1 der BGB-Informationspflichten-Verordnung (BGB-InfoV) ergänzt. Verstöße gegen Informationspflichten können Klagen nach dem Unterlassungsklagengesetz nach sich ziehen und, da die Informationspflichten Pflichten nach § 241 II sind, unter Umständen auch Schadensersatzansprüche begründen. Beachte: Für Verträge, die im elektronischen Geschäftsverkehr, also über das Internet oder Onlinedienste geschlossen werden, gelten zusätzlich § 312 e und § 3 BGB-InfoV. Diese besonderen Pflichten bei E-Commerce bestehen gegenüber jedem Kunden, sind also nicht speziell verbraucherschützend.

Die anderen Widerrufsrechte betreffen Verträge, die eine längerfristige Bindung des Verbrauchers bedeuten und bzw. oder Finanzierungsfunktion haben.

- § 485 erfasst die sog. Timesharing-Verträge. Außer dem Widerrufsrecht sind in §§ 481 ff. und § 2 BGB-InfoV zum Schutz des Verbrauchers Informationspflichten, ein Schriftformerfordernis und ein Anzahlungsverbot bis zum Ablauf der Widerrufsfrist geregelt.

- Nach § 495 sind Verbraucherdarlehen widerruflich. Der Begriff des Verbraucherdarlehens ist in § 491 definiert und erfasst entgeltliche Darlehensverträge (also keine zinslosen Darlehen), die mehr als 200 € betragen, vgl. § 495 II Nr.1. Wichtig ist, dass § 507 den Anwendungsbereich der §§ 495 - 507 ausweitet und Kredite bis zu einem Betrag von 50.000 € mit einbezieht, die nicht an Verbraucher i.S. des § 13, sondern an Existenzgründer gehen. § 498 stellt für die Kündigung und Gesamtfälligstellung des Darlehens im Fall des Verzugs strenge Voraussetzungen auf. § 492 ordnet Schriftform an und schreibt vor, dass die Vertragsurkunde detaillierte Angaben zum Darlehen enthalten muss. Die Rechtsfolge bei Formverstoß ist in § 494 geregelt.

- Verbraucherfinanzierungshilfen sind insbesondere Finanzierungsleasingverträge und Kaufverträge, bei denen der Käufer die Kaufpreisverpflichtung in Raten erbringt, die insgesamt den Barzahlungspreis übersteigen. §§ 499 ff. verweisen unter Modifikationen auf die Formvorschrift des § 492. § 503 II statuiert mit einer Verweisung auf § 498 strenge Voraussetzungen für den Rücktritt des Unternehmers vom Teilzahlungsgeschäft bei Verzug des Verbrauchers mit der Ratenzahlung. Nach § 503 II 4 gilt die Rücknahme der Sache durch den Unternehmer als Rücktrittserklärung.

- Ratenlieferungsverträge sind Verträge, bei denen auch die Leistung des Unternehmers nach und nach bzw. wiederkehrend erbracht wird.
  Beispiele: Vertrag über die sukzessive Lieferung eines mehrbändigen Lexikons oder ein Zeitungsabonnement.
  Der Schutz des Verbrauchers wird außer durch das Widerrufsrecht durch ein Schriftformerfordernis (§ 505 II 1) gewährleistet.

Widerrufsfrist

Die normale Widerrufsfrist beträgt nach § 355 I 2 zwei Wochen. Allerdings beginnt die Frist nach § 355 II nur zu laufen, wenn der Verbraucher über die Widerrufsmöglichkeit ordnungsgemäß belehrt worden ist. Wenn nicht, besteht das Widerrufsrecht gemäß § 355 III 3 zunächst unbefristet. Der Unternehmer kann die Belehrung allerdings nachholen. Der Verbraucher hat dann gemäß § 355 III 3 noch einen Monat Zeit zu widerrufen. Bei Fernabsatzgeschäften ist der Beginn der Widerrufsfrist über die Belehrung hinaus an die Erfüllung bestimmter Informationspflichten und bei Warenlieferungen an die Auslieferung der Ware geknüpft, vgl. § 312 d II.

3. Zurückbehaltungsrechte und Verjährung

Im Gegensatz zu Wirksamkeitshindernissen und Erlöschensgründen (sog. Einwendungen) werden Einreden nicht automatisch berücksichtigt. Der Schuldner muss sich auf die Einrede berufen.

a) Zurückbehaltungsrechte

Zurückbehaltungsrechte ermöglichen es, die eigene Leistung mit Hinweis auf eine fällige Gegenforderung zurückzuhalten. Der Austausch der Leistungen erfolgt dann „Zug um Zug", vgl. §§ 274 und 322. Die beiden wichtigsten Zurückbehaltungsrechte des Schuldrechts sind § 273 I und die Einrede des nichterfüllten Vertrages nach § 320. Im Unterschied zur Aufrechnung müssen die wechselseitigen Ansprüche eine innere Verbindung zueinander haben.

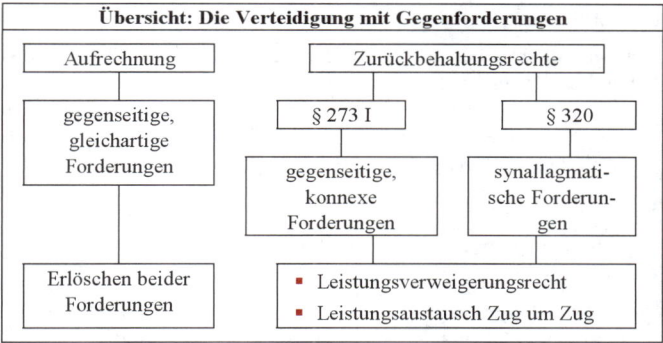

§ 320 greift ein, wenn die sich gegenüberstehenden Forderungen im Synallagma, also im Gegenseitigkeitsverhältnis stehen (siehe oben S. 22). Das ist bei Hauptleistungspflichten aus gegenseitigen Verträgen der Fall. Wer vorleistungspflichtig ist, kann nicht zurückhalten, da die Gegenforderung dann erst mit Erbringung der Vorleistung fällig wird.

Beispiel: K bestellt bei V Kleidung per Nachnahme, d.h. die Zahlung erfolgt gegenüber dem Liefernden vor Aushändigung der Ware. K kann sein Geld nicht zurückhalten bis er geprüft hat, ob ihm die richtigen Kleidungsstücke geliefert wurden.

Bei § 273 I müssen die Ansprüche aus demselben rechtlichen Verhältnis stammen. Das meint nicht unbedingt aus demselben Vertrag oder Schuldverhältnis. Die sog. Konnexität ist gegeben, wenn den Ansprüchen ein einheitliches Lebensverhältnis zugrunde liegt, was typischerweise auch bei wechselseitigen Ansprüchen aus verschiedenen Verträgen einer ständigen Geschäftsverbindung der Fall ist.

Beachte: Unter Kaufleuten besteht zusätzlich noch das sog. kaufmännische Zurückbehaltungsrecht gemäß §§ 369 ff. HGB. Damit können bewegliche Sachen und Wertpapiere nicht nur als Druckmittel zurückgehalten, sondern verwertet und damit zu Geld gemacht werden.

b) Verjährung

Der Schuldner ist berechtigt, die Leistung nach Ablauf der maßgeblichen Verjährungsfrist dauernd zu verweigern, § 214 I.

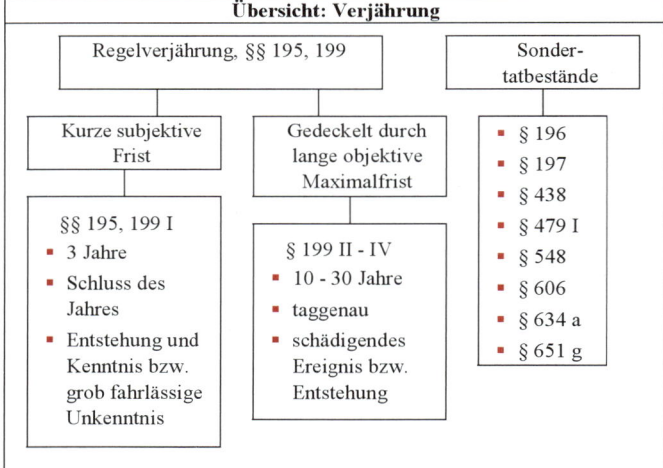

Vertragliche Erfüllungsansprüche und auch Leistungsansprüche aus gesetzlichen Schuldverhältnissen wie bereicherungsrechtliche oder deliktische Ansprüche unterliegen der regelmäßigen (normalen) dreijährigen Verjährungsfrist des § 195. Die Frist beginnt gemäß § 199 I am Schluss des Jahres zu laufen, in dem der Anspruch entsteht und der Gläubiger von den den Anspruch begründenden Umständen und der Person des Schuldners Kenntnis erlangt oder ohne grobe Fahrlässigkeit hätte erlangen müssen. Diese an subjektive Umstände (Kenntnis bzw. grob fahrlässige Unkenntnis des Gläubigers) anknüpfende Frist wird durch eine objektive Maximalfrist begrenzt („gedeckelt"), § 199 II - IV. Die Maximalfrist ist taggenau vom schädigendem Ereignis bzw. Entstehung des Anspruchs an zu berechnen und beträgt zwischen 10 und 30 Jahren.

Beispiel: Geschädigter G wird am 28. März 2006 von einem zunächst unbekannten Täter überfallen und schwer verletzt. Im Frühjahr 2007 ermittelt die Polizei den Täter und teilt dies G mit. Die subjektive dreijährige Verjährungsfrist (§§ 195, 199 I) der deliktischen Schadensersatzansprüche beginnt am Schluss des Jahres 2007 – erst da war G der Schuldner bekannt – zu laufen und endet mit Ablauf des Jahres 2010.

Abwandlung: Die Polizei ermittelt den Täter nicht. Die subjektive dreijährige Frist beginnt mangels Kenntnis oder Erkennbarkeit nicht zu laufen. Trotzdem verjähren die Schadensersatzansprüche nach der objektiven Höchstfrist des § 199 II taggenau 30 Jahre nach dem Überfall, also am 28. März 2036, vgl. §§ 187 I, 188 II.

In einer Reihe von Sonderfällen gilt die regelmäßige Verjährung mit ihrem subjektiven Fristensystem nicht. So verjähren beispielsweise Mängelansprüche des Käufers im Normalfall gemäß § 438 I Nr.3, II zwei Jahre nach Ablieferung der Kaufsache.

Übungsfall zu Kapitel 3

Übungsfall 3 – No Sports

Ende April stellt Karl Kremer (K) mit Entsetzen fest, dass er einige Pfunde zu viel auf den Hüften hat. Mit Blick auf die Freibadsaison möchte er etwas dagegen unternehmen und studiert die Kataloge verschiedener Sportartikelhersteller. Im Katalog des Versandhändlers „Vital-Sport" (V) entdeckt er ein als Sonderangebot deklariertes Heimtrainingsgerät für 499 €, das unter dem Motto „Einfach fit in 30 Tagen" angepriesen wird. K bestellt das Gerät. Kurze Zeit später bestätigt V den Eingang der Bestellung und kündigt die Lieferung für Ende Mai an. Mitte Mai liest K eine langfristige Wetterprognose, die einen extrem schlechten Sommer ankündigt. Daraufhin überdenkt er seine guten Vorsätze und beschließt, die 499 € lieber in guten Restaurants auszugeben. Er schreibt an V und erklärt, er stehe jetzt zu seinen Pfunden und habe kein Interesse mehr an der Lieferung. Kann V von K Abnahme und Bezahlung des Heimtrainingsgerätes verlangen?

Die Lösung finden Sie auf der CD-ROM

Kapitel 4: Leistungsstörungsrecht

Im Leistungsstörungsrecht geht es um die Folgen, die eintreten, wenn bei der Abwicklung eines Schuldverhältnisses Probleme auftreten. Der Zentralbegriff ist dabei die Pflichtverletzung.

■ Eine Pflichtverletzung liegt vor, wenn der Schuldner objektiv hinter dem Pflichtenprogramm des Schuldverhältnisses zurückbleibt. ■

Zwei Konsequenzen kommen bei jeder Pflichtverletzung in Betracht: Vertragsauflösung durch Rücktritt (siehe unten 1.) und Schadensersatz (siehe unten 2.). Diese beiden Sekundärrechte sind deshalb im allgemeinen Schuldrecht zentral geregelt.

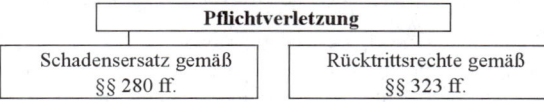

Die Voraussetzungen von Rücktrittsrecht und Schadensersatz differieren zum Teil nach der Art der Pflichtverletzung. Man kann vier Typen von Leistungsstörungen unterscheiden:

- Ausbleiben der Leistung infolge Unmöglichkeit (siehe unten 3.)
- Verzögerung der Leistung (siehe unten 4.)
- Schlechtleistung (siehe unten 5.)
- Verletzung weiterer Verhaltenspflichten i.S. des § 241 II

Diese Einteilung ist auch deshalb wichtig, da es weitere Rechtsfolgen gibt, die nur an bestimmte Pflichtverletzungen anknüpfen. Dabei ergeben sich Ergänzungen und Modifikationen in Bezug auf bestimmte Vertragstypen auch aus dem besonderen Schuldrecht.

Beispiele: Bei der Unmöglichkeit tritt das Erlöschen der Primärleistungspflicht des Schuldners schon automatisch kraft Gesetzes ein (§ 275) und der Gläubiger hat unter Umständen einen Anspruch auf Surrogatherausgabe nach § 285.
Die Vorschriften des besonderen Schuldrechts zu Kauf-, Miet-, Reise- und Werkvertrag enthalten Regelungen zur mangelhaften Leistung und sehen jeweils ein Minderungsrecht vor, das im allgemeinen Schuldrecht nicht geregelt ist und deshalb bei anderen Vertragstypen nicht besteht.

1. Rücktrittsrechte nach §§ 323 ff.

In §§ 323 ff. ist es ab einem gewissen Punkt der Entscheidung des Gläubigers überlassen, ob er an einem gegenseitigen Vertrag noch festhalten will, obwohl der Schuldner seine Pflichten verletzt. Die Möglichkeit, sich über einen Rücktritt (siehe zu den Konsequenzen des Rücktritts oben S. 80 ff.) vom Vertrag zu befreien, besteht völlig unabhängig davon, ob der Schuldner für die Pflichtverletzung verantwortlich ist oder nicht. Je nach Art der Leistungsstörung besteht das Rücktrittsrecht aber nicht sofort und nicht in jedem Fall.

> ■ Nach § 323 ist, wenn der Schuldner die Leistung nicht (meint Verzögerung) oder nicht wie geschuldet (meint Schlechtleistung) erbringt, Rücktritt im Normalfall erst möglich, wenn auch eine angemessene Fristsetzung zur Leistung oder Nacherfüllung erfolglos abgelaufen ist. ■

In § 323 I (und § 281 I, siehe unten S. 101) kommt ein wichtiger Grundsatz des Leistungsstörungsrechts zum Ausdruck. Der Gläubiger hat bei Verletzung von Leistungspflichten grundsätzlich erst einmal „nur" einen Anspruch darauf, dass der Schuldner seine Pflichten erfüllt. Bevor er wegen der Pflichtverletzung die Leistungserbringung ablehnen kann, muss er dem Schuldner einen „zweite Chance" einräumen.

Beispiel: K kauft bei V einen Kleiderschrank und ein Sofa. Es wird vereinbart, dass beide Möbelstücke noch im gleichen Monat geliefert werden sollen. Der Kleiderschrank kommt, aber seine Türen schließen nicht. Das Sofa ist auch Mitte des nächsten Monats noch nicht bei K. V verletzt seine Pflichten, indem er den Kleiderschrank mangelhaft und das Sofa nicht rechtzeitig liefert. Trotzdem kann K nicht sofort von den zwei Kaufverträgen zurücktreten, sondern erst, wenn V auch auf angemessene Fristsetzung des K hin den Mangel des Schrankes nicht beseitigt und das Sofa nicht liefert.

Wenn der Schuldner nicht leisten kann, ist so eine „zweite Chance" nicht denkbar. Deshalb ist nach § 326 V der Rücktritt bei Unmöglichkeit (wenn man ihn denn ausnahmsweise benötigt, siehe unten S. 108) sofort, d.h. ohne eine in diesem Fall völlig sinnlose Fristsetzung zur Leistung möglich.

Einige Umstände schließen den Rücktritt aus, vgl. §§ 323 V, VI, 326 V 2.Hs.. Ein Rücktritt ist nicht möglich, wenn der Gläubiger selbst für die Pflichtverletzung verantwortlich ist, wenn er sich zur Zeit der Pflichtverletzung im Annahmeverzug befand (siehe unten S.115) oder wenn bei mangelhafter Leistung der Mangel nur unerheblich ist. Bei Teilleistungen ist grundsätzlich nur Rücktritt vom noch ausstehenden Teil möglich, es sei denn die bloße Teilleistung ist für den Gläubiger nicht von Interesse.

Beispiel: K bestellt bei V ein Geschirrservice für 100 Personen, das woanders nicht mehr erhältlich ist. V liefert auch nach erneuter Aufforderung nur Geschirr für 50 Personen. K kann vom gesamten Vertrag zurücktreten, da er ja gerade 100 Personen mit passenden Gedecken bewirten wollte.

Bei Verletzung weiterer Verhaltenspflichten i.S.v. § 241 II (etwa Aufklärungspflichten oder Schutzpflichten in Bezug auf die Rechtsgüter und Interessen des anderen) gilt § 324. Ein Rücktritt ist in diesem Fall nur möglich, wenn dem Gläubiger als Folge der Pflichtverletzung das Festhalten am Vertrag unzumutbar ist.

Beispiel: Besteller B beauftragt den Maler M mit der Renovierung seiner Wohnung. Beim Abdecken der Möbel beschädigt M aus Unachtsamkeit eine Kommode und verletzt damit seine Schutzpflicht in Bezug auf das Eigentum seines Vertragspartners B. Der B bekommt Schadensersatz wegen der Beschädigung, kann aber nicht vom Vertrag zurücktreten, da ihm durchaus noch zuzumuten ist, die restliche Renovierung durch M vornehmen zu lassen. Anders, wenn M schon bei den Vorbereitungsarbeiten mehrere wertvolle Möbelstücke beschädigt und den B auch noch beleidigt und beschimpft.

2. Schadensersatz nach §§ 280 ff.

Die Verletzung von Pflichten aus einer Sonderverbindung (Vertrag oder sonstiges Schuldverhältnis) kann dazu führen, dass der Anspruch auf die Primärleistung durch eine Schadensersatzpflicht ergänzt wird (einfacher Schadensersatz oder Schadensersatz neben der Leistung), aber auch dazu, dass eine Schadensersatzpflicht an die Stelle der Primärleistungspflicht tritt (Schadensersatz statt der Leistung). Die Anspruchsgrundlage ist – abgesehen von einigen Sonderregelungen – § 280 I, entweder allein oder in Verbindung mit § 286 oder §§ 281, 282, 283.

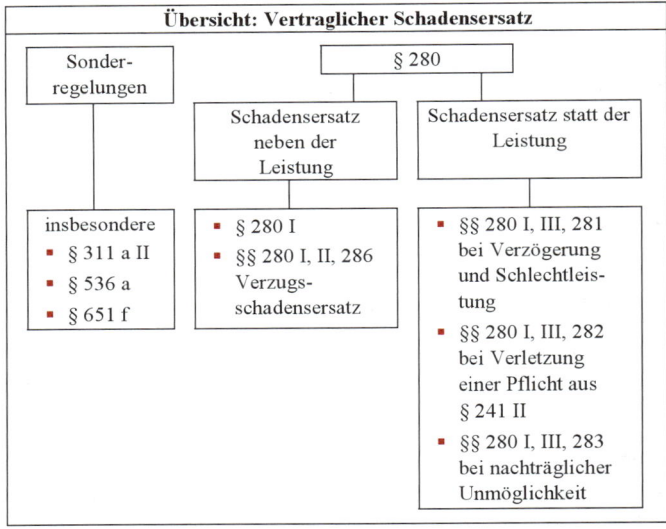

a) Die Voraussetzungen des § 280 I

Nach § 280 I ist der Schuldner dem Gläubiger zum Schadensersatz verpflichtet, wenn er irgendeine seiner Pflichten aus dem Schuldverhältnis verletzt und die Pflichtverletzung zu vertreten hat, also für sie verantwortlich ist.

Prüfungsschema: § 280 I
Ein Anspruch gemäß § 280 I auf Schadensersatz gemäß §§ 249 ff. besteht, wenn folgende Voraussetzungen vorliegen: • Schuldverhältnis   • Pflichtverletzung   • Vertretenmüssen des Schuldners, §§ 276 –278, § 280 I 2

Schuldverhältnis

Siehe oben S.27 zu Begriff und Begründung des Schuldverhältnisses.

Der auf Sonderverbindung beruhende Schadensersatz ist in wesentlichen Punkten günstiger als der nach §§ 823 ff. (siehe im Einzelnen unten S.142 f.). Deswegen findet zum Teil eine Ausweitung in Bereiche statt, in denen das Bestehen einer Sonderverbindung nicht auf der Hand liegt. In § 311 II ist das vorvertragliche Schuldverhältnis geregelt (siehe schon oben S.27). Der Anspruch aus § 280 I i.V.m. § 311 II wird auch als Anspruch aus culpa in contrahendo bezeichnet.

Beispiel: K geht in ein Kaufhaus, um einen Teppich zu kaufen. Plötzlich fallen Teppichrollen um und verletzen K. Obwohl ein Vertrag noch nicht bestand, kommt ein Schadensersatz nach vertraglichen Regeln in Betracht, da das Betreten eines Geschäfts in Kaufabsicht gemäß § 311 II Nr.2 ein vorvertragliches Schuldverhältnis begründet.

Nach den von der Rechtsprechung entwickelten Grundsätzen vom Vertrag mit Schutzwirkung zugunsten Dritter bekommen unter Umständen auch Dritte, am Schuldverhältnis eigentlich nicht beteiligte Personen Schadensersatz nach vertraglichen Regeln. Voraussetzung ist, dass der Dritte mit der Leistung des Schuldners bzw. der Gefahr der Schlechtleistung in gleicher Weise in Berührung kommt wie der Gläubiger selbst, der Gläubiger Interesse am Schutz des Dritten hat und beides für den Schuldner erkennbar ist. Beachte: Nicht zu verwechseln mit dem in § 328 geregelten Vertrag zugunsten Dritter, bei dem der Dritte die vertragliche Primärleistung bekommt wie etwa bei einer Lebensversicherung.

Beispiel: K wird beim Teppichkauf von seinem minderjährigen Sohn S begleitet, der ebenfalls von einer Teppichrolle verletzt wird. S ist in das vorvertragliche Schuldverhältnis zwischen K und dem Kaufhaus mit einbezogen, da er sich in Leistungsnähe befand, K als Vater für sein „Wohl und Wehe" verantwortlich ist und das Kaufhaus mit Einkaufsbegleitung durch Kinder rechnen muss.

Vertretenmüssen

Haftung nach § 280 I setzt voraus, dass der Schuldner für die Pflichtverletzung verantwortlich ist. Aus der negativen Formulierung des § 280 I 2 folgt, dass die Verantwortlichkeit vermutet wird. Nicht der Gläubiger muss nachweisen, dass der Schuldner die

Pflichtverletzung zu vertreten hat, sondern der Schuldner muss sich entlasten und nachweisen, dass es nicht so ist.

Der Schuldner ist im Normalfall verantwortlich für:

- Eigenes Verschulden in Form von Vorsatz oder Fahrlässigkeit, vgl. § 276
- Verschulden seiner gesetzlichen Vertreter und Erfüllungsgehilfen, vgl. § 278

> ■ Vorsätzlich handelt, wer um den rechtswidrigen Erfolg seines Handels weiß, d.h. ihn zumindest als möglich voraussieht, und ihn auch will, d.h. zumindest billigend in Kauf nimmt.
> Fahrlässig handelt gemäß § 276 II, wer die erforderliche Sorgfalt außer Acht lässt.　　　　　　　　　　　　　　　　　　　　　　　　　　■

Der Grad des Verschuldens ist im Schadensersatzrecht meist irrelevant. Schon leichte Fahrlässigkeit hat im Normalfall eine Verpflichtung zum Ersatz des gesamten Schadens zur Folge. Im Einzelfall kann sich allerdings ein milderer Haftungsmaßstab aus Gesetz (vgl. beispielsweise §§ 300 I, 521, 599 und 690) oder Vereinbarung (etwa aus einem vertraglichen Haftungsausschluss für leichte Fahrlässigkeit), ergeben. Andererseits können Gesetz (beispielsweise § 287) oder die Übernahme einer Garantie (vgl. § 276 I) dazu führen, dass der Schuldner sogar für Umstände verantwortlich ist, für die er eigentlich „gar nichts kann".

Beispiel: Händler V sichert K beim Kauf eines Segelbootes auf Nachfrage unmissverständlich die Hochseetauglichkeit des Schiffes zu. Darin liegt eine Garantieübernahme i.S. des § 276 I, nämlich das Versprechen, für diesen Umstand verschuldensunabhängig einzustehen. Kentert und sinkt das Schiff bei der ersten großen Fahrt aufgrund mangelnder Hochseetauglichkeit, kann K sich nicht nur über einen Rücktritt seinen Kaufpreis zurückholen, sondern bekommt von V auch Schadensersatz für seine mit dem Schiff versunkenen Ausrüstungsgegenstände. Das gilt selbst dann, wenn V von der mangelnden Hochseetauglichkeit gar nichts wusste, etwa weil der Hersteller falsche Informationen über den Schiffstyp geliefert hatte.

> ■ Erfüllungsgehilfe ist, wer mit Wissen und Wollen des Schuldners in dessen Pflichtenkreis gegenüber dem Gläubiger tätig ist.　　　　　　■

Wer bei der Erfüllung seiner Leistungs-, aber auch seiner weiteren Verhaltenspflichten Hilfspersonen einschaltet, ist für deren Verhalten genauso verantwortlich wie für sein eigenes. Dabei ist es – anders als beim Verrichtungsgehilfen (siehe unten S.156) – völlig egal, ob die Hilfsperson angestellt oder selbständig ist. Nicht mehr zurechnen lassen muss sich der Schuldner allerdings Verhalten der Hilfsperson, das nicht in einem inneren sachlichen Zusammenhang mit der übertragenen Aufgabe steht.

Beispiel: Maler M lässt die Wohnung des B durch seinen Angestellten A streichen. A stiehlt in der Wohnung Schmuck. Keine Haftung des M gemäß § 280 I i.V.m. § 278, da der Diebstahl nicht in Ausführung, sondern nur bei Gelegenheit des Streichens der Wohnung passierte. Aus dem gleichen Grund scheitert auch ein Anspruch aus § 831 gegen M (siehe zu den §§ 823 ff. unten S.142 ff.). Anders, wenn A den Boden nicht ausreichend abdeckt, sodass der Teppich stark verschmutzt wird. In diesem Fall haftet M gemäß § 280 I i.V.m. § 278 und gemäß § 831. Beachte: A selbst haftet dem B nicht aus § 280 I (zwischen A und B besteht kein Schuldverhältnis), aber in beiden Fällen gemäß § 823 I.

Exkurs: Gesamtschuld

Haften – wie im Beispiel des verschmutzten Teppichbodens – sowohl der Schuldner als auch der Erfüllungsgehilfe, darf der Geschädigte seine Schäden selbstverständlich nicht doppelt abrechnen. Es stellt sich aber die Frage, ob der Gläubiger, von jedem der Schuldner nur einen Teil (Teilschuld) oder die gesamte Leistung (Gesamtschuld) einfordern kann.

Regeln zur sog. Schuldnermehrheit (und auch zur Gläubigermehrheit) finden sich am Ende des allgemeinen Schuldrechts in den §§ 420 ff. Und obwohl sich § 420 so anhört, als sei die Teilschuld zumindest bei teilbaren Leistungen wie Geld die Regel, ist in Wirklichkeit die Gesamtschuld die normale – auch im Teppichbeispiel eintretende – Konsequenz, wenn mehrere eine Leistung schulden. Gesamtschuld ergibt sich gemäß § 427 aus gemeinsamer vertraglicher Verpflichtung, aus speziellen gesetzlichen Anordnungen wie beispielsweise § 840 I und wird in manchen Fällen auch aus § 421, der eigentlich Konsequenzen der Gesamtschuld regelt, abgeleitet.

Beispiel: A und B ziehen gemeinsam in eine Wohnung und unterschreiben beide den Mietvertrag. Gesamtschuld nach § 427. C und D halten gemeinsam einen Hund, der einen Passanten beißt. Tierhalterhaftung (§ 833) von C und D und Gesamtschuld gemäß § 840 I. Bauunternehmer E und Architekt F sind beide für einen Baumangel verantwortlich. Gesamtschuld in Bezug auf die vertraglichen Schadensersatzansprüche gemäß § 421, da beide Verpflichtungen gleichstufig sind.

Gemäß § 421 kann der Gläubiger bei der Gesamtschuld nach seiner Wahl von jedem der Schuldner die Leistung ganz oder nur zum Teil fordern. Dass jeder Schuldner im Außenverhältnis zum Gläubiger alles schuldet, ist für den Gläubiger ein großer Vorteil. Das zeigt sich vor allem am Beispiel der Insolvenz eines der Schuldner.

Beispiel: S1, S2 und S3 schulden G insgesamt 9.000 € Kaufpreis. S2 ist insolvent. Bei einer Teilschuld könnte G jetzt nur noch von S1 und S3 deren jeweiligen Anteil (im Zweifel je 3.000 €) einfordern. Er würde 3.000 € verlieren. Liegt Gesamtschuld vor, kann G nach seiner Wahl von S1 oder S3 die gesamte Summe von 9.000 € fordern oder etwa von jedem der beiden noch solventen Schuldner je 4.500 €.

Der Ausgleich zwischen den Schuldnern ist allein deren Sache und findet über § 426 statt.

Beispiel: Zahlt S1 die gesamten 9.000 € an G, hat er im Innenverhältnis zu seinen Mitschuldnern Rückgriffsansprüche. § 426 I 1 sagt eigentlich nur, dass die Schuldner im Verhältnis zueinander zu gleichen Anteilen verpflichtet sind, soweit nichts anderes bestimmt ist, wird aber trotzdem als Anspruchsgrundlage verstanden. Daneben tritt § 426 II, wonach, wer im Außenverhältnis zuviel gezahlt hat, bezogen auf dieses Zuviel die Forderung des Gläubigers bekommt (Forderungsübergang kraft Gesetzes oder cessio legis). S1 hat deshalb Ansprüche aus § 426 I und aus § 426 II i.V.m. § 433 II in Höhe von insgesamt 6.000 € gegen S2 und S3. Die Tatsache, dass der insolvente S2 nicht wird zahlen können, wird gemäß § 426 I 2 auf die Schultern aller übrigen Schuldner – also auch die des vorleistenden S1 – verteilt. Er bekommt von S3 4.500 €.

b) Schadensersatz statt der Leistung

■ Der Schadensersatz statt der Leistung tritt an die Stelle der an sich geschuldeten Primärleistung. ■

Der Gläubiger kann diese Art des Schadensersatzes gemäß § 280 III nur geltend machen, wenn neben den Voraussetzungen des § 280 I auch noch die des § 281, des § 282 oder des § 283 erfüllt sind.

Beispiel: Besteller B beauftragt den Maler M mit der Renovierung seiner Wohnung. Schon bei den Vorbereitungsarbeiten beschädigt M mehrere wertvolle Möbelstücke des B. Daraufhin zur Rede gestellt, beleidigt und beschimpft er den B auch noch. B hat gemäß § 280 I einen Anspruch gegen M auf Schadensersatz wegen der Beschädigungen, da zwischen B und M ein Schuldverhältnis (Werkvertrag) besteht und M schuldhaft eine weitere Verhaltenspflicht i.S. des § 241 II, nämlich seine Schutzpflicht in Bezug auf das Eigentum des B, verletzt hat. Das ist ein Anspruch auf Schadensersatz **neben** der Leistung, da der Schadenseintritt endgültig und völlig unabhängig von der Frage feststeht, was mit der Leistung, den Malerarbeiten, passiert. Angesichts der Beleidigungen und des Ausmaßes der Beschädigungen ist es dem B aber auch nicht mehr zuzumuten, den M für die Malerarbeiten in seine Wohnung zu lassen. Damit hat B gemäß §§ 280 I, III, 282 zusätzlich auch einen Anspruch auf Schadensersatz **statt** der Leistung. Er kann einen anderen Maler beauftragen und dadurch entstehende Mehrkosten auf M abwälzen. Er verlangt dann anstelle der geschuldeten Leistung sein Interesse an der Leistung in Geld, anstelle der Renovierung, das, was ihn die Renovierung kostet.

Die (besonderen) Voraussetzungen der §§ 281 - 283 laufen parallel mit denen, die in §§ 323 ff. für den Rücktritt wegen Pflichtverletzungen aufgestellt sind (siehe oben S. 94 f.). Das bedeutet:

■ Bei Verletzung von Leistungspflichten ist Schadensersatz statt der Leistung gemäß § 281 erst nach dem Ablauf einer angemessenen Frist zur Leistung bzw. Nacherfüllung möglich, es sei denn die Fristsetzung ist ausnahmsweise gemäß § 281 II entbehrlich. Das gilt allerdings nur für Verzögerung und Schlechtleistung, da § 283 Schadensersatz statt der Leistung bei Unmöglichkeit sofort und ohne Fristsetzung erlaubt. Wenn der Schuldner nicht leisten kann, ist die in der Fristsetzung liegende „zweite

Chance" sinnlos. Beachte: Grundsätzlich besteht der Anspruch auf Schadensersatz statt der Leistung nur in Bezug auf den ausgebliebenen Teil der Leistung. Schadensersatz statt der ganzen Leistung kann der Gläubiger nur verlangen, wenn eine Teilleistung (Teilverzögerung oder Teilunmöglichkeit) für ihn nicht von Interesse ist (§ 281 I 2) oder es bei der Schlechtleistung um erhebliche Mängel geht (§ 281 I 3).

- Bei Verletzung weiterer Verhaltenspflichten i.S. des § 241 II ist (siehe Beispiel) nach § 282 Voraussetzung, dass dem Gläubiger die Leistung durch den Schuldner nicht mehr zuzumuten ist.

Die Parallelität zwischen §§ 281 ff. und §§ 323 ff. ergibt sich daraus, dass der Schadensersatz statt der Leistung eine Art „Rücktritt plus" ist. Auch beim Schadensersatz statt der Leistung bricht das Leistungsprogramm ab, entweder weil die Leistungspflicht wegen Unmöglichkeit sowieso nicht besteht oder weil, wenn die Schadensersatzvoraussetzungen vorliegen, das Verlangen des Gläubigers nach Schadensersatz statt der Leistung den Anspruch auf die Leistung ausschließt, vgl. 281 IV.

Beispiel: Im Malerbeispiel beseitigt die Tatsache, dass dem B die Leistungserbringung durch M nicht mehr zuzumuten ist, den Leistungsanspruch des B nicht automatisch. Er kann weiter auf Fertigstellung der Malerarbeiten durch M bestehen. Er hat aber auch die Option gemäß § 324 vom Vertrag zurückzutreten oder gemäß §§ 280 I, III, 282 Schadensersatz statt der Leistung verlangen. In beiden Fällen führt erst die Äußerung des B zum Abbruch des Leistungsprogramms. Während der – verschuldensunabhängige – Rücktritt (nur) zu Rückabwicklungsansprüchen führt, hat B mit dem – verschuldensabhängigen – Schadensersatzanspruch einen Anspruch darauf, so gestellt zu werden, wie er bei ordnungsgemäßer Durchführung des Leistungsprogramms gestanden hätte.

Zwei Dinge sind noch zu beachten:

- Nach § 325 schließen Rücktritt und Schadensersatz einander nicht aus. Die Erklärung des Rücktritts blockiert also nicht die spätere Geltendmachung von Schadensersatz und es ist auch möglich, die Rechtsfolgen zu kombinieren.

Beispiele: B tritt zunächst zurück, entdeckt aber danach, dass die Renovierung durch einen andern Maler teurer wird. E kann unproblematisch noch Schadensersatz statt der Leistung verlangen.

A und B schließen einen Tauschvertrag (§ 480) ab. Tauschobjekte sind ein Pkw im Wert von 10.000 € und ein Segelboot im Wert von 11.000 €. A übergibt den Pkw an B. B entdeckt nun aber doch wieder seine Liebe zum Segeln und reagiert auf die mit einer angemessenen Frist versehene Aufforderung des A, das Boot zu liefern, nicht. A kann von B gemäß §§ 280 I, III, 281 11.000 € Schadensersatz statt der Leistung verlangen. Er kann aber auch den Pkw nach § 346 I herausverlangen und dazu den verbleibenden Schaden, die 1.000 € Wertunterschied, geltend machen.

- Wenn die Voraussetzungen eines Anspruchs auf Schadensersatz statt der Leistung gegeben sind, hat der Schuldner gemäß § 284 immer die Möglichkeit, an Stelle des Schadensersatzes Ersatz der Aufwendungen zu verlangen, die er im Vertrauen auf den Erhalt der Leistung gemacht hat.

Beispiel: K kauft bei V Karten für das Pokalfinale in Berlin, die ihm am Tag des Spiels in Berlin übergeben werden sollen. Für die Zugfahrt von Frankfurt nach Berlin zahlt K 100 €. V erscheint nicht zur Kartenübergabe. K verlangt die Kosten der Zugfahrt ersetzt. Ein Anspruch auf Schadensersatz statt der Leistung nützt K nichts, da er darauf gerichtet ist, den K so zu stellen, wie er im Fall der (ordnungsgemäßen) Leistung gestanden hätte. Die Kosten für die Fahrkarte wären auch angefallen, wenn V die Karten geliefert hätte. K hat aber in die Zugfahrt investiert, um in Berlin mit den Eintrittskarten das Pokalendspiel besuchen zu können. Er hat einen Aufwendungsersatzanspruch gemäß § 284.

3. Unmöglichkeit

- Unmöglichkeit liegt vor, wenn die geschuldete Leistung dauerhaft nicht erbracht werden kann. ■

a) Die Leistungspflicht des Schuldners

- Wer nicht leisten kann, ist auch nicht zur Leistung verpflichtet, vgl. § 275. ■

Das gilt völlig unabhängig davon, ob der Schuldner das Leistungshindernis zu vertreten hat oder nicht. Gemäß § 275 I ist der Anspruch auf die Leistung ausgeschlossen, soweit die Erbringung der Leistung nur diesem Schuldner, also subjektiv, oder jedermann, also objektiv unmöglich ist. § 275 I erfasst Situationen, in denen der Leistung ein rechtliches oder tatsächliches Leistungshindernis entgegensteht, das nicht behebbar ist.

Beispiele: Der geschuldete Gebrauchtwagen ist zerstört (objektive Unmöglichkeit), von einem unbekannten Dieb gestohlen (subjektive Unmöglichkeit) oder gehört einem Dritten, der zur Veräußerung nicht bereit ist (subjektive Unmöglichkeit).

Schwierig ist die Festsstellung der Unmöglichkeit bei einer Gattungsschuld.

> ■ Bei einer Gattungsschuld ist der geschuldete Gegenstand nur nach generellen Merkmalen bestimmt, während er bei einer Stückschuld individuell konkret festgelegt ist. ■

Beispiele: Verkauft V seinen alten VW Golf an K, liegt eine Stückschuld vor. Ist V ein Händler, bei dem K einen neuen VW Golf mit bestimmen Ausstattungsmerkmalen bestellt, handelt es sich um einen Gattungsschuld.

Unmöglichkeit tritt bei einer Gattungsschuld eigentlich erst ein, wenn es keinen Gegenstand mehr gibt, der die vereinbarten Gattungsmerkmale erfüllt, wenn also die gesamte Gattung untergegangen ist. Zur Entlastung des Schuldners geht aber nach § 243 II bzw. § 300 II die sog. Leistungsgefahr auf den Gläubiger über, wenn der Schuldner das seinerseits Erforderliche zur Leistung getan hat oder der Gläubiger in Annahmeverzug gemäß §§ 293 ff. gerät (siehe unten S. 115). Die Pflicht, eine Gattungssache mittlerer Art und Güte zu leisten (vgl. § 243 I), konkretisiert sich dann auf einen bestimmten Gegenstand. Geht der nunmehr allein geschuldete Gegenstand unter, tritt Unmöglichkeit ein. Was das seinerseits Erforderliche ist, hängt davon ab, ob es um eine Hol-, Schick- oder Bringschuld geht.

> ■ Konkretisierung gemäß § 243 II: Der Schuldner muss in jedem Fall Ware mittlerer Art und Güte aussuchen (aussondern) und dazu bei der Holschuld den Gläubiger davon benachrichtigen, dass die Ware zur Abholung bereitsteht, bei der Schickschuld die Ware an die Transportperson übergeben und bei der Bringschuld die Ware beim Gläubiger so anbieten, dass der nur noch zuzugreifen braucht. ■

Im Zweifel liegt der Leistungsort gemäß § 269 I beim Schuldner, d.h. es liegt eine Holschuld oder, wenn der Transport von Ware verabredet ist, eine Schickschuld vor. Selbst die Tatsache, dass der Schuldner die Transportkosten übernimmt, ist gemäß § 269 III allein kein ausreichendes Indiz für eine Bringschuld.

Beispiel: Geschäftsmann K kauft bei Versandhändler V Druckerpatronen für seine Firma, die V durch den Transportunternehmer T ausliefern lässt. T verursacht einen Unfall, bei dem die Patronen zerstört werden. Es handelt sich nach der Zweifelsregelung des § 269 I um eine Schickschuld, sodass mit Übergabe der Druckerpatronen an T Konkretisierung gemäß § 243 II eingetreten ist. Durch die Zerstörung der nunmehr allein geschuldeten Patronen erlischt die Lieferpflicht des V gemäß § 275 I.

In § 275 II und III erhält der Schuldner in Situationen, die keine „echte" Unmöglichkeit begründen, ein Leistungsverweigerungsrecht. Nur wenn er sich darauf beruft, kommt es zur Leistungsbefreiung.

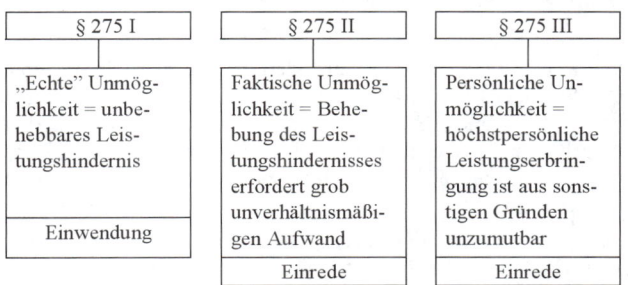

§ 275 I	§ 275 II	§ 275 III
„Echte" Unmöglichkeit = unbehebbares Leistungshindernis	Faktische Unmöglichkeit = Behebung des Leistungshindernisses erfordert grob unverhältnismäßigen Aufwand	Persönliche Unmöglichkeit = höchstpersönliche Leistungserbringung ist aus sonstigen Gründen unzumutbar
Einwendung	Einrede	Einrede

Beispiele: Der geschuldete Ring liegt auf dem Meeresboden (§ 275 II). Der geschuldete Pkw gehört einem Dritten, der zur Veräußerung nur gegen Zahlung des 20fachen Wertes bereit ist (§ 275 II). Eine Opernsängerin sagt einen Auftritt ab, weil ihr Kind lebensgefährlich erkrankt ist (§ 275 III).

b) Die Gegenleistungspflicht des Gläubigers

■ Der Grundsatz lautet: „Ohne Leistung keine Gegenleistung." ■

Braucht der Schuldner nach § 275 I - III nicht zu leisten (bei § 275 II und III nur bei Erhebung der Einrede), entfällt gemäß § 326 I 1 auch die Pflicht des Gläubigers zur Erbringung der Gegenleistung, wenn denn ursprünglich eine geschuldet war. Hat der Gläubiger die Gegenleistung schon erbracht, kann er sie gemäß § 326 IV i.V.m. §§ 346 ff. zurückfordern. Bei der Unmöglichkeit treten also die Konsequenzen, die man ansonsten über einen Rücktritt erreicht, automatisch ein. Folgerichtig tauchen in § 326 auch die den Rücktritt ausschließenden Gründe in anderer Form wieder auf. Der Gläubiger muss gemäß § 326 II die Gegenleistung ausnahmsweise trotz Ausbleiben der Leistung erbringen, wenn er für die Unmöglichkeit allein oder weit überwiegend verantwortlich ist oder wenn er sich zur Zeit des Eintritts der nicht vom Schuldner zu vertretenden Unmöglichkeit im Annahmeverzug befand (siehe unten S. 115).

Beispiel: Gläubiger G ruft einen Abschlepppunternehmer A, schleppt das Auto aber dann mit Hilfe eines Bekannten selbst ab, sodass A vergeblich am vereinbarten Ort erscheint (Unmöglichkeit durch Zweckerreichung). G muss A den Werklohn zahlen, wobei abzuziehen ist, was A spart, weil er nicht wirklich abschleppt, vgl. § 326 II 2.

Ohne Rücksicht auf die ausbleibende Leistung muss der Gläubiger seine Gegenleistung darüber hinaus erbringen, wenn zur Zeit des Eintritts der Unmöglichkeit die sog. Gegenleistungs- oder Preisgefahr schon auf ihn übergegangen war. Die wichtigsten Gefahrtragungsnormen sind §§ 446, 447 im Kaufrecht und §§ 644, 645 im Werkvertragsrecht.

Beispiele: K kauft bei V einen Pkw unter Eigentumsvorbehalt. Mit der Übergabe trägt K gemäß § 446 die Gefahr des zufälligen Untergangs und der zufälligen Verschlechterung des Pkw. Zufall liegt vor, wenn weder der Schuldner (V) noch der Gläubiger (K) Untergang oder Verschlechterung zu vertreten haben. K muss also den Kaufpreis zahlen, auch wenn der Wagen durch einen Unfall zerstört wird, für den er nicht verantwortlich ist.

Im Druckerpatronenfall bekommt der Gläubiger K keine Leistung (Siehe oben S.105), muss aber trotzdem den Kaufpreis zahlen, weil er nach § 447 beim Versendungskauf mit Übergabe an die Transportperson die Gegenleistungsgefahr trägt. § 447 gilt gemäß § 474 II zwar nicht, wenn Verbraucher von Unternehmern kaufen, aber K kauft als Geschäftsmann. Das Leistungshindernis ist auch zufällig eingetreten, da V sich das Verschulden des T nicht nach § 278 zurechnen lassen muss. Der Transport gehört bei der Schickschuld gerade nicht mehr zum Pflichtenkreis des V gegenüber K, sodass T nicht Erfüllungsgehilfe des V ist. Beachte: K steht wegen der Zerstörung ein Schadensersatzanspruch aus §§ 425 I, 421 S. 2 HGB gegen T zu.

c) Sekundärrechte des Gläubigers, vgl. § 275 IV

Surrogatherausgabe gemäß § 285

Der Schuldner kann durch den Umstand, der seine Leistungsbefreiung bewirkt hat, einen Ersatz oder Ersatzanspruch (z.B. Anspruch auf eine Versicherungsleistung oder Schadensersatzansprüche gegen einen Dritten) erlangt haben. War der Primärleistungsanspruch des Gläubigers auf einen bestimmten Gegenstand (Sache oder Recht) gerichtet, tritt der Ersatz (das Surrogat) an die Stelle der primär geschuldeten Leistung und der Gläubiger kann es gemäß § 285 – völlig unabhängig von einem Verschulden des Schuldners – herausverlangen. War für die Leistung eine Gegenleistung versprochen, muss der Gläubiger sie nach Maßgabe des § 326 III erbringen. Wichtig ist, dass § 285 auch den rechtsgeschäftlichen Veräußerungserlös erfasst, obwohl der streng genommen nicht auf dem Umstand beruht, der die Unmöglichkeit herbeiführt.

Beispiel: R leiht seinem Freund F ein Fahrrad. F verkauft und übereignet das Rad an einen Dritten D, der dafür 350 € zahlt. Mit der Übereignung an D (nicht schon mit Abschluss des Kaufvertrages) macht F die Rückgabe des Rades, zu der er gemäß § 604 verpflichtet ist, unmöglich. Die 350 € Erlös stammen nicht aus der Übereignung des Rades, sondern beruhen auf dem Kaufvertrag. Sie sind aber wirtschaftlich an die Stelle des Rades getreten und deshalb herauszugeben.

Da der Schuldner an einer Pflichtverletzung nicht verdienen soll, muss er Surrogate komplett, das heißt auch soweit sie den Wert der geschuldeten Sache übersteigen, herausgeben. Damit kann der Surrogatherausgabeanspruch im Einzelfall selbst bei Verschulden des Schuldners für den Gläubiger günstiger sein als der in diesem Fall ebenfalls in Betracht kommende Schadensersatzanspruch.

Beispiel: Auch wenn das Rad nur 300 € wert war, muss F den kompletten Erlös, also 350 €, herausgeben.

Rücktrittsrecht gemäß § 326 V

Das Rücktrittsrecht gemäß § 326 V ist meist überflüssig, da alle Rechtsfolgen, die der Rücktritt herbeiführen würde, schon automatisch gemäß §§ 275, 326 I 1, IV eintreten. Benötigt wird der Rücktritt bei Unmöglichkeit nur, wenn die Anwendung des § 326 I 1 durch § 326 I 2 ausgeschlossen ist. Das betrifft Fälle, in denen nach einer mangelhaften Leistung weder Mängelbeseitigung noch Ersatzlieferung möglich sind (irreparable Schlechtleistung).

Beispiel: V verkauft K ein Unfallfahrzeug als unfallfrei. V kann den Wagen zwar liefern, er kann ihn aber nicht unfallfrei machen und auch eine Ersatzlieferung ist – jedenfalls bei einem besichtigten Gebrauchtfahrzeug – nicht möglich, da die Kaufsache dann nach der Vorstellung der Parteien nicht durch eine gleichartige und gleichwertige ersetzt werden kann. K hat die Möglichkeit, den Kaufpreis zu mindern oder bei einem erheblichen Mangel vom Vertrag zurückzutreten. Die Tatsache, dass die Nacherfüllung unmöglich ist, führt wegen § 326 I 2 nicht zu einer automatischen Befreiung von einem Teil der Kaufpreiszahlungspflicht.

Schadensersatz statt der Leistung und Aufwendungsersatz

Prüfungsschema: § 311 a II und §§ 280 I, III, 283 (284)
Ein Anspruch auf Schadensersatz statt der Leistung oder Aufwendungsersatz besteht
▪ bei anfänglicher Unmöglichkeit gemäß § 311 a II (§ 284), wenn folgende Voraussetzungen vorliegen:
— Wirksamer Schuldvertrag
— Schuldner braucht gemäß § 275 I - III nicht zu leisten
— Leistungshindernis schon bei Vertragsschluss
— Kenntnis oder fahrlässige Unkenntnis vom Leistungshindernis bei Vertragsschluss; wird gemäß § 311 a II 2 vermutet
▪ bei nachträglicher Unmöglichkeit gemäß §§ 280 I, III, 283 (284), wenn folgende Voraussetzungen vorliegen:
— Schuldverhältnis
— Schuldner braucht gemäß § 275 I - III nicht zu leisten
— Leistungshindernis nach Entstehung des Schuldverhältnisses
— Vertretenmüssen des Schuldners, §§ 276 - 278, § 280 I2

Bei anfänglicher Unmöglichkeit besteht von vornherein keine Leistungspflicht, die verletzt sein könnte. Ein auf eine unmögliche Leistung gerichteter Vertrag ist aber wirksam (vgl. § 311 a I) und der Schuldner wird indirekt an seinem Leistungsversprechen festgehalten. Er muss dem Gläubiger gemäß § 311 a II dessen Interesse an der Leistung in Geld ausgleichen, wenn er bei Vertragsschluss wusste oder wissen musste, dass er zur Leistung nicht in der Lage ist. Bei §§ 280 I, III, 283, der damit nur noch auf nachträgliche Leistungshindernisse anwendbar ist, haftet der Schuldner für die Verletzung seiner Leistungspflicht, wenn er für die Unmöglichkeit verantwortlich ist, etwa weil er den Leistungsgegenstand in einer Weise behandelt hat, die zur Unmöglichkeit führte.

Beispiel: V verkauft K auf einer Sammlerbörse eine wertvolle Vase, die er aus Angst vor Transportschäden zu Hause gelassen hat. K handelt den Preis der Vase, die 1.500 € wert ist, auf 1.400 € herunter. Sie verabreden, dass K die Kaufsache vier Tage später bei V abholen und bezahlen soll. Zwei Tage nach dem Vertragsschluss zerstört der Sohn des V die im Wohnzimmer aufgestellte Vase beim Spielen. V muss gemäß §§ 280 I, III, 283 Schadensersatz in Höhe von 100 € zahlen. Ihm ist vorzuwerfen, dass er die dem K verkaufte Vase nicht besser verwahrt hat. Wäre die Zerstörung der Vase zufälligerweise 10 Minuten vor Abschluss des Kaufvertrages eingetreten, bestünde keine Schadensersatzpflicht gemäß § 311 a II, wenn V zum Zeitpunkt des Vertragsschlusses weder wusste noch hätte wissen müssen, dass er dem K eine unmögliche Leistung versprach.

4. Verzögerung

- Der Schuldner verzögert seine Leistung, wenn er sie trotz Fälligkeit ganz oder teilweise nicht erbringt. ■

Beispiel: V verspricht K die Lieferung einer Waschmaschine in „ca. zwei Wochen" und lässt dann nichts mehr von sich hören. Spätestens nach zweieinhalb Wochen kann K die Lieferung verlangen, ist die Leistung also fällig. Die Nichtleistung des V nach diesem Zeitpunkt ist eine Verzögerung der Leistung.

Anders als die Unmöglichkeit hat die Verzögerung – und zwar selbst wenn sie verschuldet ist – im Normalfall keine „automatischen" Konsequenzen. Der Gläubiger muss aktiv werden, damit Rechtsfolgen eintreten.

(Nur) bei Verzug des Schuldners

- hat der Gläubiger einen Anspruch auf Schadensersatz neben der Leistung gemäß §§ 280 I, II, 286,
- kann er bei Geldschulden Verzugszinsen nach Maßgabe des § 288 verlangen
- und tritt die Haftungsverschärfung des § 287 ein.
- Rücktritt gemäß § 323
- und Schadensersatz statt der Leistung gemäß §§ 280 I, III, 281 (bzw. Aufwendungsersatz gemäß § 284)

sind im Regelfall erst nach erst nach erfolglosem Ablauf einer angemessenen Frist zur Leistung möglich.

Beispiel: Nach vier Wochen türmen sich bei K die Wäscheberge. Er geht deshalb in den Waschsalon und gibt dort 30 € aus. Nach sechs Wochen kauft er sich schließlich bei einem anderen Händler eine Waschmaschine, die auch sofort geliefert wird. K hat weder einen Anspruch auf Ersatz der Waschsalonkosten noch hat er ein Rücktrittsrecht, das er V entgegenhalten kann, wenn der nun überraschend doch liefert und den Kaufpreis verlangt. § 280 II regelt, dass ein Schadensersatzanspruch neben der Leistung im Fall der Verzögerung nur besteht, wenn zusätzlich zu den Voraussetzungen des § 280 I (Schuldverhältnis, Pflichtverletzung, Vertretenmüssen) auch noch Verzug gemäß § 286 vorliegt. Den hätte K mit einer Mahnung herbeiführen müssen. Um den Rücktritt vorzubereiten, wäre gemäß § 323 I eine angemessene Frist zur Leistung erforderlich gewesen.

a) Verzugsschadensersatz gemäß §§ 280 I, II, 286

> ■ Der Schuldner gerät in Verzug, wenn er die ihm mögliche Leistung trotz Fälligkeit und Mahnung nicht erbringt, vgl. § 286 I 1. ■

Kombiniert man die Voraussetzungen des § 280 I und des § 286 miteinander, ergibt sich folgendes Prüfungsschema.

Prüfungsschema: §§ 280 I, II, 286

Ein Anspruch aus §§ 280 I, II, 286 auf Ersatz der auf dem Verzug beruhenden Schäden besteht, wenn folgende Voraussetzungen vorliegen:
• Schuldverhältnis
• Verzug des Schuldners gemäß § 286
   – Fälliger, durchsetzbarer Anspruch
   – Mahnung bzw. Entbehrlichkeit der Mahnung gemäß § 286 II oder III
   – Nichtleistung
   – Vertretenmüssen des Schuldners, §§ 276 - 278, § 286 IV

■ Unter Fälligkeit versteht man den Zeitpunkt, von dem ab der Gläubiger die Leistung verlangen kann. Im Zweifel, also wenn keine abweichende Vereinbarung besteht, ist eine Leistung gemäß § 271 sofort fällig. ■

Zur Fälligkeit muss im Normalfall eine Mahnung kommen.

■ Eine Mahnung ist jede an den Schuldner gerichtete Aufforderung, die geschuldete Leistung zu erbringen. ■

Beispiele: Eine Mahnung liegt in einem entsprechend überschriebenem Schriftstück, aber auch in einer mündlichen Aufforderung zur Leistung, in der das Wort Mahnung nicht fällt. Beachte: Schon die erste Mahnung führt den Verzug herbei, sodass schon unmittelbar danach Verzugsschadensersatz (und/oder eine kostenpflichtige Klage) auf den Schuldner zukommen kann, wenn er, was gemäß § 286 IV genauso wie in § 280 I 2 vermutet wird, für die Nichtleistung verantwortlich ist. Dass es für den Schuldner erst nach der dritten Mahnung „gefährlich" wird, ist eine (sich hartnäckig haltende) Legende.

In §§ 286 II, III sind Fälle geregelt, in denen der Verzug ausnahmsweise „automatisch", also ohne Mahnung eintritt. Es geht um folgende Konstellationen:

- Die Leistungszeit ist kalendermäßig bestimmt, § 286 II Nr. 1.
  Beispiel: V und K hatten vereinbart, dass die Waschmaschine am 31. Mai oder „noch im Mai" geliefert werden sollte. In beiden Fällen steht ein konkreter Kalendertag, der 31. Mai als letzter zeitgemäßer Leistungstermin fest. V gerät also, ohne dass K aktiv werden muss, mit Ablauf des 31. Mai in Verzug.

- Die Leistungszeit ist kalendermäßig berechenbar ist, § 286 II Nr. 2.
  Beispiel: V und K vereinbaren, dass K den Kaufpreis zwei Wochen nach der Lieferung zahlen oder dass V 10 Tage nach Abruf der Leistung liefern muss. Zahlungs- bzw. Lieferungstermin stehen zwar nicht von Anfang an fest, sind aber vom Moment der Lieferung bzw. des Abrufs berechenbar.

- Der Schuldner verweigert die Leistung ernsthaft und endgültig, § 286 II Nr. 3.
  Beispiel: Der Schuldner S erklärt in einer Weise, die als letztes Wort zu verstehen ist, er werde nicht leisten, da er gar nichts schulde. Eine Aufforderung zur Leistung ist dann sinnlos.

- Besondere Umstände rechtfertigen den Verzugseintritt ohne Mahnung, § 286 II Nr.4

  Beispiel: Der Schuldner kündigt von sich aus an, die längst fällige Leistung in den nächsten Tagen erbringen zu wollen, sog Selbstmahnung.

- Der Schuldner zahlt eine Entgeltforderung nicht innerhalb von 30 Tagen nach Zugang einer Rechnung oder Forderungsaufstellung, § 286 III. Gegenüber Verbrauchern gilt das allerdings nur, wenn sie in der Rechnung auf diese Konsequenz hingewiesen worden sind, § 286 III 1 2.Hs..

  Beispiel: Bei Einzelhändler S geht am 10. Mai eine Rechnung des Großhändlers G ein. Wenn S nicht zahlt gerät er mit Ablauf des 9. Juni auch ohne Mahnung in Verzug. Ein Hinweis auf der Rechnung ist nicht notwendig, da S Unternehmer ist. Beachte: Wie die Formulierung „spätestens" in § 286 III klarstellt, ist G nicht gehindert, den Verzug schon im Laufe des Mai durch Mahnung herbeizuführen und sich damit zu einem früheren Zeitpunkt Zinsansprüche in Höhe von 8 Prozentpunkten über dem Basiszinssatz (siehe unten) zu sichern.

Typische Verzugsschäden sind entgangener Gewinn (z.B. bei Scheitern eines gewinnbringenden Weiterverkaufs wegen der verspäteten Lieferung), durch den Verzug verursachte Aufwendungen (z.B. die Waschsalonkosten oder Miete für eine Ersatzwohnung bei verspäteter Herstellung eines Wohnhauses) und die Kosten der Rechtsverfolgung.

Beispiel: S schuldet dem Sammler G ein Bild. Aus Nachlässigkeit lässt er den vereinbarten Liefertermin verstreichen und befindet sich damit gemäß § 286 II Nr.1 im Verzug. G beauftragt Rechtsanwalt R, der S ein anwaltliches Mahnschreiben schickt. S schuldet G das Bild und die Kosten des anwaltlichen Mahnschreibens. Beachte: Die Kosten einer den Verzug erst begründenden Mahnung können nicht abgewälzt werden, da sie nicht auf dem Verzug beruhen, sondern ihn herbeiführen.

Eine eigene Anspruchsgrundlage besteht mit § 288 für die Verzugszinsen bei Geldschulden, mit der Besonderheit, dass der dort festgelegte, sehr erhebliche Zinssatz (5 Prozentpunkte über dem Basiszinssatz gemäß § 247 bzw. sogar 8 Prozentpunkte darüber, wenn kein Verbraucher beteiligt ist) unabhängig davon zu zahlen ist, ob der Gläubiger tatsächlich einen Zinsschaden in dieser Höhe erlitten hat. Ist der wirklich eingetretene Zinsschaden höher, kann der Gläubiger ihn nach §§ 280 I, II, 286 geltend machen, vgl. § 288 IV.

b) Rücktritt und Schadensersatz statt der Leistung

Über den – verschuldensunabhängigen – Rücktritt und den – verschuldensabhängigen – Schadensersatz statt der Leistung kann der Gläubiger, der nicht mehr auf die Leistung warten will, aus dem Vertrag „aussteigen" (siehe dazu oben S. 94 f. und S. 101 ff.).

Beispiel: Im Waschmaschinenfall (siehe oben S. 110) kann K – wenn nach zweieinhalb Wochen keine Lieferung erfolgt – eine angemessene Frist (etwa 10 bis 14 Tage) zur Leistung setzen. Reagiert V darauf nicht, hat K die Möglichkeit, gemäß § 323 I zurückzutreten, da V eine Leistung aus einem gegenseitigen Vertrag trotz „zweiter Chance" weiterhin verzögert. Er ist damit frei sich die Waschmaschine woanders zu besorgen und hat, wenn die Voraussetzungen der §§ 280 I, III, 281 vorliegen, sogar einen Anspruch auf die Mehrkosten, die ihm entstehen, weil er sich anderweitig (teurer) mit der Ware eindecken muss.

Prüfungsschema: §§ 280 I, III, 281 (284)

Ein Anspruch aus §§ 280 I, III, 281 auf Schadensersatz statt der Leistung (oder aus §§ 280 I, III, 281, 284 auf Aufwendungsersatz) besteht, wenn folgende Voraussetzungen vorliegen:

- Schuldverhältnis
- Verzögerung, d.h. Nichtleistung des Schuldners trotz fälliger und durchsetzbarer Leistungspflicht
- Erfolgloser Ablauf einer angemessenen Frist zur Leistung bzw. Entbehrlichkeit der Fristsetzung gemäß § 281 II
- Vertretenmüssen des Schuldners, §§ 276 - 278, § 280 I 2

Da die angemessene Fristsetzung im Grunde nichts anderes als eine befristete Mahnung ist, eröffnet sich dem Gläubiger nach Ablauf der Frist ein breites Spektrum an Möglichkeiten. Er kann sich aussuchen, ob er weiter die Leistung und dazu Ausgleich der Verzugsschäden (z.B. die Waschsalonkosten) verlangt oder ob er aus dem Vertrag aussteigt und zusätzlich zu den bis dahin entstandenen Verzugsschäden den Schadensersatz statt der Leistung geltend macht. Noch komfortabler ist die Rechtsposition des Gläubigers natürlich, wenn ihm diese Optionen automatisch (und schnell) zufallen, weil nicht nur die Mahnung, sondern auch die Fristsetzung entbehrlich ist. Gemäß § 323 II und § 281 II ist eine Fristsetzung überflüssig, wenn der Schuldner die Leistung ernsthaft und endgültig verweigert oder besondere Umstände vorliegen. Darüber hinaus regelt § 323 II Nr.2, dass ein besonders wichtiger Termin den sofortigen Rücktritt rechtfertigen kann.

Übersicht: Bedeutung einer vereinbarten Leistungszeit

- Grundsätzlich legt eine Vereinbarung zur Leistungszeit nur den Fälligkeitszeitpunkt (bzw. den Zeitpunkt der Erfüllbarkeit) fest, vgl. § 271.
- Ist die Leistungszeit kalendermäßig bestimmt oder berechenbar, macht die Vereinbarung nach 286 II Nr.1 und Nr.2 eine Mahnung entbehrlich (siehe oben S.110). Bei Überschreitung der Leistungszeit tritt automatisch Verzug ein. Beachte: Damit ist nicht automatisch auch die nach § 281 I und § 323 I erforderliche Fristsetzung entbehrlich.
- Wenn nach der Vereinbarung das Geschäft mit der Einhaltung der Leistungszeit „stehen und fallen" soll (z.B. Lieferung von Saisonartikeln oder Vereinbarung von Lieferung „fix", „prompt", „pünktlichst"), liegt ein sogenanntes relatives Fixgeschäft vor, bei dem bei Überschreitung der Leistungszeit gemäß § 323 II Nr.2 Rücktritt sofort, ohne Fristsetzung und, wenn ein Handelsgeschäft vorliegt, gemäß § 376 HGB auch Schadensersatz statt der Leistung sofort, ohne Fristsetzung möglich ist.
- Wenn von vornherein feststeht, dass der Gläubiger an einer späteren Leistung keinerlei Interesse mehr haben wird (z.B. am Hochzeitskleid nach der Hochzeit), liegt ein sog. absolutes Fixgeschäft vor, bei dem mit Überschreitung der Leistungszeit Unmöglichkeit eintritt.

Beispiel: V und K vereinbaren, dass V dem K am 1. Juni vier Betten für dessen Hotel liefern soll. Diese Vereinbarung legt die Fälligkeit fest, d.h. K kann die Lieferung nicht vor dem 1. Juni verlangen. Außerdem macht der Termin gemäß § 286 II Nr.1 die Mahnung entbehrlich, sodass V, wenn er am 1. Juni nicht liefert und K deshalb wegen fehlender Betten Zimmer nicht vermieten kann, den entgangenen Gewinn sofort und ohne vorherige Mahnung ersetzen muss. Da „normale" Termine noch kein Fixgeschäft gemäß § 323 II Nr.2 begründen, kann K aber nicht sofort, sondern erst nach Ablauf einer angemessenen Frist zur Leistung vom Vertrag zurücktreten. Anders wenn V und K Lieferung am 1. Juni „fix" vereinbart haben. In diesem Fall könnte K, da es sich bei einem Händler und einem Hotelier um Kaufleute i.S. des § 1 HGB handelt, sogar sofort anderweitig gleichwertige Betten kaufen und eventuelle Mehrkosten gemäß § 376 HGB auf V abwälzen.

c) Gläubigerverzug gemäß §§ 293 ff.

Auch der Gläubiger kann eine Verzögerung der Erfüllung herbeiführen, wenn er erforderliche Mitwirkungshandlungen unterlässt, insbesondere die Leistung trotz Angebots des Schuldners (vgl. §§ 294 - 296) nicht annimmt. Er gerät dann in Gläubiger- oder Annahmeverzug. Die wichtigsten Rechtsfolgen des Annahmeverzugs sind:

- Nach § 304 hat der Schuldner Anspruch auf Ersatz seiner Mehraufwendungen. Er kann die Kosten des erfolglosen Angebots (z.B. Kosten des Transports eines Gegenstandes zum Schuldner) und Aufbewahrungs- und Erhaltungskosten (z.B. Lagerkosten oder Fütterungskosten bei einem Tier) ersetzt verlangen.

- Nach § 300 II geht die Leistungsgefahr, nach § 326 II 1 2.F. bzw. § 446 S.3 oder § 644 I 2 die Gegenleistungsgefahr auf den Gläubiger über (siehe oben S.104 und S.106 f.).

- Nach § 300 I hat der Schuldner während des Gläubigerverzugs nur Vorsatz und grobe Fahrlässigkeit zu vertreten.

Beispiel: K kauft bei V ein Klavier, das am folgenden Dienstag um 10 Uhr bei K angeliefert werden soll. K ist zum vereinbarten Termin nicht zu Hause. Er gerät damit nach §§ 293, 294 in Annahmeverzug und muss V die Kosten der vergeblichen Anlieferung gemäß § 304 ersetzen. Wird das Klavier auf der Rückfahrt durch einen Unfall zerstört, den V leicht fahrlässig verursacht, muss K das Klavier trotzdem bezahlen. Der Annahmeverzug führt gemäß § 326 II 1 bzw. § 446 S.3 zum Übergang der Gegenleistungsgefahr und V ist für die Unmöglichkeit trotz seiner leichten Fahrlässigkeit wegen § 300 I nicht verantwortlich.

5. Schlechtleistung

a) Kaufvertrag

> ■ Der Kaufvertrag ist ein gegenseitiger verpflichtender Vertrag. Er begründet für den Verkäufer die Pflicht, den Kaufgegenstand mangelfrei zu verschaffen (§ 433 I). Für den Käufer begründet er die Pflicht zur Kaufpreiszahlung und Abnahme der Sache (§ 433 II). ■

Da der Verkäufer gemäß § 433 I 2 zur mangelfreien Lieferung verpflichtet ist, ist jede mangelhafte Lieferung eine Pflichtverletzung. In § 437 sind die Rechte und Ansprüche geregelt, die sich daraus für den Käufer ergeben. In Bezug auf

- Rücktritt
- Schadensersatz
- und Ersatz vergeblicher Aufwendungen

wird dort im Wesentlichen auf §§ 280 ff. und §§ 323 ff. verwiesen. Daneben gibt § 437 dem Käufer aber noch einen

- Nacherfüllungsanspruch
- und das Minderungsrecht

und regelt damit ergänzend speziell kaufrechtliche Rechtsfolgen mangelhafter Leistung. Zu beachten ist, dass der Käufer kein Recht zur Selbstvornahme hat. Kosten eigener Reparaturmaßnahmen kann er dem Verkäufer nur im Rahmen eines Anspruchs auf Schadensersatz statt der Leistung oder eventuell als Minderungsbetrag in Rechnung stellen.

Nacherfüllung gemäß § 437 Nr. 1 i.V.m. § 439

Da der Käufer einen Anspruch auf mangelfreie Lieferung hat, steht ihm bei mangelhafter Leistung ein Nacherfüllungsanspruch zu. Der Anspruch ist gegenüber den anderen Mängelrechten (mit Ausnahme des Schadensersatzes neben der Leistung) vorrangig. Denn die kann der Käufer im Normalfall erst geltend machen, wenn der Verkäufer auf eine angemessene Fristsetzung zur Nacherfüllung nicht reagiert (vgl. § 281 I und § 323 I und siehe oben S. 94 f. und S. 101 ff.) bzw. zwei Nacherfüllungsversuche fehlschlagen, vgl. § 440. Über diese Stufung der Mängelrechte hat der Verkäufer ein „Recht zur zweiten Andienung".

Beispiel: K kauft bei V einen Neuwagen. Nach einem Monat versagt die Lenkung. K erklärt empört den Rücktritt vom Vertrag und verlangt sofort sein Geld zurück. K hat (erst einmal) kein Rücktrittsrecht. Er muss dem V Gelegenheit geben, den Wagen zu reparieren oder einen anderen Wagen zu liefern.

Prüfungsschema: § 437 Nr.1 i.V.m. § 439

Ein Anspruch auf Nacherfüllung in Form von Mängelbeseitigung oder Ersatzlieferung besteht, wenn folgende Voraussetzungen vorliegen:

- Wirksamer Kaufvertrag
- Mangel gemäß § 434 oder § 435
- Vorliegen eines Sachmangels schon bei Gefahrübergang
- Kein Ausschluss der Mängelhaftung

Mangel bei Gefahrübergang

Der Kaufgegenstand hat einen Rechtsmangel gemäß § 435, wenn Dritte in Bezug auf die Sache Rechte geltend machen können.

Beispiel: V verkauft K ein Haus als unvermietet. Die von V gegenüber dem bisherigen Mieter ausgesprochene Kündigung stellt sich als unwirksam heraus. Rechtsmangel, da gemäß § 566 der Grundsatz „Kauf bricht nicht Miete" gilt und der Mieter damit gegen K einen Anspruch auf Gebrauchsüberlassung hat.

Ein Sachmangel gemäß § 434 I liegt vor, wenn die Kaufsache nicht die Beschaffenheit hat, die sie haben soll:

- In erster Linie entscheidet die Abweichung von der vertraglich vereinbarten Beschaffenheit, § 434 I 1.
  Beispiele: V verkauft K einen Gebrauchtwagen zum Preis von 200 € mit dem Zusatz „für Bastler". Kein Mangel, wenn der Wagen nicht fährt.
  V verkauft K ein gebrauchtes Motorrad. Das Vertragsformular enthält eine Beschreibung des Kaufgegenstandes und dort die Aussage „Kilometerstand 30.000". Mangel, wenn sich später herausstellt, dass die Laufleistung des Motorrades in Wahrheit bei 30.000 Meilen liegt. Beachte: Angaben eines Händlers zum Kilometerstand können darüber hinaus auch als Garantieübernahme i.S. des § 276 I (siehe oben S.98) zu werten sein.

- Fehlt eine solche Vereinbarung, ist die Ungeeignetheit für die vertraglich vorausgesetzte Verwendung maßgebend, § 434 I 2 Nr.1.

Beispiel: V verkauft K eine Einzimmerwohnung, die K – wie er ausführlich erzählt – ausschließlich als Archiv nutzen möchte. Mangel, wenn sich herausstellt, dass der Boden dafür nicht tragfähig genug ist.

- Ist auch insoweit dem Vertrag nichts zu entnehmen, entscheidet die Abweichung von der üblichen Beschaffenheit und die Ungeeignetheit für die gewöhnliche Verwendung, § 434 I 2 Nr.2.

  Beispiel: V verkauft K einen drei Jahre alten Gebrauchtwagen zum Preis von 10.000 €. Kein Mangel, wenn kurze Zeit später die Bremsbeläge erneuert werden müssen, da altersgerechte Verschleißerscheinungen typisch und normal sind. Aber Mangel, wenn sich herausstellt, dass die Karosserie des Pkw verzogen ist.

  Was der Käufer üblicherweise erwarten kann, wird nach § 434 I 3 auch durch eigenschaftsbezogene öffentliche Äußerungen des Herstellers und seiner Gehilfen bestimmt.

  Beispiel: V verkauft K einen Neuwagen. Der Hersteller hatte öffentlich mit einem durchschnittlichen Treibstoffverbrauch des fraglichen Modells von fünf Litern geworben. Verbraucht der Pkw dann durchschnittlich neun Liter, löst das Mängelhaftung des V aus, auch wenn der zum Treibstoffverbrauch überhaupt nicht Stellung genommen hat.

Nach § 434 II begründen auch fehlerhafte Montage oder Montageanleitung (sog. Ikeaklausel) einen Mangel. Über § 434 III werden Zuwenig- und Falschlieferung einem Mangel gleichgestellt.

Beispiel: V liefert K Sommerweizen statt des bestellten Winterweizens. Unabhängig von der Frage, ob Sommerweizen schlechter Winterweizen oder etwas völlig anderes ist, gelten die §§ 434 ff..

Ein Sachmangel muss, um Mängelhaftung zu rechtfertigen, schon zur Zeit des Gefahrübergangs, d.h. im Regelfall zur Zeit der Übergabe (vgl. § 446, aber auch § 447) vorgelegen haben. Der Mangel muss zu diesem Zeitpunkt zwar noch nicht erkennbar gewesen sein, aber seine Ursache (der Grundmangel) muss schon bestanden haben.

Beispiel: K kauft einen DVD-Player, der zunächst einwandfrei funktioniert. Erst drei Monate später treten Tonprobleme auf. Mangel schon zur Zeit der Übergabe, wenn die Tonprobleme auf einem von Anfang an bestehenden Verarbeitungsfehler beruhen.

Es ist die Sache des Käufers, den Mangel und sein Vorliegen schon bei Übergabe nachzuweisen. Bei Verbrauchsgüterkäufen hilft unter Umständen § 476, wonach bei einem Mangel, der sich innerhalb der ersten sechs Monate zeigt, vermutet wird, dass er schon zur Zeit des Gefahrübergangs da war (siehe im Einzelnen unten S. 126).

Ausschluss der Mängelhaftung

Ein gesetzlicher Ausschluss der Mängelhaftung besteht nach § 442, wenn der Käufer den Mangel beim Vertragsschluss kennt bzw. unter Umständen auch, wenn er ihn grob fahrlässig verkennt. Aus § 444 folgt, dass prinzipiell auch ein vertraglicher Haftungsausschluss möglich ist. Ein pauschaler Haftungsausschluss kann allerdings keine konkrete Beschaffenheitsvereinbarungen „aushebeln".

Beispiel: Wird ein gebrauchtes Motorrad mit einer Beschaffenheitsvereinbarung „Laufleistung 30.000 Kilometer", aber unter Ausschluss jeder Gewährleistung verkauft, gilt der Haftungsausschluss per Auslegung nicht für eine höhere Laufleistung, sondern nur für andere Mängel.

Grenzen ergeben sich auch aus § 444 (keine Berufung auf den Ausschluss bei Arglist oder Garantie i.S. des § 276 I) und bei Einsatz von AGB aus den §§ 307 ff., insbesondere aus § 309 Nr. 8 b. Beachte: Bei Verbrauchsgüterkäufen sind die Möglichkeiten der Haftungsbegrenzung für den Verkäufer gemäß § 475 noch sehr viel stärker limitiert (siehe dazu im Einzelnen unten S. 125).

Beispiel: V verkauft über Ebay einen noch originalverpackten Standmixer, den er geschenkt bekommen hatte, an K1 und sein altes Handy an K2. Er benutzt dabei jeweils die Klausel: „Der Kauf erfolgt unter Ausschluss jeglicher Gewährleistung". Der Mixer hat einen Kurzschluss, das Handy ein Softwareproblem. K1 hat Mängelansprüche, da gemäß § 309 Nr. 8 b der Gewährleistungsausschluss bei neu hergestellten Sachen unzulässig ist. K2 hat keine Mängelansprüche. Für gebrauchte Sachen gilt § 309 Nr. 8 b nicht und ein Haftungsausschluss ist bei gebrauchten Sachen auch nicht unangemessen i.S. des § 307. Beachte: Bei Kaufverträgen zwischen zwei Unternehmern ist § 309 Nr. 8 b gemäß § 310 I nicht anwendbar. Aber auch im unternehmerischen Rechtsverkehr hat ein vollständiger Ausschluss der Mängelhaftung für neue Sachen durch AGB keine Berechtigung und wäre gemäß § 307 unwirksam.

Wenn Kaufleute miteinander Geschäfte machen, ist die Untersuchungs- und Rügeobliegenheit des § 377 HGB sehr wichtig. Der Käufer muss danach offene Mängel (das sind auch solche, die bei einer gebotenen Eingangsuntersuchung zu erkennen gewesen wären) unverzüglich nach der Ablieferung und verdeckte Mängel unverzüglich nach Entdeckung zu rügen, vgl. § 377 I, III HGB. Anderenfalls gilt die Ware als genehmigt (§ 377 II, III) und damit als mangelfrei.

Beispiel: Einzelhändler K kauft bei Großhändler V Anfang Mai einen großen Posten Tomaten in Dosen. Die Ware kommt Anfang Juni in den Verkauf. Ein Kunde kauft eine Dose, stellt beim Öffnen fest, dass der Inhalt verdorben ist, und bringt sie zu K zurück. Daraufhin prüft K, was er bisher nicht getan hatte, den von V erworbenen Posten. Es stellt sich heraus, dass die ganze Lieferung wegen eines Abfüllfehlers ungenießbar ist. Die Mängelansprüche des K gegen V aus § 437 sind gemäß § 377 II HGB ausgeschlossen. K hätte im Rahmen einer ordnungsgemäßen Eingangsuntersuchung eine Stichprobe nehmen, d.h. einige oder jedenfalls eine Dose öffnen müssen. Da die gesamte Ware verdorben war, hätte er dabei den Mangel entdeckt. Es handelte sich also um einen offenen Mangel, bei dem eine Rüge über einen Monat nach Ablieferung viel zu spät kommt.

Der Inhalt des Nacherfüllungsanspruchs

Gemäß § 439 I kann der Käufer nach seiner Wahl Mängelbeseitigung (Reparatur) oder Ersatzlieferung einer mangelfreien Sache verlangen. Eine oder beide Möglichkeiten scheiden aus, wenn der Verkäufer Mängelbeseitigung oder bzw. und Ersatzlieferung gemäß § 275 I - III nicht zu erbringen braucht. In § 439 III ist dem Verkäufer zusätzlich die Option eingeräumt, eine oder beide Formen der Nacherfüllung zu verweigern, wenn sie mit unverhältnismäßigen Kosten verbunden sind. Bei hochwertigen Gütern wird diese Verweigerungsmöglichkeit regelmäßig zum Ausschluss der Ersatzlieferung führen, während bei geringwertigen Massenartikeln meist eine Reparatur unverhältnismäßig teuer sein wird.

Beispiel: Der von K gekaufte Neuwagen hat Probleme mit der Elektronik. K verlangt von V Ersatzlieferung eines mangelfreien Pkw. V kann sich auf Unverhältnismäßigkeit berufen. K muss dann mit Reparatur vorlieb nehmen.

Die Kosten der Nacherfüllung trägt gemäß § 439 II (selbstverständlich) der Verkäufer.

Beachte: Alle Mängelansprüche und damit auch der Nacherfüllungsanspruch unterliegen der besonderen Verjährungsregel des § 438. Die Verjährungsfrist beträgt im Normalfall zwei Jahre vom Zeitpunkt der Ablieferung an, § 438 I Nr.3, II.

Rücktrittsrecht gemäß § 437 Nr.2 i.V.m. § 323 (§ 440) oder § 326 V

Auch für den Rücktritt müssen die allgemeinen Voraussetzungen der Mängelhaftung (siehe oben S.117 ff.) gegeben sein. Darüber hinaus sind § 323 V 2 und die Stufung der Mängelrechte zu beachten.

> ■ Rücktritt setzt einen erheblichen Mangel voraus (§ 323 V 2) und ist gemäß § 437 Nr.2 i.V.m. § 323 I grundsätzlich erst nach erfolglosem Ablauf einer angemessenen Frist zur Nacherfüllung möglich. ■

Der Käufer kann bei behebbaren Mängeln nur dann ohne Fristsetzung zurücktreten, wenn die Fristsetzung nach § 323 II oder § 440 entbehrlich ist. § 440 greift ein, wenn der Schuldner beide Arten der Nacherfüllung gemäß § 439 III verweigert, die Nacherfüllung fehlgeschlagen oder für den Käufer unzumutbar ist.

Beispiel: K kauft bei V einen Drucker, dessen Einzug nicht richtig funktioniert. V verspricht, den Mangel zu beseitigen. Als K das Gerät nach zwei Wochen zurückbekommt, zieht der Drucker immer noch mehrere Seiten auf einmal ein. Ein weiterer Reparaturversuch endet damit, dass das Gerät Blätter zwar einzeln einzieht, sie aber dann sofort unbedruckt wieder auswirft. K hat zwar nicht nach dem ersten, aber nach dem zweiten erfolglosen Nacherfüllungsversuch ein Rücktrittsrecht. Gemäß § 440 S.2 gilt die Vermutung, dass die Nacherfüllung (erst) nach dem zweiten vergeblichen Versuch fehlgeschlagen ist. Erklärt K den Rücktritt, hat er einen Anspruch auf Kaufpreisrückzahlungsanspruch aus § 346 I. V hat im Gegenzug einen Anspruch auf Rückgabe des Druckers und – je nach Dauer und Intensität der Benutzung durch K – auch einen Anspruch auf Nutzungsersatz (siehe zu den Konsequenzen des Rücktritts oben S.80 ff.).

Bei unbehebbaren Mängeln (irreparable Schlechtleitung, siehe das Beispiel oben S.108) ist der Rücktritt gemäß § 437 Nr.2 i.V.m. § 326 V immer sofort möglich, da eine Fristsetzung zur Nacherfüllung in diesem Fall sinnlos ist.

Minderungsrecht gemäß § 437 Nr.2 i.V.m. § 441

Das Minderungsrecht ist wie der Rücktritt ein Gestaltungsrecht. Als Konsequenz der Minderungserklärung erlischt der Kaufpreisanspruch des Verkäufers in Höhe des Minderungsbetrages. Hat der Käufer schon den gesamten Kaufpreis gezahlt, ergibt sich aus § 441 IV i.V.m. § 346 I ein entsprechender Erstattungsanspruch. Die Höhe der Minderung ergibt sich aus dem mängelbedingten Minderwert der Sache, vgl. § 441 III. Der Wertabschlag kann, muss aber nicht mit den Reparaturkosten übereinstimmen.

In seinen Voraussetzungen ist das Minderungsrecht an den Rücktritt gekoppelt, vgl. „statt zurückzutreten" in § 441 I 1. Es ist also wie der Rücktritt im Normalfall subsidiär gegenüber dem Nacherfüllungsanspruch. Es besteht aber gemäß § 441 I 2 ein wichtiger Unterschied: Minderung ist auch bei unerheblichen Mängeln möglich.

Beachte: Rechte wie Rücktritts- und Minderungsrecht können nicht verjähren. Sie sind aber über §§ 438 IV und V, 218 an die Verjährungsfrist angekoppelt, indem sie nach Verjährung des Nacherfüllungsanspruchs nicht mehr wirksam erklärt werden können.

Schadensersatz und Aufwendungsersatz gemäß § 437 Nr.3

> ▪ Schadensersatz und Aufwendungsersatz setzen im Unterschied zu allen anderen Mängelansprüchen und -rechten Verantwortlichkeit des Verkäufers voraus.   ▪

Schadensersatz neben der Leistung erhält der Käufer gemäß § 437 Nr.3 i.V.m. § 280 I sofort und ohne Fristsetzung. Beim Schadensersatz statt der Leistung ist – wie beim Rücktritt – zu differenzieren:

- Bei behebbaren Mängeln besteht ein Anspruch gemäß § 437 Nr.3 i.V.m. §§ 280 I, III, 281 (284) grundsätzlich erst nach erfolglosem Ablauf einer angemessenen Frist zur Nacherfüllung, es sei denn die Fristsetzung ist gemäß § 281 II oder § 440 ausnahmsweise entbehrlich.
- Bei nachträglich oder anfänglich unbehebbaren Mängeln (irreparable Schlechtleistung) besteht der Anspruch gemäß § 437 Nr.3 i.V.m. §§ 280 I, III, 283 (284) oder § 437 Nr.3 i.V.m. § 311 a II sofort.

Beispiel: V verkauft K für dessen Copyshop einen Kopierer, dessen Kabel defekt ist. Der Defekt beruht auf einem Fabrikationsfehler, der den Hersteller nach Entdeckung zu einem Warnschreiben an sein Händlernetz veranlasst hatte. Dieses Schreiben hatte V aus Nachlässigkeit übersehen. Kurz nach dem Kauf verursacht das defekte Kabel bei K einen Brand, der glücklicherweise nur zu einer verrußten Wand führt. K hat – sofort und ohne Fristsetzung – Anspruch auf Schadensersatz neben der Leistung gemäß § 437 Nr.3 i.V.m. § 280 I gegen V und kann darüber die Renovierungskosten und wohl auch den Betriebsausfallschaden abrechnen, der entsteht, weil K den mangelhaften Kopierer bis zur Mängelbeseitigung nicht einsetzten kann. Außerdem hat K in Bezug auf den mangelhaften Kopierer einen Nacherfüllungsanspruch gemäß § 437 Nr.1 i.V.m. § 439. Da der Mangel durch Reparatur oder Ersatzlieferung behebbar ist, kann K Schadensersatz statt der Leistung gemäß § 437 Nr.3 i.V.m. §§ 280 I, III, 281 erst verlangen, wenn V auf eine angemessene Fristsetzung nicht reagiert oder zwei Nacherfüllungsversuche fehlschlagen. K könnte danach als „kleinen Schadensersatz" die Reparaturkosten von V ersetzt verlangen. Schadensersatz statt der ganzen Leistung („großer Schadensersatz") setzt gemäß § 281 I 3 darüber hinaus einen erheblichen Mangel voraus, der hier angesichts der Sicherheitsrelevanz des Kabels gegeben ist. Alternativ könnte K die Sache also auch zurückgeben (vgl. §§ 281 V, 346 ff.) und die Mehrkosten eines anderweitigen Deckungskaufs auf V abwälzen.

Schadensersatzansprüche des Käufers wegen Schlechtleistung scheitern häufig an der fehlenden Verantwortlichkeit des Verkäufers für Mängel. Der Verkäufer gibt meist nur eine industriell vorgefertigte Ware weiter und hat nur begrenzte Untersuchungspflichten in Bezug auf den Kaufgegenstand. Da der Hersteller mit der Produktion der Waren nicht dem Verkäufer „hilft", muss sich der Verkäufer dessen Verschulden auch nicht gemäß § 278 zurechnen lassen. Der Verkäufer wird sich deshalb häufig von der Verschuldensvermutung des § 280 I 2 entlasten können, wenn er nicht gerade eine Garantie i.S. des § 276 I (siehe oben S.98) übernommen hat. Sehr viel schwerer fällt dem Verkäufer aber eine Entlastung, wenn die Nacherfüllung zu lange dauert. Der Käufer kann dann Schadensersatzansprüche auf die Pflichtverletzung Verzögerung stützen.

Beispiel: Es gibt keine Warnung an das Händlernetz und der Kabeldefekt ist auch nicht ohne weiteres erkennbar. In dieser Konstellation ist V nicht für die mangelhafte Leistung des Kopierers verantwortlich. Er muss damit keinen Schadensersatz für die verrußte Wand zahlen. Die einzige Chance des K insoweit sind Produkthaftungsansprüche gegen den Hersteller (siehe unten S.157 f.). Die unmittelbar nach mangelhafter Lieferung entstehenden Betriebsausfallschäden bekommt K gar nicht ersetzt. Erfolgt die Nacherfüllung nicht in angemessener Zeit, kann K den V aber über eine Mahnung in Verzug mit der Nacherfüllung setzten und hat dann wenigstens einen Anspruch auf die nach Verzug eintretenden Schäden. Und nach Ablauf einer angemessen Frist zur Nacherfüllung kann K Ansprüche auf Schadensersatz statt der Leistung auf die Verzögerung der Nacherfüllung stützen.

Exkurs: Die Haltbarkeitsgarantie gemäß § 443

Umgangssprachlich wird der Begriff Garantie häufig als Synonym für Mängelhaftung verwendet wird. Rechtlich hat er verschieden Facetten. Außer der Garantie i.S. von § 276, die zu Verantwortlichkeit und damit zu Schadensersatz ohne Verschulden führt, gibt es den selbständigen Garantievertrag (siehe unten S.178 f.) und im Kaufrecht Garantien i.S. von § 443. Wichtig ist insbesondere die Haltbarkeitsgarantie, bei der meist Verkäufer oder Hersteller garantieren, dass die Kaufsache nicht nur zur Zeit der Übergabe mangelfrei ist (normale Mängelhaftung), sondern während der Garantiezeit ganz oder in Bezug auf bestimmte Teile mangelfrei bleibt.

Übersicht: Mängelhaftung und Haltbarkeitsgarantie im Vergleich	
Mängelhaftung	**Haltbarkeitsgarantie**
• Gesetzlich angeordnet • Anspruchsgegner: Verkäufer • Rechte: § 437 BGB • Zeit: 2 Jahre • Käufer muss beweisen, dass zur Zeit der Übergabe ein Mangel vorlag; Ausnahme: § 476 BGB	• Freiwillig und zusätzlich • Anspruchsgegner: Verkäufer oder Dritter (Hersteller) • Rechte: Nach Vereinbarung • Zeit: Nach Vereinbarung • Garantiegeber verspricht, dass in der Garantiezeit bestimmte Mängel nicht auftreten. Passiert es trotzdem, wird gemäß § 443 II BGB ein Garantiefall vermutet.

Beispiel: V verkauft dem K ein Fahrrad und gibt ihm auf den Rahmen eine „Austauschgarantie" von 10 Jahren. Nach drei Jahren bricht der Rahmen. Rechte und Ansprüche nach § 437, die dem K durch die Garantie selbstverständlich nicht genommen werden, sind verjährt. K hat nach der Garantieerklärung – anders als bei einer „Geld-zurück-Garantie" – (nur) einen Anspruch auf einen neuen Rahmen. Im Gegensatz zur Mängelhaftung spielt die Frage, ob K das Rad schon fehlerhaft bekommen hat, keine Rolle. Gemäß § 443 II liegt wegen des Auftretens eines Mangels am Rahmen innerhalb der Garantiezeit ein Garantiefall vor. Meint V, K habe den Rahmen durch unsachgemäße Benutzung des Rades zerstört und es sei deshalb kein Garantiefall gegeben, muss er das nachweisen.

Besonderheiten beim Verbrauchsgüterkauf, §§ 474 ff.

> ■ Ein Verbrauchsgüterkauf ist ein Kaufvertrag, mit dem ein Verbraucher von einem Unternehmer eine bewegliche Sache kauft, § 474. ■

Auch für den – extrem häufigen – Verbrauchsgüterkauf gelten selbstverständlich die §§ 433 ff. Zum Schutz des Verbrauchers enthalten §§ 474 ff. aber wichtige Sonderregelungen:

- Gemäß § 474 II ist die Regelung des § 447 zum Gefahrübergang beim Versendungskauf (siehe oben S. 106 f.) nicht anwendbar.

- Ein Großteil der Vorschriften der §§ 433 ff. ist beim Verbrauchsgüterkauf zwingendes Recht. Eine zum Nachteil des Verbrauchers abweichende vertragliche Vereinbarung – egal ob individualvertraglich oder in AGB – ist gemäß § 475 unwirksam.
  Beispiele: P ist als so genannter Powerseller bei Ebay registriert. Er hat dort im letzten Jahr ca. 3000 neue und gebrauchte Handys an private Kunden versteigert. Seine AGB schließen die Mängelhaftung vollständig aus. Der Ausschluss ist gemäß § 475 I unzulässig. Anders als für einen privater Verkäufer, der seine Haftung individualvertraglich oder bei Verwendung von AGB wenigstens in Bezug auf gebrauchte Sachen ausschließen kann (siehe oben S. 119), ist ein Haftungsausschluss für den „professionellen" Verkäufer V gegenüber Verbrauchern generell unzulässig. Die Regelung darf auch nicht durch Vorspiegeln der Verbrauchereigenschaft, Vorschieben privater Verkäufer oder durch in Wahrheit haftungsausschließende Beschaffenheitsvereinbarungen (z.B. Verkauf eines gebrauchten, aber absolut gebrauchstauglichen Handys für 100 € als „Bastlergerät") umgangen werden, vgl. § 475 I 2. Beachte: Begrenzte Regelungsspielräume eröffnen sich über § 475 II, III. Danach ist bei

gebrauchten Sachen eine Verkürzung der Verjährungsfrist auf ein Jahr möglich und generell der Ausschluss oder die Begrenzung von Schadensersatz. Bei Verwendung von AGB sind dann aber § 309 Nr.7 a und Nr.7 b zu beachten, wonach Haftungsausschlüsse in Bezug auf Schäden an Leben, Körper oder Gesundheit und bei grober Fahrlässigkeit unzulässig sind (siehe oben S.72)

- Es wird gemäß § 476 vermutet, dass ein Mangel, der sich innerhalb der ersten sechs Monate zeigt, schon bei Gefahrübergang vorhanden war. Die Vermutung ist allerdings gemäß der relativ engen Auslegung des Bundesgerichtshofs strikt auf die zeitliche Komponente beschränkt. § 476 hilft dem Verbraucher, wenn unklar ist, **wann** etwas geschehen ist, aber nicht, wenn unklar ist, **was** geschehen ist.

  Beispiele: Privatkunde K kauft bei Händler V einen Gebrauchtwagen, wobei unter anderem ein einwandfreier Zustand der Karosserie vereinbart wird. Nach drei Monaten entdeckt K eine Verformung des vorderen rechten Kotflügels, die – wie ein Sachverständiger feststellt – auf eine „seitliche Krafteinwirkung" zurückzuführen ist, von der sich nicht sagen lässt, ob sie vor oder nach Übergabe stattgefunden hat. K kommt die Vermutung des § 476 zu Gute, sodass er Mängelansprüche gegen V hat, wenn der nicht nachweist, dass die Karosserie zur Zeit der Übergabe noch einwandfrei war. Die Vermutung ist auch nicht mit der Art des Mangels unvereinbar (vgl. § 476 l. Hs.), nur weil es um einen Mangel geht, der typischerweise jederzeit auftreten kann, oder weil der Mangel in einer äußerlichen Beschädigung besteht, solange diese äußerliche Beschädigung nicht auch einem Laien hätte auffallen müssen.

  Privatkunde K kauft bei Händler V einen Gebrauchtwagen, der fünf Monate später einen Motorschaden hat, der – wie ein Sachverständiger feststellt – auf einer Lockerung des Zahnriemens beruht, die entweder auf übermäßigen Verschleiß des Zahnriemens oder aber auf zu hochtourigen Gangwechsel durch den Käufer zurückzuführen ist. § 476 hilft K nicht, da gemäß § 476 zwar vermutet werden kann, dass ein übermäßiger Verschleiß schon zum Zeitpunkt der Übergabe vorlag, nicht aber, dass er und nicht der Fahrfehler den Motorschaden verursachte.

Die Tatsache, dass der letzte Vertrag einer Absatzkette ein Verbrauchsgüterkauf ist, schlägt, wenn es um neue Sachen geht, gemäß §§ 478, 479 auch auf die Mängelrechte durch, die der Letztverkäufer gegenüber seinem Verkäufer und der wiederum gegenüber seinem Verkäufer (usw. bis zum Hersteller, vgl. § 478 V) hat. Denn die Besserstellung des Verbrauchers durch §§ 474 ff. BGB soll am Ende nicht dessen unmittelbaren Vertragspartner belasten, sondern den eigentlich Verantwortlichen, also den Hersteller. Deshalb kann ein Unternehmer beispielsweise Ware, die er wegen Mängeln vom Verbraucher zurücknehmen musste, im Rahmen des sog. Unternehmerrückgriffs gemäß § 478 I BGB sofort „nach hinten durchreichen", ohne seinem Lieferanten über eine Fristsetzung Gelegenheit zur Nacherfüllung geben zu müssen. Nacherfüllungskosten können dem Lieferanten gemäß § 478 II in Rechnung gestellt werden. Und über 478 III BGB gilt die Beweislastumkehr des § 476 BGB auch im Verhältnis zwischen Unternehmer und Lieferant, wobei die 6-Monatsfrist erst vom Moment der Übergabe an den Verbraucher berechnet wird.

b) Werkvertrag

■ Der Werkvertrag ist ein gegenseitiger verpflichtender Vertrag. Der Unternehmer ist zur Herstellung des versprochenen Werks, d.h. zur Herbeiführung eines Erfolges verpflichtet (§ 631 I 1.Hs.). Der Besteller ist zur Zahlung der vereinbarten Vergütung (§ 631 I 2.Hs) und zur Abnahme des Werks (§ 640) verpflichtet.   ■

Beispiele: Werkvertrag ist ein Vertrag über die Errichtung eines Hauses oder die Reparatur eines Pkw, aber auch ein Vertrag über unkörperliche Arbeitsergebnisse wie die Erstellung eines Gutachtens oder Datenverarbeitungsprogramms, vgl. § 631 II

Die Rechte des Bestellers bei mangelhafter Leistung des Unternehmers sind in § 634 im Wesentlichen ähnlich wie die des Käufers geregelt. Allerdings hat bei der Nacherfüllung von vornherein der Unternehmer und nicht der Besteller die Wahl, ob er den Mangel beseitigt oder ein neues Werk herstellt, vgl. § 635 I. Und der Besteller hat eine zusätzliche Möglichkeit: Er kann den Mangel selbst beseitigen oder beseitigen lassen und insoweit Vorschuss bzw. Kostenerstattung verlangen, § 634 Nr.3 i.V.m. § 637. Die Verjährungsfristen der Mängelhaftung bei Werkvertrag sind in § 634 a differenziert nach der Art der Werkleistung geregelt. Bauwerksbezogene Werkleistungen (auch Planungsleistungen, wie die Architektenleistung) verjähren fünf Jahre nach Abnahme, sonstige sachbezogene Werkleistungen verjähren zwei Jahre nach Abnahme und andere Werkleistungen, also Werkleistungen, die sich nicht auf Bauwerke oder andere Sachen beziehen, unterliegen der regelmäßigen Verjährung der §§ 195 ff.. Zu beachten ist noch, dass §§ 631 ff. keine Sonderregeln für Verbrauchergeschäfte enthalten.

c) Mietvertrag

> ■ Der Mietvertrag ist ein gegenseitiger verpflichtender Vertrag. Der Vermieter ist verpflichtet, die Mietsache in einem zum vertragsgemäßen Gebrauch geeigneten Zustand zu überlassen und sie danach in diesem Zustand zu erhalten (535 I). Der Mieter ist verpflichtet, die vereinbarte Miete zu zahlen (535 II). ■

In §§ 536 ff. existieren für die Mängelhaftung im Mietrecht eigenständige Regelungen, die nach Überlassung der Mietsache §§ 280 ff. und § 323 verdrängen. Die wesentlichen Unterschiede zur kauf- und werkvertraglichen Mängelhaftung bestehen in Folgendem:

- Die Minderung gemäß § 536 ist kein Gestaltungsrecht. Bei Vorliegen der Voraussetzungen des § 536 erlischt der Anspruch auf Miete kraft Gesetzes in Höhe des Minderungsbetrags. Allerdings muss der Mieter bei nachträglich auftretenden Mängeln schon „etwas sagen". Eine unterlassene Mängelanzeige schließt gemäß § 536 c nämlich unter Umständen die Minderung aus.

- Bei anfänglichen Mängeln trifft den Vermieter aus § 536 a eine verschuldensunabhängige Schadensersatzpflicht.

- Es gibt kein Rücktrittsrecht wegen Mängeln, sondern nur das lediglich in die Zukunft wirkende Kündigungsrecht, vgl. §§ 542 ff.

- Es gilt generell die regelmäßige Verjährung nach §§ 195, 199.

d) Dienstvertrag

> ■ Der Dienstvertrag ist ein gegenseitiger verpflichtender Vertrag. Der Dienstverpflichtete ist verpflichtet, die versprochenen Dienste zu leisten (§ 611 I 1.Hs.). Der Dienstnehmer ist verpflichtet, die vereinbarte Vergütung zu zahlen (§ 611 I 2.Hs.). ■

Beispiele: Dienstvertrag ist ein Arbeitsvertrag, ein Unterrichtsvertrag oder der Behandlungsvertrag mit einem Arzt. Unterrichtender und Arzt schulden nämlich in Abgrenzung zum Werkvertrag nicht den Erfolg, sondern nur das (erfolgsorientierte) Tätigwerden.

In den §§ 611 ff. existieren, wie in einer Reihe weiterer Vertragstypen, keine speziellen Vorschriften zur Schlechtleistung. Es gelten deshalb nur die Rechtsbehelfe des allgemeinen Schuldrechts (keine Minderung!), wobei der Rücktritt nach Dienstbeginn durch die Kündigung (§§ 620 ff., §§ 626 f.) verdrängt ist. In Bezug auf Schadensersatz gelten die §§ 280 ff.. Wenn es um Arbeitsverträge geht, sind dabei allerdings zwei Besonderheiten zu beachten:

- Gemäß § 619 a trägt ein Arbeitgeber, der Schadensersatzansprüche gegen den Arbeitnehmer geltend macht, in Abweichung von § 280 I 2 die Beweislast für dessen Verantwortlichkeit.

- Nach den von der Rechtsprechung entwickelten Regeln zur Arbeitnehmerhaftung bei betrieblich veranlasster Tätigkeit wird die Haftung der Arbeitnehmer in Abhängigkeit nach dem Grad ihres Verschuldens begrenzt. Im Normalfall bedeutet das, dass ein Arbeitnehmer, der seinen Arbeitgeber schädigt, nur bei Vorsatz und grober Fahrlässigkeit voll, bei leichter Fahrlässigkeit gar nicht und bei mittlerer (normaler) Fahrlässigkeit lediglich zum Teil in Anspruch genommen werden kann. Schädigt der Arbeitnehmer bei betrieblich veranlasster Tätigkeit Dritte, haftet er diesen gegenüber nach den normalen Regeln, also schon bei leichter Fahrlässigkeit in voller Höhe. Er hat dann aber bei leichter und mittlerer Fahrlässigkeit Rückgriffsansprüche gegen seinen Arbeitgeber.

Übungsfälle zu Kapitel 4

Übungsfall 4 – Kleinvieh macht auch Mist

Lieferant L liefert der Druckerei D eine Tonne Papier. Die Rechnung liegt der Lieferung bei. Als nach 10 Tagen kein Zahlungseingang zu verzeichnen ist, fordert L die D schriftlich zur Zahlung auf. Da auch daraufhin keine Reaktion erfolgt, schickt L am 20. Tag nach Rechnungsstellung ein weiteres Aufforderungsschreiben an D. Daraufhin begleicht D die Rechnung. L ärgert sich zunehmend über die laxe Zahlungsmoral seiner Kunden und möchte deshalb ein Exempel statuieren. Da es ihm zu mühsam ist, die Verzugszinsen auszurechnen, verlangt er von D Schadensersatz in Höhe von zweimal 55 Cent Porto für die beiden Erinnerungsschreiben. Hat L gegen D einen Anspruch auf Zahlung von Schadensersatz in Höhe von 1,10 Euro.

Variante: D zahlt auch nach dem zweiten Aufforderungsschreiben nicht. L hört gerüchteweise, dass die Druckerei mit massiven Liquiditätsproblemen zu kämpfen hat und eine Insolvenz kurz bevorsteht. L befürchtet, dann auf der Forderung sitzen zu bleiben. Ihm ist klar, dass sich, wenn das Insolvenzverfahren erst einmal eröffnet ist, Versuche die Ware zurückzuerhalten trotz des vereinbarten Eigentumsvorbehaltes bis zu einem halben Jahr hinziehen können. L hofft, dem zuvorzukommen, tritt sofort vom Kaufvertrag zurück und verlangt das gelieferte Papier, soweit es noch nicht verarbeitet wurde, heraus. Besteht das von L geltend gemachte Rücktrittsrecht?

Übungsfall 5 – Welpe mit Würmern

Valentin Volz (V) ist Eigentümer der zweijährigen Rauhaardackelhündin Rosi, die vier sehr niedliche Mischlingswelpen zur Welt bringt. Auf Grund des regen Interesses in der Nachbarschaft entschließt sich V, die Welpen im Alter von zehn Wochen für je 50 € zu verkaufen. Da er gerade seinen alten Pkw unter Zuhilfenahme eines im Schreibwarenladen gekauften Formularvertrages veräußert hat, setzt er nach dessen Muster vier „Hundekaufverträge" auf. Sie enthalten unter anderem die Klausel: „Der Verkauf erfolgt unter Ausschluss jeglicher Gewährleistung." Auf dieser Basis kauft auch Konrad Kaiser (K) einen der Welpen. Vier Wochen nach dem Kauf stellt K bei dem Hund, der inzwischen Waldemar heißt, eine Wurmerkrankung fest. Er erkundigt sich bei den anderen Nachbarn, die Welpen aus dem Wurf gekauft haben, und erfährt, dass auch die anderen Tiere Würmer haben. Daraufhin begibt sich K mit Waldemar zu V und fordert ihn auf, das Tier gegen den Wurmbefall behandeln zu lassen. V weigert sich unter Hinweis auf die Vertragsklausel. Besteht der von K geltend gemachte Anspruch?

Variante: V ist ein Züchter, der reinrassige Rauhaardackel unter Verwendung der Haftungsausschuss-Klausel verkauft. K stellt wiederum vier Wochen nach Kauf eines Welpen eine Wurmerkrankung fest, kann aber nicht ermitteln, ob auch andere Tiere aus der Zucht des V erkrankt sind. Hat K unter diesen Umständen einen Anspruch darauf, dass V den Hund gegen den Wurmbefall behandeln lässt?

Die Lösungen finden Sie auf der CD-ROM

Kapitel 5: Gesetzliche Schuldverhältnisse

Drei der wichtigsten gesetzlichen Schuldverhältnisse (zum Begriff siehe oben S.27) finden sich im besonderen Teil des Schuldrechts: Die Geschäftsführung ohne Auftrag (siehe unten 1.), das Bereicherungsrecht (siehe unten 2.) und das Deliktsrecht (siehe unten 3.). Das im Sachenrecht geregelte Eigentümer-Besitzer-Verhältnis wird im Zusammenhang mit dem Eigentum in Kapitel 6 behandelt (siehe unten S.172 f.).

1. Geschäftsführung ohne Auftrag (GoA)

Erledigt jemand fremde Angelegenheiten auf Grundlage einer vertraglichen Vereinbarung etwa im Rahmen eines Auftrages gemäß § 662 oder eines Geschäftsbesorgungsvertrages gemäß § 675, ergibt sich der Interessensausgleich der Parteien aus dem Vertrag. Die §§ 677 ff. befassen sich mit der Situation, dass jemand fremde Angelegenheiten in die Hand nimmt, ohne dazu durch Vertrag oder in sonstiger Weise berechtigt zu sein und sorgen für die Verteilung der Vor- und Nachteile einer solchen Geschäftsbesorgung. Der wichtigste dort geregelte Anspruch ist der Aufwendungsersatzanspruch desjenigen, der die Geschäfte besorgt (Geschäftsführer), gegen denjenigen, um dessen Geschäft es ging (Geschäftsherr) im Fall der sog. echten, berechtigten GoA. Eine echte GoA im Sinne des § 677 liegt nur vor, wenn der Geschäftsführer wirklich den Willen hatte, die Angelegenheit des Geschäftsherrn für diesen wahrzunehmen, sog. Fremdgeschäftsführungswille.

Beispiele: A hält sich für den Eigentümer eines Bildes, das in Wahrheit E gehört und veräußert es; unechte, irrtümliche GoA (§ 687 I). Dieb D stiehlt ein Bild des E und veräußert es; unechte, angemaßte GoA (§ 687 II). B veräußert ein Bild, das E ihm geliehen hat, da der Käufer einen sensationellen Preis bietet und E vor einiger Zeit geäußert hatte, dass er das Bild verkaufen möchte, echte GoA.

Berechtigt ist die GoA, wenn das Eingreifen des Geschäftsführers dem Interesse und Willen des Geschäftsherrn entspricht, vgl. § 683

S.1. Dabei ist der wirkliche Wille im Endeffekt ausschlaggebend, selbst wenn er unvernünftig ist und gar nicht gegenüber dem Geschäftsführer geäußert wurde.

Beispiel: E hatte zwischenzeitlich seiner Frau erzählt, dass er das Bild doch lieber behalten möchte. Keine berechtigte GoA des B, wenn er das Bild verkauft.

Prüfungsschema: Berechtigte Geschäftsführung ohne Auftrag
Der Geschäftsherr muss Aufwendungsersatz gemäß §§ 670, 683 S.1, 677 leisten und der Geschäftsführer muss das aus der Geschäftsbesorgung Erlangte gemäß §§ 667, 681 S.2, 677 herausgeben, wenn folgende Voraussetzungen vorliegen:
▪ Geschäftsbesorgung im Sinne des § 677 Es kommt jede auch rein tatsächliche Tätigkeit in Betracht
▪ Für einen anderen, d.h. der Geschäftsführer muss ein fremdes Geschäft (Geschäft gehört zum Rechtskreis eines anderen) im Bewusstsein der Fremdheit mit Fremdgeschäftsführungswillen führen
▪ Ohne Auftrag oder sonstige Berechtigung, d.h. Fehlen einer vertraglichen oder sonstigen konkreten Handlungspflicht des Geschäftsführers gegenüber dem Geschäftsherrn
▪ Rechtfertigung der Geschäftsübernahme § 683 S.1 (Geschäftsübernahme entspricht Interesse und wirklichen oder mutmaßlichen Willen), § 679 oder § 684 S.2 (Genehmigung)

Der Aufwendungsersatzanspruch des Geschäftsführers umfasst:
- Aufwendungen, also freiwillige Vermögensopfer
- Mit der Geschäftsführung typischerweise einhergehende Schäden (sog. risikotypische Begleitschäden), die damit vom Geschäftsherrn verschuldensunabhängig zu ersetzen sind
- Grundsätzlich keine Tätigkeitsvergütung, es sei denn es handelt sich um berufsspezifische Tätigkeit (in Anlehnung an § 1835 III)

Beispiel: Arzt A findet den Betrunkenen B am Straßenrand. Er untersucht B, wobei seine Jacke verschmutzt wird, da B leicht blutet. Danach nimmt er die auf den Boden gefallene Tasche des B an sich und fährt ihn mit einem Taxi ins Krankenhaus. A hat gegen B einen Anspruch auf die Taxikosten (Aufwendung), die Reinigungskosten der Jacke (risikotypischer Begleitschaden) und als Arzt auch auf Vergütung der Behandlung. B hat gegen A einen Anspruch auf Herausgabe der Tasche aus §§ 667, 681 S.2, 677. Beachte: Verletzt A den B bei der Behandlung, muss er nicht nur Schadensersatz nach §§ 823 ff. leisten, sondern auch gemäß § 280 I i.V.m. § 677. Die echte GoA ist ein Schuldverhältnis, sodass A, wenn er die Geschäftsbesorgung mangelhaft durchführt, Pflichten aus einer Sonderverbindung verletzt. Da das Eingreifen des A der Abwendung einer aktuellen Gefahr für B diente, wird A aber über § 680 privilegiert. Er ist nur bei Vorsatz oder grober Fahrlässigkeit verantwortlich.

Die Rechtsprechung tendiert dazu, die §§ 677 ff. auch dann anwenden, wenn der Geschäftsführer mit seinem Tätigwerden sowohl eigene als auch fremde Angelegenheiten wahrnimmt. Das ist bedenklich, da damit die Gefahr besteht, dass Kosten für Handlungen, die eigenen Pflichten entspringen, auf andere übergewälzt werden, nur weil sie denen indirekt zu Gute kommen, und außerdem eine Verlagerung von Problemen in die GoA stattfindet, die eigentlich nach anderen Regeln zu lösen sind.

Beispiele: A wird für B rechtsberatend tätig. Später stellt sich heraus, dass der Vertrag wegen Verstoßes gegen das Rechtsberatungsgesetz nichtig war. Keine Geschäftsbesorgung aufgrund eines Vertrages, da der Vertrag unwirksam ist. Indem der A den vermeintlich bestehenden Vertrag erfüllt, erledigt er seine eigene Angelegenheit. Der Inhalt seiner Tätigkeit betrifft aber B. Trotzdem sollte die Rückabwicklung nichtiger Verträge allein §§ 812 ff. vorbehalten bleiben.

2. Bereicherungsrecht

§§ 812 ff. sollen einen Ausgleich bewirken, wenn ungerechtfertigte Bereicherungen stattgefunden haben. Das sind Vermögensverschiebungen zugunsten einer Person (Empfänger), die ihr im Verhältnis zum Benachteiligten letztlich nicht zustehen. Der Bereicherungsausgleich wird dadurch gewährleistet, dass der Bereicherungsgläubiger beim Bereicherungsschuldner die vorhandene Bereicherung abschöpfen kann. Der muss also nicht etwa wie beim Schadensersatz alle Nachteile des Bereicherungsgläubigers ausgleichen, sondern nur herausgeben, was er (noch) zuviel hat.

Die §§ 812 ff. enthalten eine Reihe von Einzeltatbeständen, die sich in zwei Gruppen einteilen lassen, die Leistungs- und die Nichtleistungskondiktionen.

a) Die Leistungskondiktionen

Die Leistungskondiktionen machen durch Leistung bewirkte Vermögensverschiebungen rückgängig.

> ■ Leistung ist die bewusste und zweckgerichtete Mehrung fremden Vermögens ■

Leistungskondiktionsansprüche finden sich in § 812 I 1 1.F, § 812 I 2 1.F., § 812 I 2 2.F. und § 817 S.1.

Voraussetzung aller Leistungskondiktionen ist, dass der Bereicherungsschuldner durch Leistung des Bereicherungsläubigers etwas erlangt hat.

> ■ Als Bereicherungsgegenstand (erlangtes Etwas) kommt jede Art von Vermögensvorteil in Betracht, also etwa Eigentum, Besitz, der Erwerb einer Forderung oder die Befreiung von einer Verbindlichkeit. ■

Bei den in § 812 I geregelten Tatbeständen muss eine Zweckverfehlung hinzukommen. Wichtigster und häufigster Fall ist die schon mehrfach erwähnte Möglichkeit, Leistungen, die auf Grundlage nicht zustande gekommener oder nichtiger Verträge ausgetauscht werden, über § 812 I 1 1.F zurückzuholen. Leistungszweck ist die Erfüllung einer Verbindlichkeit. Dieser Zweck wird verfehlt, wenn das Grundgeschäft zur Zeit der Leistung gar nicht besteht. Es wird ohne rechtlichen Grund geleistet.

Prüfungsschema: Leistungskondiktion gemäß § 812 I 1 1.F.

Der Empfänger muss das Erlangte gemäß § 812 I 1 1.F. herausgeben, wenn folgende Voraussetzungen vorliegen:

- Etwas erlangt
- Durch Leistung des Anspruchstellers, d.h. durch bewusste und zweckgerichtete Mehrung fremden Vermögens
- Ohne rechtlichen Grund
- Kein Ausschluss der Kondiktion durch § 814 oder § 817 S. 2

Bei § 812 I 2 1.F. besteht die Verbindlichkeit, auf die geleistet wird, zwar zur Zeit der Leistung, fällt aber später weg, beispielsweise durch Eintritt einer auflösenden Bedingung (§ 158 II). Beachte:

Rücktritt führt nicht zu einem späteren Wegfall des Rechtsgrundes, da er das Schuldverhältnis nicht beseitigt, sondern umwandelt. Die Rückabwicklung erfolgt im Fall des Rücktritts ausschließlich nach §§ 346 ff..

Bei § 812 I 2 2.F. geht es um Fälle, in denen die Leistung nur oder auch etwas anderes bewirken soll als die Erfüllung einer Verbindlichkeit. Das kann insbesondere die Veranlassung zu einem vom Empfänger nicht geschuldeten Verhalten wie beispielsweise dem Absehen von einer Strafanzeige sein. Sind sich die Parteien über den Zweck der Leistung einig, kommt es dann aber nicht zum bezweckten Erfolg, löst das den Kondiktionsanspruch aus.

b) Die Nichtleistungskondiktionen

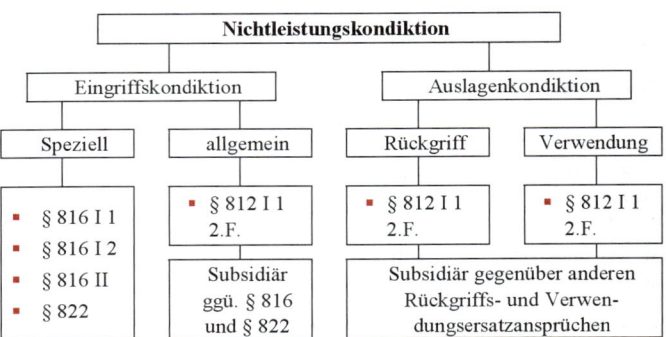

Die Nichtleistungskondiktionen sollen ungerechtfertigten Vermögenserwerb ausgleichen, der ohne den Willen des Bereicherungsgläubigers eingetreten ist. Der wichtigste Fall ist die Eingriffskondiktion nach § 812 I 1 2.F., bei der es darum geht, dass der Vorteil durch Eingriff in eine dem Anspruchsteller zugewiesene Rechtsposition erlangt wird.

Beispiel: Firma F benutzt Fotos des Prominenten P ohne dessen Einverständnis zu Werbezwecken. Selbst wenn ein Schadensersatzanspruch nach § 823 I wegen Verletzung des allgemeinen Persönlichkeitsrechts an mangelndem Verschulden scheitern sollte, besteht ein Anspruch des P gegen F aus §§ 812 I 1 2.F., 818 II auf Ersatz des Wertes der Nutzung der Fotos in Höhe der üblichen Lizenzgebühr. Denn die Möglichkeit, das Recht am eigenen Bild zu Werbezwecken zu vermarkten, gehört zum Persönlichkeitsrecht des P.

Das Merkmal „ohne rechtlichen Grund" ist bei der Eingriffskondiktion nicht an einer Zweckverfehlung festzumachen, sondern zu bejahen, wenn der Rechtsordnung kein Grund zu entnehmen ist, warum der Vermögensvorteil dem Bereicherten verbleiben sollte.

Prüfungsschema: Eingriffskondiktion gemäß § 812 I 1 2.F.

Der Empfänger muss das Erlangte gemäß § 812 I 1 2.F. herausgeben, wenn folgende Voraussetzungen vorliegen:

- Etwas erlangt
- In sonstiger Weise, d.h. nicht durch vorrangige Leistung
- Auf Kosten des Anspruchstellers, d.h. durch Eingriff in eine dem Anspruchsteller zugewiesene Rechtsposition
- Ohne rechtlichen Grund

Ein Sonderfall der Eingriffskondiktion ist in § 816 I 1 geregelt.

Prüfungsschema: § 816 I 1

Der Verfügende muss das durch die Verfügung Erlangte gemäß § 816 I 1 herausgeben, wenn folgende Voraussetzungen vorliegen:

- Verfügung eines Nichtberechtigten
- Gegenüber dem Berechtigten wirksam

Danach hat beispielsweise ein Eigentümer, der durch wirksame Verfügung eines Nichtberechtigten sein Eigentum und damit seinen Anspruch aus § 985 verliert, einen Anspruch gegen den Verfügenden auf das durch die Verfügung Erlangte. Das meint – zumindest nach überwiegender Ansicht – alles, was der Verfügende aus dem der Verfügung zugrunde liegenden Kausalgeschäft erlangt hat. Der Eigentümer soll bekommen, was an die Stelle seines Eigentums getreten ist. § 816 I regelt also wie § 285 (siehe oben S. 107 f.) einen Surrogatherausgabeanspruch.

Beispiel: V verkauft und übereignet ein dem Eigentümer E gehörendes Fahrrad, das 300 € wert ist, zum Preis von 350 € an den Dritten D. Ist die Übereignung an D wirksam, weil D das Eigentum gutgläubig erwirbt oder der E die Verfügung gemäß § 185 genehmigt, kann E von V nach § 816 I 1 den kompletten Kaufpreis, auch soweit er den Wert des Rades übersteigt, herausverlangen. Beachte: Verschenkt V das Rad an D, hat E gemäß § 816 I 2 einen Anspruch gegen D auf Herausgabe des Rades. Der Anspruch gegen V aus § 816 I 1 läuft dann ja leer, da V nichts erlangt hat.

c) Bereicherungsausgleich im Mehrpersonenverhältnis

■ Es gilt das sog. Vorrangsprinzip, wonach die bereicherungsrechtliche Rückabwicklung grundsätzlich entlang der Leistungsbeziehungen zu erfolgen hat. ■

Eine Eingriffskondiktion ist im Normalfall nur möglich, wenn der Empfänger den Bereicherungsgegenstand in sonstiger Weise, d.h. nicht durch Leistung erlangt hat. Man kann mit der Eingriffskondiktion im Regelfall also nicht an bestehenden Leistungsbeziehungen „vorbei" kondizieren.

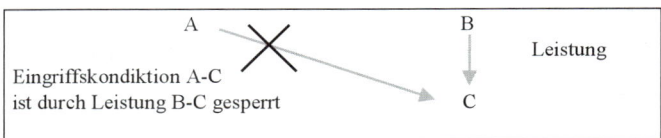

Auf diese Weise wird verhindert, dass dem Empfänger eventuell bestehende Einwendungen abgeschnitten werden. Die Leistungsbeziehungen verlaufen meist da, wo Vertragsbeziehungen sind. Kommt der eigene Vertragspartner mit Rückabwicklungsansprüchen auf den Empfänger zu, kann der aus dem fehlerhaften Vertragsverhältnis bestehende Gegenansprüche entgegenhalten. Diese Möglichkeit darf ihm nicht durch Kondiktionsansprüche Dritter genommen werden.

Der Vorrang der Leistungsbeziehungen ist aber kein starres Schema und wird durchbrochen, wenn der Empfänger den Vorteil unentgeltlich erlangt hat, vgl. § 816 I 2 und § 822. Ansonsten kommt eine Durchbrechung nach den Wertungen der §§ 932 ff. in Frage, insbesondere wenn der Bereicherungsgegenstand dem Anspruchsteller gestohlen wurde.

In einigen Fällen ist schon fraglich, wer eigentlich an wen geleistet hat. Das kann daran liegen, dass aus der Perspektive des Anspruchstellers ein anderes Leistungsverhältnis besteht als aus der Perspektive des Empfängers. Nach überwiegender Ansicht entscheidet in diesen Zweifelsfällen in Anlehnung an die Auslegung von Willenserklärungen der verobjektivierte Empfängerhorizont.

Beispiel: C bestellt bei B ein schlüsselfertiges Haus. Als B Geld und Zeit ausgehen, beauftragt er den A, die Heizung in das Haus einzubauen. Er handelt dabei im Namen des C, obwohl er keine entsprechende Vertretungsmacht hat. Wenn A die Heizung einbaut, liegt darin aus seiner Sicht seine Leistung an C, mit der er den vermeintlich zwischen ihnen bestehenden Vertrag erfüllt. Aus Sicht des C handelt es sich um eine Leistung des B, da er den A als bloße Hilfsperson des B bei der Erfüllung von dessen Pflichten aus dem Werkvertrag wahrnimmt. Die Sicht des C entscheidet. A hat gegen C weder einen Anspruch aus § 812 I 1 1.F. (keine Leistung A-C) noch aus § 812 I 1 2.F (die vorrangige Leistung B-C sperrt), sondern muss sich aus § 179 I an B halten.

In anderen Fällen werden darüber hinaus wertende Kriterien bei der Bestimmung der Leistungsbeziehungen herangezogen. Prototyp sind die sog. Anweisungsfälle, bei denen eine Bank auf Anweisung (Scheck, Überweisung, Dauerauftrag) ihres Bankkunden einem Dritten Geld zuwendet, sich dann aber herausstellt, dass die Anweisung fehlerhaft war.

Beispiel: B schuldet C Geld aus Kaufvertrag und stellt einen Scheck auf seine Bank (A-Bank) aus, den C dann auch einlöst. Einige Zeit später stellt sich heraus, dass B bei Ausstellung des Schecks unerkannt geisteskrank und damit geschäftsunfähig war. Die bereicherungsrechtliche Rückabwicklung müsste eigentlich „über das Dreieck" also A-B, B-C erfolgen, da die A-Bank mit der Auszahlung an C eine Leistung gegenüber ihrem Bankkunden B erbringt und zwischen B und C ein Kaufvertrag bestand, zu dessen Erfüllung die Zahlung erfolgte. Die Anweisung eines Geschäftsunfähigen ist diesem aber überhaupt nicht zuzurechnen, sodass das Interesse des B, in den Bereicherungsausgleich nicht hineingezogen zu werden, das Interesse des Empfängers daran, mit dem eigenen Vertragspartner abzurechnen, überwiegt. Deshalb keine sperrende Leistung B-C, sodass der Weg für die A-Bank frei ist, direkt bei C gemäß § 812 I 1 2.F. zu kondizieren. Beachte: Zahlt die Bank an den Dritten, obwohl der Scheck gesperrt oder ein

Dauerauftrag widerrufen war, findet die Abwicklung „über das Dreieck" statt. Die Anweisung ist in diesen Fällen nicht als von B völlig unveranlasst einzustufen.

d) Inhalt und Umfang des Bereicherungsausgleichs

Gemäß §§ 812, 816, 817 S. 1 und 822 richten sich Bereicherungsansprüche in erster Linie auf Herausgabe des Erlangten. Ergänzende Regeln zum Umfang enthalten die §§ 818 ff.:

- Die Herausgabepflicht erstreckt sich gemäß § 818 I auch auf tatsächlich gezogene Nutzungen und Surrogate (Beachte: Erfasst nicht den rechtsgeschäftlichen Veräußerungserlös, da § 818 II insoweit eine Sonderregelung enthält).

- Ist der Empfänger zur Herausgabe nicht in der Lage wie etwa bei Dienstleistungen oder bei Gegenständen, die er zwischenzeitlich veräußert hat, ist er statt dessen gemäß § 818 II zu Wertersatz (nicht zur Herausgabe des den Wert übersteigenden Veräußerungserlöses) verpflichtet.

- Herausgabe- und Wertersatzpflicht bestehen gemäß § 818 III nur, wenn und soweit der Empfänger noch bereichert ist.

- Nach Rechtshängigkeit einer Klage (§ 818 IV), Kenntnis vom fehlenden Rechtsgrund (§ 819 I) oder bei Vorliegen der Voraussetzungen des § 819 II oder § 820 I haftet der Empfänger verschärft, vgl. § 818 IV. Das bedeutet: Er darf sich nicht auf den Wegfall der Bereicherung berufen, muss geschuldetes Geld gemäß §§ 291, 288 I 2 verzinsen, haftet für Beschädigung und Nutzung geschuldeter Gegenstände gemäß §§ 292, 987 ff. und ist zur Surrogatherausgabe nach § 285 verpflichtet.
  Beispiel: V verkauft K ein Fahrrad, das 300 € wert ist und übereignet es ihm. Kurze Zeit später ficht V den Kaufvertrag wegen Irrtums an. Trotzdem veräußert K das Rad für 350 € an D. Infolge der Weiterveräußerung kann K das Rad nicht mehr nach § 812 I 1 1.F. an V herausgeben, muss also eigentlich gemäß §§ 812 I 1 1.F., 818 II Wertersatz (300 €) leisten. K wusste aber zur Zeit des Geschäfts mit D, dass er das Rad zurückgeben muss. Er haftet deshalb gemäß § 819 I verschärft und muss nach §§ 818 IV, 285 den rechtsgeschäftlichen Veräußerungserlös (350 €) herausgeben.

Die große Besonderheit des Bereicherungsausgleichs, gerade auch im Vergleich zu §§ 346 ff., besteht in der Möglichkeit des nicht verschärft haftenden Empfängers, sich nach § 818 III auf den Wegfall der Bereicherung zu berufen. Dem Gläubiger wird über die verschuldensunabhängigen bereicherungsrechtlichen Ansprüche nur zugestanden, den Überschuss abzuschöpfen, der beim Empfänger nach einer Gegenüberstellung der erlangten Vermögensvorteile und der erlittenen Nachteile noch vorhanden ist.

> ■ Der Empfänger ist entreichert, wenn und soweit weder der Bereicherungsgegenstand selbst noch dessen Wert in seinem Vermögen vorhanden ist oder wenn und soweit er im Zusammenhang mit dem Bereicherungsvorgang Vermögenseinbußen erlitten hat. ■

Beispiele: Der eigentlich zurückzugebende Gegenstand ist verloren gegangen oder zerstört. Das zu erstattende Geld ist für eine Reise ausgegeben worden, die man sich ohne den konkreten Geldbetrag nie geleistet hätte. Beachte: Hat man das Geld für Dinge ausgegeben, die sowieso angefallen wären (etwa normale Lebensmittel), ist man meist nicht entreichert. Der Wert des Geldes ist dann im Vermögen noch vorhanden, da man ja anderes Geld gespart hat, das man ansonsten für dieselben Dinge hätte ausgeben müssen.

Nach der sog. Saldotheorie ist bei der bereicherungsrechtlichen Rückabwicklung eines gegenseitigen Vertrages die fortwirkende synallagmatische Verknüpfung von Leistung und Gegenleistung zu beachten. Zum einen werden deshalb gleichartige Bereicherungsansprüche, ohne dass Aufrechnung erklärt werden müsste, zu einem Anspruch verschmolzen und automatisch miteinander verrechnet. Bei ungleichen Anspruchsinhalten erfolgt eine Zug-um-Zug-Abwicklung. Zum anderen wird die Entreicherung einer Partei auch zum Abzugsposten für die andere Partei.

Beispiel: K kauft bei V einen Pkw, der 8.000 € wert ist, zum Preis von 9.000 €. Der nicht gegen Diebstahl versicherte Wagen wird bei K gestohlen. Es stellt sich heraus, dass der Kaufvertrag nichtig war. Ein Anspruch des V gegen K aus §§ 812 I 1 1F., 818 II auf Wertersatz in Höhe von 8.000 € besteht nicht, da K entreichert ist. K kann jetzt aber auch nicht ohne Rücksicht auf seine eigene Entreicherung von V die 9.000 € Kaufpreis zurückfordern. Der Wert der Entreicherung des K (Wert des Pkw, also 8.000 €) wird zum Abzugsposten auch für V, sodass ein Kaufpreisrückzahlungsanspruch des K gegen V aus § 812 I 1 1.F. nur in Höhe von 1.000 € besteht.

Die Saldotheorie wird nicht zu Lasten Minderjähriger und arglistig Getäuschter oder in Fällen angewandt, in denen Verschlechterung oder Untergang des Bereicherungsgegenstandes auf einem Sachmangel beruhen.

Beispiel: Hat V den K beim Abschluss des Kaufvertrages arglistig getäuscht, kann K, obwohl er seinerseits infolge Wegfall der Bereicherung nicht zum Wertersatz verpflichtet ist, von V 9.000 € zurückfordern.

3. Deliktsrecht

Delikt ist ein Begriff, den man eher mit dem Straf- als mit dem Zivilrecht verbindet. Aber auch im Zivilrecht haben unerlaubte Handlungen Folgen. Wer eine unerlaubte Handlung begeht, muss den entstandenen Schaden ersetzen. Das Deliktsrecht ist im BGB in den §§ 823 ff. geregelt. Die Vorschriften dienen dem Schutz des Einzelnen gegen Eingriffe in seinen Rechtskreis. Auch außerhalb des BGB finden sich Haftungstatbestände, die diesen Zweck haben, wie beispielsweise in § 1 I Produkthaftungsgesetz (ProdHaftG) oder in §§ 7 und 18 Straßenverkehrsgesetz (StVG).

Das Recht der unerlaubten Handlungen besteht also aus einer Reihe verschiedener Haftungstatbestände. Man kann sie in drei Kategorien einteilen.

Haftung für nachgewiesenes Verschulden	**Haftung für vermutetes Verschulden**	**Haftung ohne Verschulden (Gefährdungshaftung)**
Beispielsweise: • § 823 I: Haftung bei rechtswidriger, schuldhafter Rechtsgutverletzung • § 823 II: Haftung bei Schutzgesetzverletzung • § 826: Haftung bei vorsätzlich sittenwidriger Schädigung	Beispielsweise: • § 831: Haftung für Verrichtungsgehilfen • § 832: Haftung des Aufsichtspflichtigen • § 833: Haftung des Tierhalters bei Nutztieren • § 18 StVG: Haftung des Fahrers eines Kfz	Beispielsweise: • § 833 S.1: Haftung des Tierhalters bei Luxustieren • § 7 StVG: Haftung des Halters eines Kfz • § 1 I ProdHaftG: Haftung des Produzenten bei fehlerhaften Produkten

Haftung für vermutetes Verschulden erkennt man daran, dass der Haftungstatbestand das Verschulden zunächst nicht als Voraussetzung nennt, dann aber in einem weiteren Satz angeordnet wird, dass der in Anspruch Genommene nicht haftet, wenn er sich in Bezug auf das Verschulden entlastet. Gefährdungshaftungstatbestände sehen diese Entlastungsmöglichkeit nicht vor, sodass die Haftung selbst dann eintritt, wenn erwiesenermaßen überhaupt kein Verschulden vorliegt. Gefährdungshaftung ist angeordnet, wenn Verhalten zwar sozialadäquat und erlaubt, aber bekanntermaßen riskant ist. Damit der Haftungstatbestand greift, muss sich die Gefahr, um derentwillen der Gesetzgeber die Gefährdungshaftung angeordnet hat, verwirklicht haben, d.h. bei der Halterhaftung für Kfz die typische Betriebsgefahr eines Kfz und bei der Tierhalterhaftung die typische Tiergefahr, die sich aus der Unberechenbarkeit tierischen Verhaltens ergibt.

Beispiel: Keine Tierhalterhaftung, wenn eine Katze als Wurfgeschoss benutzt wird.

a) Vertrag und unerlaubte Handlung

Die vertraglichen Schadensersatzansprüche (siehe oben S.95 ff.) beruhen darauf, dass Pflichten missachtet werden, die sich aus einer besonderen Beziehung – insbesondere aus einem Vertrag – zwischen zwei Personen ergeben. Im Deliktsrecht geht es um die Verletzung von Verhaltenspflichten, die man gegenüber jedermann hat.

Anspruchskonkurrenz

Wenn zwischen zwei Personen zum Zeitpunkt der schädigenden Handlung keine Sonderverbindung besteht, kommen vertragliche Schadensersatzansprüche nicht in Betracht, es kann nur außervertragliche Haftung geben. Umgekehrt schließt das Bestehen eines Schuldverhältnisses gesetzliche Schadensersatzansprüche aber nicht aus. Die Ansprüche bestehen nebeneinander (sog. Anspruchskonkurrenz), wenn jemand seine Vertragspflichten verletzt und damit zugleich den Tatbestand einer unerlaubten Handlung erfüllt (siehe oben das Teppichbodenbeispiel S., in dem M gemäß § 280 I i.V.m. § 278 und gemäß § 831 haftet).

Vertragliche und deliktische Ansprüche sind nach Voraussetzungen und Rechtsfolgen grundsätzlich selbstständig zu beurteilen. Es kann allerdings Wechselwirkungen geben. Wertungen der Sonderverbindung schlagen dann auf den gesetzlichen Anspruch durch, wenn sie anderenfalls völlig unterlaufen würden.

Beispiel: §§ 521, 599 und 690 privilegieren Schenker, Verleiher und unentgeltlichen Verwahrer. Diese haften gegenüber ihrem Vertragspartner nur bei Vorsatz oder grober Fahrlässigkeit (§§ 521, 599) bzw. bei Verletzung der eigenüblichen Sorgfalt (§ 690). Dieser Maßstab wird nicht nur bei vertraglichen Schadensersatzansprüchen, sondern auch bei konkurrierenden Ansprüchen aus §§ 823 ff. zugrunde gelegt, damit die Privilegierung nicht leer läuft. Beachte: Eine entsprechende Anordnung fehlt beim ebenfalls unentgeltlichen Auftrag. Deshalb kein allgemeiner Rechtsgedanke und keine entsprechende Anwendung auf Personen, die anderen eine Gefälligkeit erweisen, ohne einen der benannten Verträge zu schließen.

Die Schwächen des Deliktsrechts

Die Ansprüche aus unerlaubter Handlung sind extrem wichtig, wenn zwischen Schädiger und Geschädigtem keine Sonderbeziehung besteht. Gibt es eine Sonderbeziehung, sind die vertraglichen Ansprüche häufig günstiger für den Geschädigten. Das Deliktsrecht hat im Vergleich zur vertraglichen Haftung aus der Sicht des Geschädigten einige wesentliche Nachteile.

- Wenn nicht besondere Umstände vorliegen wie beispielsweise die Verletzung eines Schutzgesetzes (vgl. § 823 II) oder vorsätzlich sittenwidrige Schädigung (vgl. § 826), setzen §§ 823 ff. – insbesondere § 823 I – die Verletzung eines Rechtsguts voraus.

  Beispiel: Rechtsanwalt R versäumt es fahrlässig, ein Verteidigungsmittel vorzubringen, das die Abweisung einer Zahlungsklage gegen seinen Mandanten M bewirkt hätte. M wird deshalb rechtskräftig verurteilt. R hat den Anwaltsvertrag schlecht erfüllt und muss Schadensersatz gemäß §§ 280 ff. leisten. Ein Anspruch auf Schadensersatz aus § 823 I besteht aber nicht. M muss „nur" zahlen. Das ist keine Eigentumsverletzung (Siehe im Einzelnen unten S.149).

- Die Haftung für Hilfspersonen in § 831 erfasst im Gegensatz zu § 278 nur weisungsabhängige, also keine selbständigen Hilfspersonen. Außerdem besteht bei § 831 im Unterschied zu § 278 die Möglichkeit, sich über den Nachweis sorgfältiger Auswahl und Überwachung der Hilfsperson von der Haftung zu befreien (siehe unten S.156 f.)

- Bei § 823 I hat der Geschädigte vor Gericht alle anspruchsbegründenden Tatsachen vorzutragen und auch zu beweisen. Eine Beweislastumkehr beim Verschulden, wie sie für den vertraglichen Bereich § 280 I 2 festlegt, besteht grundsätzlich nicht.

In seltenen Fällen werden die deliktischen Ansprüche wirklich relevant, obwohl zur Zeit der schädigenden Handlung ein Schuldverhältnis zwischen Schädiger und Geschädigtem bestand. Ansprüche aus unerlaubter Handlung unterliegen der regelmäßigen Verjährung nach §§ 195, 199. Vertragliche Ansprüche können im Einzelfall schneller verjähren.

Beispiel: Verkäufer V verkauft dem Käufer K einen mangelhaften Schnellkochtopf, der 26 Monate nach der Übergabe explodiert. K wird schwer verletzt. Der vertragliche Anspruch aus § 437 Nr.3 i.V.m. § 280 I ist gemäß § 438 I Nr.3 zwei Jahre nach der Ablieferung der Kaufsache verjährt. Wenn es K gelingt, dem V Verschulden nachzuweisen, hat er aber einen unverjährten deliktischen Anspruch aus § 823 I. Die dreijährige Verjährungsfrist (§ 195) dieses Anspruchs beginnt erst am Schluss des Jahres zu laufen, in dem der Topf explodiert, § 199 I. Hier schlägt die Wertung des Vertrags (kurze Verjährung) auch nicht auf den deliktischen Anspruch durch. Mangelhafte Lieferung von Kaufsachen geht nicht zwingend mit Rechtsgutverletzungen im Sinne des § 823 I einher. Die vertragliche Verjährung wird also nicht komplett ausgehöhlt, wenn man den nur im Einzelfall konkurrierend neben §§ 434 ff. in Betracht kommenden deliktischen Anspruch nach seinen eigenen Regeln verjähren lässt.

b) Der Anspruch aus § 823 I

Prüfungsschema: § 823 I
Ein Anspruch aus § 823 I auf Schadensersatz gemäß §§ 249 ff. besteht, wenn folgende Voraussetzungen vorliegen:
• Anwendbarkeit • Rechtsgutverletzung • Verletzungshandlung • Kausalität zwischen Rechtsgutverletzung und Verletzungshandlung • Rechtswidrigkeit • Verschulden

Anwendbarkeit

§§ 823 ff. sind mit Ausnahme des § 826 durch §§ 987 ff. verdrängt, wenn zur Zeit der schädigenden Handlung ein sogenanntes Eigentümer-Besitzer-Verhältnis vorlag (siehe unten S.172 f.). Beachte allerdings § 992.

Rechtsgutverletzung

Es muss eines der in § 823 I aufgeführten Rechtsgüter oder ein sonstiges Recht im Sinne des § 823 I verletzt sein.

Leben

Verletzung des Lebens bedeutet Tötung. Grundsatz des Schadensersatzrechts ist, dass jeder nur die ihm selbst infolge eigener Rechtsgutsverletzungen entstandenen Schäden ersetzt bekommt. Dieser Grundsatz muss bei der Tötung durchbrochen werden, weil sonst gerade die schlimmste Rechtsgutverletzung keine Schadensersatzpflicht nach sich ziehen würde. In § 844, der eine eigenständige Anspruchsgrundlage darstellt, ist deshalb angeordnet, dass die Angehörigen die Beerdigungskosten und Ersatz des ihnen entgangenen Unterhalts ersetzt erhalten.

Körper oder Gesundheit

Körper- bzw. Gesundheitsverletzung liegen bei einer Störung der körperlichen, geistigen oder seelischen Lebensvorgänge vor.

Beispiele: Körper- bzw. Gesundheitsverletzung sind etwa ein Armbruch, eine Stichwunde, eine Operation, die Ansteckung mit dem HIV-Virus, eine Ohrfeige oder ein schwerer Schockzustand durch die Nachricht vom Tod eines nahen Angehörigen.

Freiheit

Das Rechtsgut Freiheit ist bei Entziehung der körperlichen Fortbewegungsfreiheit verletzt oder bei Nötigung zu einer Handlung durch Drohung, Zwang oder Täuschung.

Eigentum

Eigentumsverletzung ist gegeben bei

- Zerstörung, Beschädigung oder Verunstaltung der Sache
- Entzug oder Belastung des Eigentums durch Verfügungen
  Beachte: Der Anspruch gegen den Verfügenden ist häufig durch §§ 987 ff. gesperrt
- Störung oder Entzug des Besitzes.

Problematisch ist die Eigentumsverletzung insbesondere in zwei Fallgruppen. Einmal, wenn – ohne Einwirkung auf die Sache selbst – nur die Gebrauchsmöglichkeit (insbesondere die gewerbliche Nutzungsmöglichkeit) beeinträchtigt wird. Nach Ansicht der Rechtsprechung liegt in diesen Fällen eine Eigentumsverletzung nur dann vor, wenn der bestimmungsgemäße Gebrauch vollständig aufgehoben ist.

Beispiel: Reeder R ist Eigentümer zweier Binnenschiffe, die er ständig dazu einsetzt, eine an einem Kanal gelegene Mühle zu beliefern. Schädiger S verursacht schuldhaft den Einsturz der Kanalmauer. Ein Schiff des R ist zwei Monate bei der Mühle eingesperrt, das andere ist ausgesperrt. Beide Schiffe sind nicht beschädigt. Eigentumsverletzung am eingesperrten Schiff, dessen Gebrauchsmöglichkeit völlig aufgehoben ist. Keine Eigentumsverletzung am ausgesperrten Schiff, da andere Transporte möglich sind. Beeinträchtigt ist nur die konkrete Verwendungsabsicht des Eigentümers.

Zum anderen ist es schwierig, eine Eigentumsverletzung festzustellen, wenn der Geschädigte niemals unversehrtes Eigentum hatte, weil er eine von vornherein mangelhafte Sache erworben hat. Eine Eigentumsverletzung liegt in dieser Konstellation nur dann vor, wenn die später geltend gemachte Beeinträchtigung nicht stoffgleich mit dem Mangel ist, der der Sache von Anfang an anhaftet. Betrifft der Mangel zunächst nur ein funktionell abgrenzbares Teil, entwertet er also nicht gleich die ganze Sache, kann man davon sprechen, dass die Sache im Übrigen intakt ist. Manifestiert sich der Ausgangsmangel jetzt in einer Zerstörung der Gesamtsache, wird das bis auf den funktionell abgrenzbaren Teil fehlerfreie Resteigentum zerstört. Man spricht von einem sogenannten weiterfressenden Mangel. Diese Konstruktion ist vor allem für Ansprüche gegen den Produzenten wichtig, mit dem ja meist kein Kaufvertrag besteht.

Beispiel: K kauft von V eine Reinigungsanlage, bei der ein Schwimmerschalter für die Abschaltung des Stroms sorgen soll. Der Schwimmerschalter ist schon bei Übergabe der Anlage an K defekt. Eines Tages versagt der Schalter, weshalb ein Brand die Reinigungsanlage zerstört. Eigentumsverletzung am bis dahin unversehrten Resteigentum der Reinigungsanlage. Es kommt also ein Anspruch aus § 823 I gegen den Produzenten in Betracht (siehe unten S. 157 f.) und, sollte V Verschulden nachzuweisen sein, auch ein deliktischer Anspruch gegen ihn, selbst wenn der vertragliche Anspruch schon verjährt ist.

Sonstige Rechte im Sinne des § 823 I

Als sonstige Rechte kommen nur Rechte in Betracht, die wie das Eigentum absoluten Charakter haben. Insbesondere sind als sonstige Rechte anerkannt:

- Der Besitz, jedenfalls, wenn er berechtigt ist.
  Beachte: Wird der Eigentümer in seinem Besitz gestört, ist das schon eine Eigentumsverletzung.

- Das Recht am eingerichteten und ausgeübten Gewerbebetrieb.
  Das Recht schützt Unternehmen, soweit sie nicht schon durch spezielle Vorschriften, wie das Wettbewerbsrecht oder § 823 I im Fall der Eigentumsverletzung gesichert sind, vor unmittelbar betriebsbezogenen Eingriffen. Ein Eingriff erfolgt betriebsbezogen, wenn er sich spezifisch gerade gegen einen Betrieb richtet.
  Beispiele: Kein betriebsbezogener Eingriff, wenn ein Betrieb infolge der unfallbedingten Verletzung eines Mitarbeiters Nachteile erleidet. Ebenfalls nicht, wenn bei Bauarbeiten Stromkabel zerstört werden und die Stromunterbrechung den Betrieb eines Unternehmens vorrübergehend lahm legt. Beachte: Das ist auch keine Eigentumsverletzung, da der bestimmungsgemäße Gebrauch der gesamten Betriebsstätte nicht völlig aufgehoben ist. Eigentumsverletzung nur, wenn die Stromunterbrechung zu Substanzverletzungen an Sachen führt, etwa indem Tiefkühlware auftaut und verdirbt. Betriebsbezogener Eingriff, wenn zum Boykott eines Unternehmens aufgerufen wird oder die betriebliche Tätigkeit aus Protest gegen den Betrieb durch Straßenblockaden behindert wird.

- Das allgemeine Persönlichkeitsrecht.
  Das Recht auf Achtung und Entfaltung der Persönlichkeit wird verletzt, wenn in die Intim-, Privat- oder Individualsphäre einer Person eingegriffen wird.

Nicht unter § 823 I fallen wegen ihrer Relativität Forderungen bzw. das Forderungsrecht. Und auch das Vermögen ist kein nach § 823 I geschütztes Rechtsgut.

Beispiel: S verletzt fahrlässig die Eiskunstläuferin F, die zusammen mit M ein Eiskunstlaufpaar bildet. Wegen der Verletzung müssen F und M Auftritte absagen, sodass ihnen je 5.000 € Sponsoren- und Antrittsgelder entgehen. F hat eine Rechtsgutverletzung in Form einer Körperverletzung erlitten. Sie hat einen Anspruch aus § 823 I in Höhe von 5.000 €, da ihr Schaden (entgangener Gewinn, vgl. § 252) auf der Körperverletzung beruht und auch alle sonstigen Voraussetzungen des § 823 I vorliegen. M hat keinen Anspruch, obwohl er aufgrund des fahrlässigen Verhaltens des S ebenfalls einen Schaden in Höhe von 5.000 € erlitten hat. Es fehlt die Rechtsgutverletzung. „Weniger Geld" ist keine Eigentumsverletzung; ein Eiskunstlaufpaar ist wohl kein Gewerbebetrieb (selbst wenn, würde es an einem betriebsbezogenen Eingriff fehlen) und das Vermögen ist kein nach § 823 I geschütztes Rechtsgut. Die „bloße", nicht auf einer Rechtsgutverletzung beruhende Vermögenseinbuße ist nach § 823 I nicht ersatzfähig.

Verletzungshandlung

Die Rechtsgutverletzung muss auf einem Verhalten desjenigen beruhen, der auf Schadensersatz in Anspruch genommen wird. Eine Verletzungshandlung kann in einem aktiven Verhalten, aber auch in einem Unterlassen liegen.

Nicht jede Untätigkeit, die zur Rechtsgutverletzung (dem sog. Verletzungserfolg) beigetragen hat, ist haftungsrechtlich relevant. Unterlassen steht aktivem Verhalten nur gleich, wenn eine Rechtspflicht zum Handeln besteht. Eine Pflicht zum Tätigwerden ergibt sich insbesondere aus den sog. Verkehrssicherungspflichten.

> ■ Grundgedanke der Verkehrssicherungspflichten: Wer eine Gefahrenquelle schafft oder unterhält, muss alles Mögliche und Zumutbare tun, damit Dritte nicht beeinträchtigt werden. ■

Beispiel: In der Gemüseabteilung eines Einzelhandelsgeschäfts liegt eine zerquetschte Tomate auf dem Boden. Neun Kunden sehen die Tomate, gehen aber achtlos vorbei, ohne sie aufzuheben. Der zehnte Kunde übersieht die Tomate, rutscht aus und bricht sich ein Bein. Obwohl das Nichtaufheben der vorherigen Kunden für den Beinbruch kausal war, wird man ihnen trotzdem keine unerlaubte Handlung vorwerfen können. Geht auch Einzelhändler E achtlos an der Tomate vorbei, ist das haftungsrechtlich relevantes Verhalten. E hat eine Verkehrssicherungspflicht aus Geschäftseröffnung und er hat die Pflicht auch verletzt, da es ihm ohne weiteres möglich und zumutbar gewesen wäre, die Tomate aufzuheben.

Wer aus § 823 I auf Schadensersatz in Anspruch genommen wird, muss selbst eine Verletzungshandlung begangen haben. Es darf nicht nur um die Verletzungshandlung einer Hilfsperson gehen, da § 831 insoweit einen eigenen Haftungstatbestand mit Exkulpationsmöglichkeit für den Geschäftsherrn regelt (siehe unten S.155 ff.).

Beispiel: Der für den Gemüsebereich Angestellte A hebt die Tomate nicht auf. E haftet gemäß § 831 und nicht gemäß § 823 I.

Bei einem Verein wird allerdings das Handeln seiner Organe, also etwa das des Vorstands nach § 31 wie Handeln des Vereins selbst behandelt. Verletzungshandlungen des Vorstands führen damit zur Haftung des Vereins nach § 823 I. Über den Wortlaut hinaus wird

§ 31 auch auf Vorstände und Geschäftsführer von Gesellschaften angewandt.

Kausalität zwischen Handlung und Rechtsgutverletzung

Die Rechtsgutverletzung muss auf der Verletzungshandlung beruhen, sog. haftungsbegründende Kausalität.

Die Zurechenbarkeit wird anhand von drei Kriterien geprüft:

Äquivalenz

Äquivalent kausal ist eine positive Handlung, die nicht hinweggedacht werden kann, ohne dass der Erfolg in seiner konkreten Gestalt entfiele. Beim Unterlassen ist zu prüfen, ob bei Hinzudenken der gebotenen Handlung der Erfolg mit an Sicherheit grenzender Wahrscheinlichkeit entfallen wäre.

Beispiel: Hätten E oder A die Tomate aufgehoben, wäre der Kunde mit an Sicherheit grenzender Wahrscheinlichkeit nicht gestürzt.

Adäquanz

Der Eintritt des Verletzungserfolgs aufgrund der Handlung darf aus Sicht eines optimalen Beobachters nicht außerhalb aller Lebenswahrscheinlichkeit liegen.

Beispiel: Autofahrer A zeigt Radfahrer R einen Vogel. R regt sich darüber furchtbar auf und bekommt eine Gehirnblutung. Ohne das Verhalten des A hätte R in dem konkreten Moment zwar keine Gehirnblutung erlitten, die Reaktion des R liegt aber außerhalb aller Lebenswahrscheinlichkeit, sodass die Handlung zwar äquivalent aber nicht adäquat kausal ist.

Schutzweck der Norm

Wenn die Handlung den Verletzungserfolg nicht unmittelbar herbeiführt, sondern eine Kausalkette in Gang setzt, die in dem Verletzungserfolg endet (mittelbare Verletzungshandlung), muss – ähnlich wie beim Unterlassen – eine weitere Eingrenzung erfolgen, um aus der Masse des Verhaltens, das zu einem Verletzungserfolg beiträgt, das haftungsrechtlich relevante herauszufiltern. In den Fällen der sog. psychischen Kausalität, in denen der Verletzungserfolg – vermittelt durch die Reaktion des Geschädigten oder eines Dritten – eintritt, hat die Rechtsprechung fallgruppenbezogen konkrete Zurechnungskriterien entwickelt. So kommt es beispielsweise in Fällen, in denen der Geschädigte durch das Verhalten eines anderen veranlasst, selbst eine Entscheidung trifft, die seine Rechtsgutverletzung bewirkt, darauf an, ob er sich zu dieser Entscheidung durch das Verhalten herausgefordert fühlen durfte.

Beispiel: Ein Polizist, der einen Flüchtenden verfolgt und sich dabei verletzt, hat Ansprüche gegen den Flüchtenden, wenn er sich zu der Verfolgung herausgefordert fühlen durfte: Wohl nicht zu einem Sprung aus dem 5. Stock, bei einem einer leichten Straftat Verdächtigen, aber wohl zu einem Sprung aus dem 2. Stock bei einem wegen schwerer Straftaten Verurteilten.

Geht es nicht um psychische Kausalität, kann man bei mittelbarerer Verletzungshandlung, wie beim Unterlassen, die Verkehrssicherungspflichten als Kriterium heranziehen, um zu entscheiden, welches Verhalten haftungsrechtlich relevant ist. Zurechnung erfolgt nur, wenn der Schädiger eine Verkehrssicherungspflicht verletzt hat, die gerade den Zweck hat, Rechtsgutverletzungen der eingetretenen Art zu verhindern.

Rechtswidrigkeit

Im Regelfall ist die Verletzung eines Rechtsguts rechtswidrig, sofern nicht ausnahmsweise ein Rechtfertigungsgrund vorliegt.

Beispiel: Eine Körperverletzung ist im Normalfall nicht rechtskonform. Anders aber, wenn eine Operation mit Einwilligung des Patienten stattfindet oder ein Angreifer in Notwehr verletzt wird.

Beim Recht am eingerichteten und ausgeübten Gewerbebetrieb und beim allgemeinen Persönlichkeitsrecht kann man aus der Rechtsgutverletzung allein noch nicht auf die Rechtswidrigkeit schließen, da diese Rechte sehr weit gefasst sind (sog. Rahmenrechte). Es muss deshalb zur Feststellung der Rechtswidrigkeit immer eine umfassende Interessen- und Güterabwägung stattfinden. Gerade bei kritischen Äußerungen über eine Person stellt sich immer die Frage, ob sie nicht durch die grundgesetzlich geschützte Meinungs- und Pressefreiheit und das berechtigte der Interesse der Öffentlichkeit an der Information gedeckt sind.

Beispiel: Schauspieler S spielt im Fernsehen einen Kriminalkommissar und engagiert sich einer Kampagne gegen Drogenkonsum. Als gegen ihn wegen

Verstoßes gegen das Betäubungsmittelgesetz ermittelt wird, berichtet eine Zeitung ausführlich und unter Nennung seines Namens darüber. Diese Berichterstattung verletzt die Privatsphäre des S, dürfte aber gerechtfertigt sein, da angesichts des öffentlichen Eintretens des S gegen Drogen eine besonderes Interesse der Öffentlichkeit an der Information besteht.

Verschulden

Siehe schon oben S. 98.

> ■ Vorsätzlich handelt, wer um den rechtswidrigen Erfolg seines Handels weiß, d.h. ihn zumindest als möglich voraussieht, und ihn auch will, d.h. zumindest billigend in Kauf nimmt.
> Fahrlässig handelt gemäß § 276 II, wer die erforderliche Sorgfalt außer Acht lässt. ■

Rechtsfolge: Schadensersatz gemäß §§ 249 ff.

Der Geschädigte bekommt alle Schäden ersetzt, die auf der Rechtsgutverletzung beruhen, sog. haftungsausfüllende Kausaltität. Zu Art und Umfang des Schadensersatzanspruchs legen die §§ 249 ff. folgendes fest:

- Gemäß § 249 I besteht ein Anspruch auf sog. Naturalrestitution, d.h. auf Herstellung des Zustandes, der ohne das schädigende Ereignis bestehen würde. § 249 II erlaubt dem Geschädigten bei Eigentums- und Körperverletzungen statt der Herstellung die dafür erforderlichen Kosten geltend zu machen.

  Beispiel: S fährt eine Beule in den Pkw des G. G hat einen Anspruch gegen S auf Beseitigung der Beule. G wird dem S aber kaum seinen Wagen zur Schadensbeseitigung anvertrauen wollen. Also wird er stattdessen die für die Reparatur notwendige Geldsumme verlangen. Das kann er übrigens – abzüglich Mehrwertsteuer – auch dann tun, wenn er gar nicht die Absicht hat, den Wagen reparieren zu lassen, vgl. § 249 II. Beachte: Ersatzfähig sind gemäß § 249 auch Folgekosten wie Anwalts- oder Sachverständigenkosten, die ja ohne den Unfall nicht eingetreten wären. Ärger und Zeitaufwand des Geschädigten können nicht geltend gemacht werden.

- Wenn die Herstellung nicht möglich bzw. nicht ausreichend ist, richtet sich der Anspruch des Geschädigten gemäß § 251 I stattdessen bzw. zusätzlich auf den Ausgleich der eingetretenen Vermögenseinbuße.

Beispiel: Das Fahrzeug des G ist nach der Reparatur ein Unfallwagen, sodass G bei einem eventuellen Weiterverkauf im Normalfall (anders wenn der Wagen schon sehr alt war oder es um reine Bagatellschäden ging) einen Abschlag beim Kaufpreis akzeptieren muss. Das Auto ist also trotz Reparatur weniger wert. Diesen sog. merkantilen Minderwert bekommt G gemäß § 251 I ersetzt.

- Zu Ausgleich der Vermögenseinbuße statt Herstellung kommt es gemäß § 251 II auch, wenn die Herstellung unverhältnismäßig teuer ist und der Schädiger sie deshalb verweigert.

Beispiel: Das Fahrzeug des G war zur Zeit des Unfalls 12 Jahre alt und 1.500 € wert. Die Kosten der Herstellung (Reparaturkosten) werden auf 2.500 € veranschlagt. G bekommt (nur) 1.500 € zur Wiederbeschaffung eines gleichwertigen Pkw und nicht 2.500 €, da die Reparaturkosten den Wert des Pkw vor dem Unfall um mehr als 30 % übersteigen (Faustformel der Rechtsprechung) und damit unverhältnismäßig (bzw. nicht „erforderlich" i.S. des § 249 II) sind, sog. wirtschaftlicher Totalschaden.

- § 252 stellt klar, dass der Schadensersatz auch den entgangenen Gewinn umfasst.

- Gemäß § 253 II wird bei Körper-, Gesundheits-, und Freiheitsverletzung und Verletzung der sexuellen Selbstbestimmung auch für immaterielle Beeinträchtigungen ein Geldausgleich gewährt. Das ist das sog. Schmerzensgeld.

Beispiel: Wird G bei dem Unfall verletzt, muss S nicht nur gemäß § 249 II die Heilbehandlungskosten bezahlen, sondern G bekommt auch Geld für die erlittenen Schmerzen und Leiden. Damit fließt Geld für etwas, das in Geld eigentlich nicht zu messen ist.

Obwohl § 253 II das allgemeine Persönlichkeitsrecht nicht nennt, wird bei schwerwiegenden Verletzungen des Persönlichkeitsrechts, die auf andere Weise nicht ausreichend ausgeglichen werden können, ebenfalls Schmerzensgeld gewährt. Anderenfalls wäre der in Art. 1 und Art. 2 des Grundgesetzes mit hohem Verfassungsrang ausgestattete Schutz der Persönlichkeit nicht umfassend gewährleistet.

- Trifft den Geschädigten ein Mitverschulden, wird sein Schadensersatzanspruch gemäß § 254 gekürzt.

c) Die Ansprüche aus § 823 II und § 826

§ 823 II und § 826 ermöglichen deliktischen Schadensersatz, ohne dass eine Rechtgutverletzung vorliegen muss. Es werden also auch reine, nicht auf einer Rechtsgutverletzung beruhende Vermögensschäden ersetzt. Das setzt bei § 823 II eine Schutzgesetzverletzung voraus.

> ■ Schutzgesetze sind Rechtsnormen (Gesetze im formellen Sinn, aber auch Verordnungen), die ein Ge- oder Verbot enthalten und zumindest neben dem Schutz der Allgemeinheit auch dem Schutz Einzelner dienen. ■

Beispiel: S begeht einen Betrug (§ 263 StGB) zu Lasten des G, bei dem G 8.000 verliert. Keine Rechtsgutverletzung und damit kein Anspruch aus § 823 I. Aber Anspruch aus § 823 II i.V.m. § 263 StGB.

§ 826 setzt voraus, dass sittenwidriges Verhalten einen Schaden herbeiführt und der Schädiger dabei in doppelter Hinsicht vorsätzlich gehandelt hat. Er muss den Schadenseintritt zumindest als möglich vorausgesehen und billigend in Kauf genommen haben und die tatsächlichen Umstände gekannt haben, die sein Verhalten als sittenwidrig erscheinen lassen.

Beispiel: Arbeitgeber A stellt dem B ein Arbeitszeugnis aus, dass Unterschlagungen, die B im Betrieb des A begangen hat, verschweigt. B findet eine neue Stelle bei C und unterschlägt dort wieder Geld. Anspruch des C gegen A aus § 826.

d) Der Anspruch aus § 831

Begeht ein Verrichtungsgehilfe eine unerlaubte Handlung, haftet – meist neben der Haftung des Verrichtungsgehilfen aus § 823 I – der Geschäftsherr gemäß § 831 für vermutetes Verschulden bei der Auswahl und Überwachung des Verrichtungsgehilfen.

Prüfungsschema: § 831

Ein Anspruch aus § 831 auf Schadensersatz gemäß §§ 249 ff. gegen den Geschäftsherrn besteht, wenn folgende Voraussetzungen vorliegen:

- Hilfsperson ist Verrichtungsgehilfe
- Tatbestandsmäßige, rechtswidrige, nicht notwendig schuldhafte, unerlaubte Handlung des Verrichtungsgehilfen im Sinne der §§ 823 ff.
- In Ausführung der Verrichtung und nicht nur bei Gelegenheit (siehe oben S.99)
- Keine Exkulpation des Geschäftsherren gemäß § 831 I 2

■ Verrichtungsgehilfe ist, wer mit Wissen und Wollen des Geschäftsherrn weisungsabhängig in dessen Interessenkreis tätig ist.   ■

Übersicht: § 831 und § 278 im Vergleich	
§ 831	**§ 278**
• Anspruchsgrundlage	• Zurechnungsnorm
• Haftung für eigenes vermutetes Verschulden bei der Auswahl und Überwachung	• Haftung für fremdes Verschulden
• Setzt kein Schuldverhältnis voraus	• Setzt Schuldverhältnis voraus
• Verrichtungsgehilfe ist nur, wer weisungsabhängig ist	• Erfüllungsgehilfe kann weisungsabhängig oder selbständig sein
• Exkulpationsmöglichkeit des Geschäftsherrn	• Keine Exkulpationsmöglichkeit des Schuldners

Im Unterschied zu § 278 werden damit keine selbstständigen Hilfspersonen erfasst.

Beispiel: Rechtsanwalt R beauftragt den Fahrradkurier K damit, einige Dokumente bei dem Mandanten M abzuliefern. K verletzt unterwegs aus Unachtsamkeit
den Fußgänger F. F hat keinerlei Sonderverbindung zu K oder R, sodass vertraglicher Schadensersatz nach § 280 I nicht in Betracht kommt. Aus § 823 I steht
ihm ein deliktischer Anspruch wegen fahrlässiger Körperverletzung gegen K zu.
Ein Anspruch aus § 831 gegen R – interessant vor allem, wenn K nicht solvent ist
– besteht nicht, da K selbstständig und nicht bei R angestellt ist. Hätte K statt des
„Fremden" F bei der Ablieferung der Dokumente den Mandanten M verletzt,
stünde M neben dem Anspruch aus § 823 I gegen K auch ein Schadensersatzanspruch aus § 280 I i.V.m. § 278 gegen R zu, da K zwar kein Verrichtungs- aber
sehr wohl Erfüllungsgehilfe (siehe oben S.98) ist.

Außerdem besteht für den Geschäftsherrn bei § 831 die Möglichkeit, sich von der Haftung zu befreien, indem er sorgfältige Auswahl und Überwachung der Hilfsperson nachweist, sogenannte
Exkulpationsmöglichkeit.

Beispiel: Statt des K liefert der Rechtsanwaltsgehilfe G die Dokumente aus und verletzt unterwegs F. Rechtsanwalt R weist nach, dass er G sorgfältig ausgesucht und überwacht hat. Auch in diesem Fall hat F nur einen Anspruch gegen G aus § 823 I und keinen gegen R. G ist zwar Verrichtungsgehilfe, der Anspruch aus § 831 scheitert aber an der Exkulpation. Verletzt G den Mandanten M, haftet G aus § 823 I und R aus § 280 I i.V.m. § 278. Die Exkulpation schließ zwar den Anspruch gegen R aus § 831 aus, aber G ist auch Erfüllungsgehilfe und die sorgfältige Auswahl und Überwachung ist bei § 278 irrelevant.

e) Produkthaftung nach §§ 823 ff. und Produkthaftungsgesetz

Wenn fehlerhafte Produkte beim Produktbenutzer zu Schäden führen, kommen vertragliche Schadensersatzansprüche gegen den Produzenten nur bei Direktvertrieb in Betracht. Meist werden die Produkte aber über ein Händlernetz vertrieben. Vertragliche Schadensersatzansprüche gegen den Verkäufer scheitern dann häufig daran, dass der für die Fehlerhaftigkeit des Produktes, das einen auch für ihn nicht erkennbaren Mangel hatte, nicht verantwortlich ist, er sich also in Bezug auf das Vertretenmüssen entlasten kann, vgl. § 280 I 2. Dann besteht mangels Verschulden natürlich auch kein Anspruch aus § 823 I gegen den Verkäufer. Erfolgversprechend sind in dieser Situation nur Ansprüche gegen den Produzenten aus unerlaubter Handlung.

§ 1 I ProdHaftG ordnet eine verschuldensunabhängige Haftung des Produzenten für fehlerhafte Produkte an.

Prüfungsschema: § 1 I ProdHaftG

Ein Anspruch aus § 1 I ProdHaftG auf Schadensersatz gemäß §§ 6 ff. ProdHaftG gegen den Produzenten besteht, wenn folgende Voraussetzungen vorliegen:

- Rechtsgutverletzung i.S. des § 1 I ProdHaftG
  - Tod, Körper- oder Gesundheitsverletzung
  - Sachbeschädigung, aber nicht am Produkt selbst und nicht an gewerblich genutzten Sachen, § 1 I 2 ProdHaftG
- Durch den Fehler eines Produktes
  - Produktfehler, §§ 2, 3 ProdHaftG
  - Kausalität zwischen Fehler und Rechtsgutverletzung

> - Anspruchsgegner ist Hersteller im Sinne des § 4 ProdHaftG
> - Kein Ausschluss der Produkthaftung gemäß § 1 II, III ProdHaftG
>
> Beachte: In § 11 ProdHaftG ist eine Selbstbeteiligung bei Sachschäden (500 €)
> und in § 10 ProdHaftG eine Haftungshöchstgrenze bei Personenschäden
> (85 Mio. €) festgelegt. Der Anspruch umfasst neuerdings gemäß § 8 S.2
> ProdHaftG auch Schmerzensgeld.

Die Produkthaftungsgesetz hat, wie man sieht, neben dem Vorteil der Gefährdungshaftung einige Nachteile:

- Kein Ersatz von Sachschäden an gewerblich genutzten Sachen
- Kein Ersatz für „Weiterfresserschäden"
- Selbstbeteiligung bei Sachschäden
- Haftungshöchstgrenze bei Personenschäden

Deshalb bleiben trotz § 1 I ProdHaftG, wenn es um Anprüche gegen den Produzenten geht, auch §§ 823 ff. relevant.

Ein Produzent hat die Pflicht zur Vermeidung von Konstruktions-, Fabrikations-, Instruktions- und Produktbeobachtungsfehlern. Verletzt der Produzent eine dieser Verkehrssicherungspflichten schuldhaft und werden dadurch Rechtsgüter beeinträchtigt, haftet er aus § 823 I. Diese Haftung ist nicht durch das Produkthaftungsgesetz verdrängt, vgl. § 15 II ProdHaftG. Allerdings hat der Geschädigte keinen Einblick in den Produktionsprozess und kann deshalb im Normalfall das Verschulden des Herstellers und auch die Frage, ob im Konstruktions- oder Fabrikationsbereich Pflichten verletzt wurden, nicht beurteilen. Die Rechtsprechung sieht den Geschädigten in einem Beweisnotstand und dreht deshalb die Beweislast um. Im Fall der Produzentenhaftung wird damit aus § 823 I ausnahmsweise eine Haftung für vermutetes Verschulden.

Übungsfall zu Kapitel 5

Übungsfall 6 – Designerbrille

Graf von Elbung (G) betreibt eine Steuerberatungskanzlei in Berlin. Er hat einige Angestellte, darunter auch den Steuerberater Alexander Arendt (A). Der hat einen Termin mit einem wichtigen Mandanten in Potsdam, den die Kanzlei laufend in Steuersachen berät. A fährt mit dem Regionalzug und hastet, da sein Zug Verspätung hatte, die Bahnhofstreppe in Potsdam herunter, um noch rechtzeitig zu der Verabredung zu kommen. Dabei rempelt er aus Unachtsamkeit den Passanten P an. Der stürzt, wobei seine praktisch neue Designerbrille auf den Boden fällt, die samt Gläsern 800 € gekostet hatte. Die Brille wird beim Aufprall komplett zerstört. A entschuldigt sich und erklärt seine Eile. Er hinterlässt seine Personalien und auch seine Karte, die ihn als Angestellten des G ausweist.

Frage 1: Hat Passant P einen Schadensersatzanspruch gegen Alexander Arendt?

Frage 2: Kann P auch Graf von Elbung in Anspruch nehmen, den er auf Grund seines klangvollen Namens für besonders solvent hält?

Frage 3: In welchem Verhältnis stehen die Ansprüche gegebenenfalls zueinander?

Variante: A zerstört nicht die Brille des Passanten P, sondern die des Mandanten M, die ebenfalls einen Wert von 800 € hat. Dies geschieht, als er dem M einige Nuancen des Steuerrechts erläutert und dabei so temperamentvoll gestikuliert, dass er die gut sichtbar auf dem Schreibtisch abgelegte Brille des M herunterfegt. Als G von den Vorgängen erfährt, macht er zutreffenderweise geltend, dass er den A sehr sorgfältig ausgesucht und auch stets sehr sorgfältig überwacht habe.

Frage 1: Hat Mandant M einen Schadensersatzanspruch gegen Alexander Arendt?

Frage 2: Kann M auch Graf von Elbung in Anspruch nehmen?

Die Lösung finden Sie auf der CD-ROM

Kapitel 6: Eigentum

Siehe zu den Begriffen Eigentum und Besitz oben S.29.

1. Eigentumserwerb

Bei der Prüfung der Eigentumslage an einer Sache geht man historisch vor. Man überlegt, wer ursprünglich Eigentümer der Sache war und vollzieht dann nach, wie das Eigentum im Laufe der Zeit „weitergelaufen" ist. Dabei darf man in die Prüfung nur gesetzliche Tatbestände und Verträge mit einbeziehen, die tatsächlich auf die Rechtslage einwirken, also keine verpflichtenden Verträge, wie Schenkung oder Kaufvertrag (siehe oben S.21 ff.).

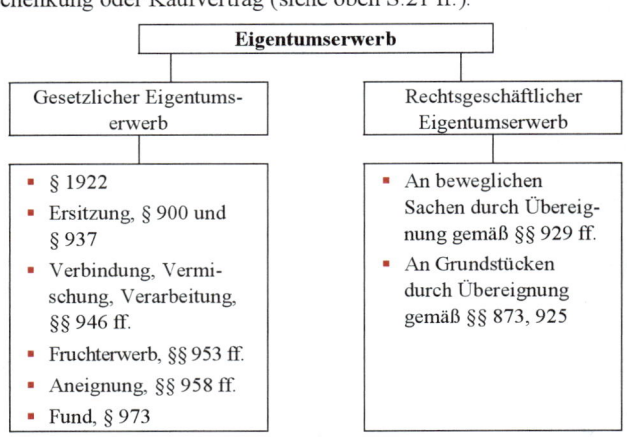

a) Gesetzlicher Eigentumserwerb

Nach § 1922 rückt der Erbe (bzw. rücken die Erben) in der Sekunde des Todes in die gesamte Rechtsposition des Erblassers ein, sog. Gesamtrechtsnachfolge. Das heißt unter anderem auch, dass Eigentum des Erblassers zu Eigentum des Erben wird und zwar völlig unabhängig davon, ob der Erbe weiß, dass er Erbe ist oder nicht.

In §§ 946 ff. werden zum einen die Eigentumsverhältnisse an Sachen festgelegt, die mit anderen Sachen verbunden oder vermischt werden.

Beispiel: Unternehmer U baut in das Haus des Bestellers B eine Heizungsanlage ein. Gemäß § 946 wird B mit dem Einbau, also durch die Handlung des U (nicht durch Einigung und Übergabe) Eigentümer. Die Heizungsanlage wird wesentlicher Bestandteil des Gebäudes (vgl. § 94 II), das wiederum wesentlicher Bestandteil des Grundstücks ist (vgl. § 94 I). Die Anlage wird also - indirekt - mit dem Grundstück verbunden.

Und zum anderen wird in § 950 angeordnet, dass, wer aus Grundstoffen durch Verarbeitung neue bewegliche Sachen herstellt, Eigentümer der neuen Sachen wird, wenn mit der Herstellung ein gewisses Maß an Wertschöpfung verbunden ist.

Die Zuweisung des Eigentums an eine Person hat Rechtsverlust bei einer anderen zur Folge. Nach § 951 i.V.m. §§ 812 ff. besteht für den, der den Rechtsverlust erleidet, unter Umständen (nicht, wenn wie im Beispiel ein Vertrag besteht) ein Wertersatzanspruch.

b) Übereignung beweglicher Sachen

Prüfungsschema: Übereignung gemäß §§ 929 ff.

Das Eigentum an einer beweglichen Sache geht gemäß §§ 929 ff. auf den Erwerber über, wenn folgende Voraussetzungen vorliegen:

- Wirksame Einigung i.S. des § 929 S.1
- Übergabe i.S. des § 929 S.1 bzw. Entbehrlichkeit der Übergabe gemäß § 929 S.2 bzw. Ersatz der Übergabe gemäß § 930 oder § 931
- Einigsein zur Zeit der Übergabe
  Beachte: Sinnvoller Prüfungspunkt nur, wenn Einigung und Übergabe zeitlich auseinanderfallen
- Berechtigung
  Erwerb von einem Verfügenden, der nicht Eigentümer ist, ist gemäß §§ 932 ff. möglich, wenn folgende Voraussetzungen vorliegen:
  - Verkehrsrechtsgeschäft
  - Rechtsscheintatbestand des Besitzes, §§ 932 I, 933, 934
  - Guter Glaube des Erwerbers, § 932 II
  - Kein Abhandenkommen der Sache, § 935

Wirksame Einigung i.S. des § 929 S.1

Veräußerer und Erwerber müssen sich wirksam darüber einigen (siehe zur Technik des Vertragsschlusses und Wirksamkeitshindernissen oben S.35 ff.), dass das Eigentum an einer bestimmten beweglichen Sache vom Veräußerer auf den Erwerber übergehen soll. Das passiert häufig konkludent mit Weggabe und Entgegennahme der Sache.

Übergabe oder Übergabeersatz

Die Eigentumsübertragung soll nach außen mit einer Übergabe der Sache, also einem Besitzerwechsel, sichtbar werden (Publizitätsprinzip).

> ■ Übergabe bedeutet vollständigen Besitzverlust des Veräußerers und Erlangung des Besitzes durch den Erwerber in Vollzug der Übereignung. ■

Die Übergabe ist ein Realakt, also eine tatsächliche Handlung und keine Willenserklärung. Deshalb gibt es bei der Übergabe keine Stellvertretung oder Botenschaft. Mögliche Hilfspersonen sind hier Besitzdiener (§ 855), Besitzmittler (vgl. § 868) und Geheißperson.

Beispiele: Der Angestellte A kauft für den Gebrauchtwagenhändler G alte Pkw an. Bei der Einigung über den Kaufvertrag und den Eigentumsübergang vertritt A den G. Bei der Übergabe fungiert er als Besitzdiener, der die tatsächliche Gewalt an dem Pkw im Rahmen eines sozialen Abhängigkeitsverhältnisses – quasi als Werkzeug – für G ausübt. Bekommt A die Fahrzeuge, findet damit eine Übergabe an G statt.

V verkauft einen Pkw an K, dieser gleich an einen Dritten D weiterverkauft. K bittet den V, den Pkw direkt zu D zu bringen. V tut das. Trotz der Direktauslieferung finden die Übereignungen im Verhältnis V - K und K - D statt. D nimmt den Pkw auf Geheiß des K für ihn von V entgegen. Übergabe V – K. V gibt den Pkw auf Geheiß des K für ihn an D weg. Übergabe K - D.

§§ 930, 931 erlauben Veräußerer und Erwerber, die Übergabe zu ersetzen. Das erleichtert Übereignungen in einigen Fällen, in denen eine Übergabe umständlich oder nicht sinnvoll wäre, bringt aber eine gewisse Preisgabe der Sichtbarkeit der Vorgänge mit sich.

Gemäß § 930 kann die Übergabe durch Vereinbarung eines Besitzmittlungsverhältnisses nach § 868 ersetzt werden. Der Veräußerer behält den Besitz, daneben wird aber auch der Erwerber sog. mittelbarer Besitzer.

- **Mittelbarer Besitzer** ist, wer die Sachherrschaft durch einen Besitzmittler (z.B. Mieter, Pächter, Entleiher) aufgrund eines Besitzmittlungsverhältnisses ausüben lässt. ◾

Beispiel: Verleiher V leiht Entleiher E ein Buch. E ist unmittelbarer Besitzer, da er die tatsächliche Sachherrschaft über das Buch ausübt. Da er das Buch im Rahmen der Leihe (des Besitzmittlungsverhältnisses) nur auf Zeit und damit für den V besitzt, sieht man auch den V als – mittelbaren – Besitzer an.

§ 930 wird typischerweise bei der Sicherungsübereignung eingesetzt (siehe unten S.183 f.).

Beispiel: Darlehensnehmer D nimmt zur Finanzierung eines Pkw-Kaufs einen Kredit bei der B-Bank auf. Zur Absicherung des Kredits soll das Eigentum an dem finanzierten Wagen der B übertragen werden, sog. Sicherungsübereignung. Eine Übereignung gemäß § 929 S.1 mit tatsächlicher Übergabe des Pkw an die Bank widerspricht den Interessen aller Beteiligten. D will das Auto fahren und die Bank will es nicht für ihn aufbewahren. Also vereinbaren D und die B-Bank, dass der Sicherungsgeber (D) die Sache behält, aber im Rahmen eines Leihverhältnisses für den Sicherungsnehmer (B-Bank) besitzt. Die Übereignung erfolgt also gemäß §§ 929 S.1, 930.

Gemäß § 931 kann die Übergabe einer Sache, die sich bei einem Dritten befindet, durch die Abtretung des Herausgabeanspruchs gegen den Dritten ersetzt werden.

Beispiel: Galerist G verkauft ein Bild, das gerade als Leihgabe in einer Ausstellung hängt. G und der Erwerber E einigen sich über den Eigentumsübergang und G tritt E seine Herausgabeansprüche aus dem Leihvertrag mit dem Ausstellungsveranstalter ab. E wird Eigentümer gemäß §§ 929 S.1, 931.

Berechtigung

> ■ Berechtigt ist der nicht in der Verfügungsmacht beschränkte Rechtsinhaber bzw. derjenige, der kraft Rechtsgeschäft (§ 185) oder Gesetz (z.B. § 80 Insolvenzordnung) zur Verfügung über fremdes Recht befugt ist.   ■

Die Verfügungsmacht liegt im Normalfall beim Eigentümer. Der Eigentümer kann aber ausnahmsweise nicht verfügungsbefugt sein, etwa weil er in Insolvenz gefallen ist. In diesem Fall steht die Verfügungsmacht nach § 80 InsO dem Insolvenzverwalter zu. Ein Dritter ist auch dann verfügungsbefugt, wenn der Eigentümer ihn gemäß § 185 zu Verfügungen über seine Sachen ermächtigt.

Überwindung der Nichtberechtigung gemäß §§ 932 ff.

Ist der Verfügende nicht Eigentümer, ist unter den Voraussetzungen der §§ 932 ff. trotzdem sog. gutgläubiger Erwerb vom Nichtberechtigten möglich. Diese Voraussetzungen müssen zusätzlich zu den normalen Erwerbsvoraussetzungen vorliegen. Auch der gutgläubige Erwerb funktioniert nur, wenn eine wirksame Einigung und Übergabe bzw. Übergabesurrogat gegeben sind.

Die Möglichkeit gutgläubigen Erwerbs beruht auf dem Gedanken des Verkehrsschutzes und besteht deshalb nie, wenn kein sog. Verkehrsrechtsgeschäft vorliegt, der allgemeine Rechtsverkehr also gar nicht beteiligt ist.

Beispiel: Die Einmann-GmbH E veräußert einen Pkw an den einzigen Gesellschafter G. Veräußerer und Erwerber sind zwar nicht juristisch, aber wirtschaftlich die gleiche Person. Gutgläubiger Erwerb ist nicht möglich.

Als Grundlage gutgläubigen Erwerbs muss eine Besitzlage gegeben sein, die den Veräußerer als Eigentümer erscheinen lässt. Was genau gefordert ist, kann man §§ 932 I, 933 und 934 entnehmen.

- § 932 I stellt für eine Übereignung nach § 929 S. 1 keine zusätzlichen Voraussetzungen auf, da die Übergabe einen ausreichenden Rechtsscheintatbestand darstellt.

- Nach § 933 setzt gutgläubiger Erwerb bei einer Übereignung nach §§ 929 S.1, 930 voraus, dass die zunächst doch gerade nicht gewollte Übergabe stattfindet.

  Beispiel: Darlehensnehmer D übereignet der B-Bank ein Bild zur Sicherheit, das er sich nur von seinem Bruder geliehen hat. Solange das Bild – wie bei einer Sicherungsübereignung üblich – bei D bleibt, wird die Bank nicht Eigentümerin. Bedient D die gesicherte Forderung nicht mehr (Sicherungsfall) und gibt das Bild deshalb zur Verwertung an die B-Bank heraus, erwirbt die B-Bank bei Übergabe gemäß §§ 929 S1, 930, 933 Eigentum, wenn kein Anlass besteht, an der Eigentümerstellung des D zu zweifeln.

- § 934 differenziert für eine Übereignung nach §§ 929 S.1, 931 danach, ob der Abtretende mittelbarer Besitzer war oder nicht. Wenn ja, führt die Abtretung des Herausgabeanspruchs aus dem Besitzmittlungsverhältnis dazu, dass der Erwerber mittelbarer Besitzer wird. Diese Besitzlage rechtfertigt gutgläubigen Erwerb, ohne dass etwas hinzukommen muss. Wenn nein, kann gutgläubiger Erwerb erst und nur dann stattfinden, wenn der Erwerber den Besitz an der Sache von dem Dritten erlangt.

Gutgläubiger Erwerb setzt selbstverständlich guten Glauben voraus. Nach § 932 II ist der Erwerber nicht gutgläubig, wenn ihm bekannt oder in Folge grober Fahrlässigkeit unbekannt ist, dass der Veräußerer nicht der Eigentümer ist.

> ■ Grob fahrlässige Unkenntnis besteht, wenn der Erwerber die im Verkehr erforderliche Sorgfalt in ungewöhnlich hohem Maß verletzt und das unbeachtet lässt, was sich im gegebenen Fall jedem aufgedrängt hätte. ■

Beispiele: Verdachtsmomente, die dann bei ungeprüftem Erwerb zur Bösgläubigkeit führen, sind etwa die Nichtvorlage des Kfz-Briefs beim Pkw-Kauf oder Verkauf von Ware auf der Straße zu einem ungewöhnlich günstigen Preis.

Gemäß § 935 I ist auch bei gutem Glauben der Eigentumserwerb ausgeschlossen, wenn die Sache abhanden gekommen ist. § 935 ist Ausdruck einer Wertungsentscheidung des Gesetzgebers, nach der in diesem Fall das Interesse des wahren Eigentümers, sein Eigentum nicht durch gutgläubigen Erwerb Dritter zu verlieren, dem Verkehrsschutzinteresse der gutgläubigen Erwerber vorgeht.

> ■ Abhanden gekommen ist eine Sache, wenn der Eigentümer (§ 935 I 1) oder sein Besitzmittler (§ 935 I 2) den Besitz an ihr unfreiwillig verloren haben. ■

Nicht abhanden gekommen sind Gegenstände, die ein Besitzmittler freiwillig weggibt.

Beispiel: Eigentümer E verleiht sein Fahrrad einem Freund F. F ist in Geldnot und veräußert das Rad. Gutgläubiger Erwerb ist möglich. Das Verhalten des F fällt sozusagen in den Risikobereich des E, der es in der Hand hat, an wen er Sachen verleiht und an wen nicht.

Beachte: § 936 ermöglicht unter praktisch identischen Voraussetzungen (Beachte aber § 936 III im Fall einer Übereignung nach §§ 929 S.1, 931) gutgläubig lastenfreien Erwerb. Ist das Eigentum mit einem Pfandrecht belastet, geht der Erwerber aber gutgläubig von lastenfreiem Eigentum aus, bekommt er das Eigentum lastenfrei, also ohne Pfandrecht.

Exkurs: Das Anwartschaftsrecht

> ■ Ein Anwartschaftsrecht entsteht, wenn von einem mehraktigen Erwerbstatbestand schon so viele Erfordernisse erfüllt sind, dass der Erwerber eine gesicherte Rechtsposition erlangt. ■

Steht die Übereignung unter einer Bedingung wie im Fall des häufig vorkommenden Eigentumsvorbehalts (siehe oben S.60 und unten S.180 f.), geht das Eigentum trotz Übergabe der Sache nicht sofort über. Der Erwerber erhält aber mit der bedingten Einigung und der Übergabe schon eine Vorstufe des Eigentums, das sog. Anwartschaftsrecht, das dann mit Bedingungseintritt zum Vollrecht erstarkt. Das mit bedingter Einigung erworbene Anwartschaftsrecht kann nach den Regel zur Eigentumsübertragung, also analog §§ 929 ff. weiterübertragen werden.

Beispiel: V verkauft K eine gebrauchte Digitalkamera, die der in Raten abzahlen will, unter Eigentumsvorbehalt (§§ 433, 449) und übergibt sie ihm. Die Einigung über den Eigentumsübergang steht nach der Vermutung des § 449 I unter der aufschiebenden Bedingung der Kaufpreiszahlung (§§ 929 S.1, 158 I). E erwirbt vor Kaufpreiszahlung zwar noch nicht das Eigentum, aber ein Anwartschaftsrecht.

Hat K Geldprobleme, kann er diese Rechtsposition durch Einigung und Übergabe (§ 929 S.1 analog) auf einen K2 übertragen. Zahlt K oder im Fall der Weiterübertragung K2 den Restkaufpreis, wird das Anwartschaftsrecht bei dem, der es hat, zum Vollrecht. Beachte: Ist K bei der bedingten Einigung und der Übergabe gutgläubig, erwirbt er das Anwartschaftsrecht gemäß §§ 929 S.1, 158 I, 932 I auch, wenn V nicht Eigentümer der Kamera ist. Das gutgläubig erworbene Anwartschaftsrecht erstarkt mit Zahlung zum Vollrecht, selbst wenn K noch vor Tilgung der letzten Kaufpreisrate erfährt, dass V nicht Eigentümer war.

Die gesicherte Rechtsposition des Erwerbers bei einer bedingten Übereignung ergibt sich aus § 161 I. Der bedingt Übereignende ist zwar immer noch Eigentümer und kann sein Eigentum auf Dritte übertragen, erfolgt dann aber später der Bedingungseintritt, werden sog. Zwischenverfügungen gemäß § 161 I rückwirkend unwirksam. Der Dritte hat theoretisch die Möglichkeit, das Eigentum nach § 161 III i.V.m. §§ 932 ff. gutgläubig frei von dieser Beschränkung zu erwerben. Das scheitert aber meist an § 936 III. Der Anwartschaftsberechtigte ist häufig im Besitz der Sache, sodass sein Anwartschaftsrecht auch einem gutgläubigen Erwerber gegenüber nicht erlischt. Mit Bedingungseintritt wird er dann Eigentümer.

c) Die Übereignung von Grundstücken

Prüfungsschema: Übereignung gemäß §§ 873, 925

Das Eigentum an einem Grundstück geht gemäß §§ 873, 925 auf den Erwerber über, wenn folgende Voraussetzungen vorliegen:

- Einigung i.S. des § 873 I 1.F. in der Form des § 925
- Eintragung der Rechtsänderung in das Grundbuch
- Einigsein zur Zeit der Eintragung, vgl. § 873 II
- Berechtigung
  Erwerb von einem Verfügenden, der nicht Eigentümer ist, ist gemäß § 892 möglich, wenn folgende Voraussetzungen vorliegen:
  – Verkehrsrechtsgeschäft
  – Unrichtiges Grundbuch, das den Nichtberechtigten legitimiert
  – Keine positive Kenntnis von der Nichtberechtigung
  – Kein Widerspruch im Grundbuch

Der normale Erwerbstatbestand, §§ 873, 925

Die Einigung über den Eigentumsübergang an einem Grundstück (Auflassung) muss vor einer zuständigen Stelle wie beispielsweise einem Notar stattfinden, 925 I. Sie ist nach § 925 II bedingungsfeindlich, sodass ein Eigentumsvorbehalt bei Grundstücken nicht möglich ist. Solange der Käufer nicht zahlt, findet die Übereignung im Normalfall nicht statt und zugunsten des Käufers wird gemäß §§ 883 I, 885 eine Vormerkung bestellt, die ihn gemäß § 883 II genauso vor beeinträchtigenden Zwischenverfügungen des Veräußerers schützt wie § 161 bei der bedingten Übereignung beweglicher Sachen.

An die Stelle der Übergabe tritt bei Grundstücken die Eintragung der Rechtsänderung in das Grundbuch. Die Übereignung von Grundstücken dauert damit immer einige Zeit, da der Eigentümerwechsel erst mit der Eintragung stattfindet.

Aus § 873 II lässt sich entnehmen, dass die Einigung zur Zeit der Eintragung immer noch bestehen muss. Wenn nicht einer der Bindungsfälle des § 873 II eingetreten ist, ist sie also bis dahin widerruflich.

Der Begriff der Berechtigung ist derselbe wie bei beweglichen Sachen. Da die Eigentumsübertragung von Grundstücken wegen der notwendigen Eintragung immer ein zeitlich gestreckter Vorgang ist, stellt sich bei Veränderungen der Eigentumslage zwischen Einigung und Eintragung die Frage, wann die Berechtigung vorliegen muss. Grundsätzlich entscheidet der Moment der Vollendung des Erwerbs, also der Zeitpunkt der Eintragung. Eine Ausnahme regelt § 878 bei nachträglich eintretenden Verfügungsbeschränkungen.

Beispiel: Veräußerer V und Erwerber E einigen sich gemäß §§ 873 I, 925 wirksam darüber, dass E Eigentümer des Grundstücks des V werden soll und beantragen beim Grundbuchamt die Eintragung des E als Eigentümer. Kurz danach fällt V in Insolvenz. Obwohl V zum Zeitpunkt der nachfolgenden Eintragung nicht mehr berechtigt ist, wird E mit der Eintragung Eigentümer. Die Verfügungsbeschränkung ist nach § 878 unschädlich, da sie zu einem Zeitpunkt eingetreten ist, als die Parteien nur noch auf die vom Grundbuchamt vorzunehmende Eintragung warteten.

Gutgläubiger Erwerb

Gutgläubiger Erwerb vom Nichteigentümer ist nach § 892 I möglich. Das Grundbuch übernimmt auch an dieser Stelle die Funktion, die bei beweglichen Sachen der Besitz spielt, nämlich die eines Rechtsscheinträgers. Gutgläubiger Eigentumserwerb findet statt, wenn das Grundbuch den Verfügenden fälschlicherweise als Eigentümer ausweist. Da das Grundbuch einen stärkeren Rechtsschein entfaltet als der Besitz, hindert nicht schon grob fahrlässige Unkenntnis vom fehlenden Eigentum des Veräußerers, sondern nur positive Kenntnis den gutgläubigen Erwerb. Die Gutgläubigkeit muss grundsätzlich zur Zeit der Vollendung des Erwerbstatbestandes vorliegen. Wie § 878 schützt aber § 892 II 1.Hs. vor dem Nachteil des Eintragungsgrundsatzes, der darin liegt, dass die Parteien den Zeitpunkt des Eigentumswechsels nicht in der Hand haben. Gemäß § 892 II 1.Hs. reicht ausnahmsweise Gutgläubigkeit zur Zeit der Antragstellung, wenn die Parteien alle sonstigen Erwerbsvoraussetzungen erfüllt haben und nur noch auf die Eintragung warten.

Ein im Grundbuch gegen die Richtigkeit des Grundbuchs eingetragener Widerspruch beseitigt die Legitimationswirkung des Grundbuchs und verhindert damit gutgläubigen Erwerb.

Beispiel: Erwerber E ist im Grundbuch als neuer Eigentümer eingetragen. Es stellt sich heraus, dass Veräußerer V zur Zeit der Einigung unerkannt geisteskrank war. Ohne wirksame Einigung hat E das Eigentum trotz Eintragung nicht nach §§ 873, 925 erworben. Das Grundbuch ist falsch, wenn es ihn als Eigentümer ausweist. V (vertreten durch seinen Betreuer) hat einen Anspruch auf Grundbuchberichtigung aus § 894. Um die Gefahr zu bannen, dass E in der Zeit, bis der Anspruch durchgesetzt ist, gutgläubigen Dritten das Eigentum verschafft, kann V im Wege einer einstweiligen Verfügung einen Widerspruch in das Grundbuch eintragen lassen, vgl. § 899 II.

d) Exkurs: Die Abtretung

Was für Sachen die Übereignung ist, ist für Forderungen die Abtretung oder auch Zession. Die Verfügung über das Eigentum führt zum Eigentümerwechsel, die Verfügung über Forderungen führt zum Gläubigerwechsel, vgl. § 398 S.2.

> **Prüfungsschema: Abtretung gemäß §§ 398 ff.**
>
> Eine Forderung geht gemäß § 398 auf einen neuen Gläubiger über, wenn folgende Voraussetzungen vorliegen:
>
> - Wirksame Einigung i.S. des § 398
>   Besonderheit: Die Parteien können sich im voraus über die Abtretung künftiger Forderungen einigen.
> - Abtretbarkeit der Forderung, §§ 399, 400
> - Berechtigung
>
> Weitere Rechtsfolgen: Die akzessorischen Sicherungsrechte folgen gemäß § 401 der Forderung und Schuldnerschutz gemäß §§ 404 ff.

Beispiel: G1 hat Forderungen gegen die Schuldner S1, S2 und S3, die er, da er sie nicht selbst einziehen möchte und Geld benötigt, an G2 verkauft. In Erfüllung des Kaufvertrages tritt der alte Gläubiger G1 (Zedent) dem neuen Gläubiger G2 (Zessionar) die Forderungen gemäß § 398 ab. War die Forderung gegen S1 durch eine Bürgschaft abgesichert, geht diese Absicherung gemäß § 401 ebenfalls auf G2 über. Läuft bei der Forderung gegen S2 die Verjährungsfrist eine Woche nach der Abtretung ab, kann sich S2 auch dem G2 gegenüber darauf berufen, da nach § 404 alle zur Zeit der Abtretung im Keim angelegten Einwendungen und Einreden auch dem Zessionar gegenüber gelten. Zahlt S3 fälschlicherweise noch an G1, wird er nach § 407 trotzdem frei, wenn ihn niemand vom Forderungsübergang informiert hat. G2 muss sich das Geld dann über § 816 II von G1 hohlen. Beachte: § 401 und §§ 404 ff. gelten gemäß § 412 auch bei gesetzlich angeordnetem Forderungsübergang (cessio legis) wie § 426 II (siehe oben S.100) oder § 774 (siehe unten S.177).

Im Unterschied zur Übereignung ist die Verfügung über Forderungen nicht an ein Publizitätselement wie Übergabe oder Eintragung geknüpft. Da gutgläubiger Erwerb nur auf der Grundlage eines Rechtsscheinträgers wie Besitz oder Grundbuch denkbar ist, besteht im Normalfall (seltene Ausnahmen über § 405) keine Möglichkeit, Forderungen gutgläubig vom Nichtberechtigten zu erwerben. Existiert die abgetretene Forderung nicht oder ist der Abtretende nicht ihr Gläubiger, geht die Abtretung ins Leere.

2. Der Herausgabeanspruch aus § 985

Nach § 985 hat der Eigentümer gegen den Besitzer einer beweglichen oder unbeweglichen Sache einen Herausgabeanspruch. Der Besitzer kann die Herausgabe der Sache allerdings verweigern, wenn er ein Recht zum Besitz hat, § 986.

Prüfungsschema: Herausgabeanspruch aus § 985
Eine Herausgabeanspruch aus § 985 besteht, wenn folgende Voraussetzungen vorliegen:
• Anspruchsteller ist Eigentümer
• Anspruchsgegner ist Besitzer ohne Recht zum Besitz

Ein Recht zum Besitz kann sich aus Schuldverträgen ergeben. Das sog. obligatorische Recht zum Besitz wirkt aber nur im Verhältnis der Schuldvertragsparteien.

Beispiel: E ist Eigentümer eines Mietshauses und vermietet eine Wohnung an den Mieter M. Solange der Mietvertrag besteht, hat M ein Recht zum Besitz (§ 986 I 1 1.F.) und muss die Wohnung nicht nach § 985 herausgeben. Vermietet M die Wohnung an Untermieter U unter und endet das Hauptmietverhältnis, ist nicht nur M, sondern auch U gegenüber E zur Herausgabe verpflichtet. Der fortbestehende Untermietvertrag mit M gibt U kein Recht zum Besitz gegenüber E, da er nur zwischen M und U wirkt. Beachte: Solange der Hauptmietvertrag besteht, kann U unter Umständen ein sog. abgeleitetes Recht zum Besitz (§ 986 I 1 2.F., II) gegenüber E aus diesem Vertrag herleiten.

Dingliche Besitzrechte wirken dagegen gegenüber jedermann.

Beispiel: Vater V leiht Sohn S eine wertvolle Taschenuhr. S nimmt in aktueller Geldnot ein Darlehen bei Pfandleiher P auf und bestellt dem P zur Absicherung des Darlehensrückzahlungsanspruchs ein Pfandrecht an der Uhr und übergibt sie ihm. P, der S für den Eigentümer hält, erwirbt gemäß §§ 1204, 1205 S.1, 1207, 932 I gutgläubig das Pfandrecht. Kurz darauf entdeckt V die Uhr im Schaufenster des P. V hat keinen Herausgabeanspruch gegen P aus § 985, da P mit dem Pfandrecht ein dingliches Recht zum Besitz zusteht, das gerade auch gegenüber V wirkt.

Das Anwartschaftsrecht gibt nach überwiegender Ansicht kein dingliches Recht zum Besitz. Da es eine bloße Vorstufe des Eigentums ist, kann es gegenüber dem Eigentümer keinerlei Herrschaftsbefugnisse vermitteln.

3. Das Eigentümer-Besitzer-Verhältnis, §§ 987 ff.

Schon der systematische Zusammenhang mit §§ 985, 986 legt nahe:

> ■ Ein sog. Eigentümer-Besitzer-Verhältnis liegt vor, wenn einem Eigentümer ein Besitzer ohne Recht zum Besitz gegenübersteht. ■

Die §§ 987 ff. enthalten Sonderregeln zu Schadensersatz, Nutzungsersatz und Verwendungsersatz für den Fall, dass zur Zeit der schädigenden Handlung, der Nutzungsziehung oder der Verwendungsvornahme ein solches Eigentümer-Besitzer-Verhältnis bestand. Die Sonderregeln verdrängen im Normalfall sonstige gesetzliche (nicht vertragliche) Ansprüche mit den gleichen Rechtsfolgen und erreichen auf diese Weise eine Privilegierung des redlichen und unverklagten Besitzers ohne Recht zum Besitz. Das kann man sehr gut am Beispiel des Schadensersatzes nachvollziehen. Nach § 989 haftet der auf Herausgabe verklagte Besitzer, nach §§ 989, 990 I der bösgläubige Besitzer auf Schadensersatz, wenn er die Sache schuldhaft verschlechtert, ihren Untergang herbeiführt oder auf sonstige Art die Herausgabe an den Eigentümer unmöglich macht. Bösgläubig ist ein Besitzer, der bei Besitzerwerb weiß oder grob fahrlässig verkennt, dass er kein Besitzrecht hat oder später positive Kenntnis vom fehlenden Besitzrecht erlangt.

Prüfungsschema: § 989 bzw. §§ 989, 990 I

Ein Schadensersatzanspruch aus § 989 bzw. §§ 989, 990 I besteht, wenn folgende Voraussetzungen vorliegen:

- Eigentümer-Besitzer-Verhältnis zur Zeit der schädigenden Handlung
- Rechtshängigkeit einer Herausgabeklage (§ 989) bzw. Bösgläubigkeit des Besitzers (990 I)
- Verschlechterung, Untergang oder anderweitige Unmöglichkeit der Herausgabe
- Verschulden
  Verschulden von Erfüllungsgehilfen ist nach § 278 zuzurechnen

---

Wer weder bösgläubig noch verklagt war, haftet nicht nach § 989 bzw. §§ 989, 990 I, aber, wenn zur Zeit der schädigenden Handlung ein Eigentümer-Besitzer-Verhältnis vorlag, wegen der Sperrwirkung dieses Verhältnisses auch nicht nach § 823 I.

Beispiel: E ist Eigentümer eines Pkw und unerkannt geisteskrank. Er veräußert den Pkw an K, wobei er keinerlei auffälliges Verhalten zeigt. K hält sich für den Eigentümer, ist aber in Wirklichkeit Besitzer ohne Recht zum Besitz, da sowohl Kaufvertrag als auch Übereignung infolge der Geschäftsunfähigkeit des E nicht zustande gekommen sind. Er muss zwar den Wagen zurückgeben (§ 985), aber keinen Schadensersatz leisten, wenn er zwischenzeitlich eine Beule in den Pkw gefahren hat.

Übungsfall zu Kapitel 6

Übungsfall 7 – Gefahr in der Bibliothek

Student S arbeitet in der Bibliothek an einer Seminararbeit. Für jede Ablenkung dankbar, verlässt er den Raum, als der Vibrationsalarm seines Handys einen Anruf seiner Freundin anzeigt. Nach 20 Minuten kehrt S zurück und muss feststellen, dass sein Laptop, den er zurückgelassen hatte, verschwunden ist. Alle Nachforschungen bleiben erfolglos, sodass klar ist, dass jemand die Gelegenheit genutzt und das Gerät gestohlen hat. Zwei Wochen später arbeitet S wieder in der Bibliothek. Sein Kommilitone K setzt sich neben ihn und holt zur Verblüffung des S einen Laptop aus seiner Tasche, den S anhand eines auffälligen Gehäusekratzers eindeutig als sein verschwundenes Gerät identifizieren kann. S verlangt von K die Herausgabe des Laptops. K weigert sich und beruft sich darauf, dass er den Laptop zu einem völlig normalen Preis bei einer Ebay-Versteigerung von Verkäufer (V) erworben habe. Der V habe eine Originalrechnung des Gerätes beigelegt. Wie jetzt klar sei, müsse die zwar von einem anderen Gerät stammen oder gefälscht sein, das sei für ihn aber nicht erkennbar gewesen. S und K beschließen, erst einmal den V zu kontaktieren, müssen aber feststellen, dass der inzwischen wegen Diebstahls und Urkundenfälschung verurteilt wurde und dass angesichts seiner finanziellen Verhältnisse sehr wenig Aussicht besteht, von ihm den gezahlten Kaufpreis zurückzuerhalten. K weigert sich nun vehement, das Gerät zurückzugeben bzw. ist dazu nur gegen Erstattung des Kaufpreises bereit. Kann S von K die Herausgabe des Computers verlangen?

Die Lösung finden Sie auf der CD-ROM

Kapitel 7: Kreditsicherheiten

Kreditsicherheiten sind rechtlich und wirtschaftlich extrem relevant. Nicht nur ein Darlehensgeber muss sich darüber Gedanken machen, ob er sein Geld am vereinbarten Rückzahlungstermin wirklich bekommen wird, ebenso geht es etwa einem Verkäufer, der die Ware schon weggibt, ohne den Kaufpreis sofort zu erhalten oder einem Werkunternehmer, der Arbeit und Material in eine Reparatur investiert und danach sehen muss, ob der Besteller den Werklohn wirklich aufbringen kann. Es gibt Real- und Personalsicherheiten.

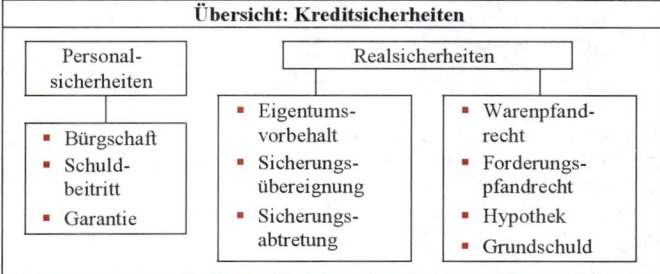

Übersicht: Kreditsicherheiten

1. Personalsicherheiten

> ■ Bei Personalsicherheiten erhält der Gläubiger einen zusätzlichen Schuldner und damit Vollstreckungszugriff auf ein weiteres Schuldnervermögen. ■

Das Sicherungsmittel besteht in einem schuldrechtlichen Anspruch gegen eine dritte Person, der sich aus einem Verpflichtungsvertrag ergibt, den der Gläubiger mit dem Dritten schließt:

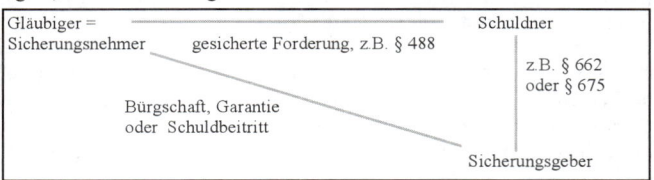

a) Bürgschaft

■ Der Bürge verpflichtet sich im Bürgschaftsvertrag gegenüber dem Gläubiger, für die Verbindlichkeit des Schuldners einzustehen, § 765. ■

Die Erklärung des Bürgen (nicht der gesamte Vertrag) muss schriftlich erfolgen, § 766 (siehe oben S.48). Eine Ausnahme besteht nach § 350 HGB, wenn der Bürge den Vertrag als Kaufmann schließt.

Der Umfang der Bürgenverpflichtung richtet sich gemäß § 767 I 1 immer nach dem Umfang der Hauptschuld. Die Bürgschaft ist ein akzessorisches Sicherungsmittel.

■ Akzessorische Sicherheiten sind in Entstehung, Fortbestand und Übertragung abhängig von der gesicherten Forderung. Das trifft außer auf die Bürgschaft auf das Pfandrecht an beweglichen Sachen und Rechten und auf die Hypothek zu. ■

Beispiele: B bürgt gegenüber G für eine Schuld des S. Stellt sich heraus, dass der Anspruch des G gegen S wegen Geschäftsunfähigkeit des S von Anfang an gar nicht bestand, entsteht auch keine Bürgschaftsverpflichtung. Bezahlt S nach und nach seine Schulden, vermindert sich die Verpflichtung des B in der jeweiligen Höhe. Tritt G seinen Anspruch gegen S an einen Dritten ab, geht die Bürgensicherung mit, vgl. § 401.

Der Bürge kann sich gegen eine Inanspruchnahme durch den Gläubiger also nicht nur mit Mängeln des Bürgschaftsvertrages (z.B. Formunwirksamkeit oder Sittenwidrigkeit, siehe oben S.52), sondern auch mit Mängeln der gesicherten Forderung verteidigen. Sehr wichtig sind darüber hinaus die in §§ 768, 770, 771 geregelten Bürgeneinreden.

Beispiele: Schuldner S hat eine Gegenforderung gegen G und deshalb gemäß § 273 ein Zurückbehaltungsrecht. Das Verteidigungsmittel des S steht nach § 768 I auch B zu. Er kann die Einrede des S erheben.

Schuldner S befand sich bei Abschluss des Vertrages mit G in einem Irrtum, der ihn zur Anfechtung berechtigt. Ficht S fristgerecht an, beseitigt das den Vertrag mit G und damit – wegen der Akzessorietät – auch die Bürgenverpflichtung. Ficht er nicht an, kann B zwar die Anfechtung nicht selbst erklären, aber gemäß § 770 I unter Hinweis auf die Anfechtungsmöglichkeit des S (also nur solange der die

Anfechtungsfrist noch nicht versäumt hat) die Zahlung an G verweigern. Beachte: Über den Wortlaut hinaus gilt § 770 I als allgemeine Einrede der Gestaltbarkeit nicht nur für die Anfechtung, sondern auch für andere Gestaltungsrechte wie etwa den Rücktritt. Für die Aufrechnung gilt § 770 II.

Gemäß § 771 hat der Bürge die sog. Einrede der Vorausklage, d.h. er kann die Befriedigung des Gläubigers verweigern, solange der nicht versucht hat, seinen Anspruch gegen den Schuldner im Wege der Zwangsvollstreckung durchzusetzen. § 771 zeigt, dass nach der gesetzlichen Konzeption die Bürgenverpflichtung nachrangig ist, der Bürge eine bloße Hilfsschuld übernimmt. Allerdings wird der § 771 in der Praxis häufig durch die Vereinbarung einer selbstschuldnerischen Bürgschaft ausgeschlossen, vgl. § 773 I Nr.1. Zudem bürgen Kaufleute gemäß § 349 HGB immer als Selbstschuldner.

Beispiel: Der S bittet seine Hausbank B, gegen Bezahlung eine Bürgschaft gegenüber dem Gläubiger G zu übernehmen. B tut das. Bei Fälligkeit der gesicherten Forderung kann G wegen § 349 HGB sofort B zur Zahlung auffordern, ohne sich zuerst an S halten zu müssen. Beachte: Eine zwangsweise Durchsetzung der Forderung gegen B ist aber auch in diesem Fall nur auf Basis eines Titel (siehe oben S.10) möglich. Eine Vollstreckung ohne Urteil oder Vollstreckungsbescheid ermöglicht die im Kreditsicherungsrecht nicht selten vorkommende notarielle Unterwerfungserklärung (Titel gemäß § 794 I Nr.5 ZPO), mit der sich der Sicherungsgeber in einer notariellen Urkunde der sofortigen Zwangsvollstreckung unterwirft.

Zahlt der Bürge an den Gläubiger, tilgt er damit nicht die Schuld des Schuldners, sondern seine eigene Bürgenverbindlichkeit. Die Forderung des Gläubigers gegen den Schuldner geht mit der Zahlung gemäß § 774 I (cessio legis) auf den Bürgen über.

Beispiel: Zahlt die B an G, wird sie Gläubiger der Forderung, die G gegen S hatte. Handelte es sich dabei um eine Werklohnforderung, hat B einen Anspruch aus § 774 I i.V.m. § 631 gegen S. Neben diesem Rückgriffsanspruch aus übergegangenem Recht hat B auch noch einen aus eigenem Recht, nämlich einen Aufwendungsersatzanspruch aus dem mit S geschlossenen Geschäftsbesorgungsvertrag gemäß §§ 670, 675. Beide Ansprüche nützen natürlich nichts, wenn S dauerhaft zahlungsunfähig ist.

b) Schuldbeitritt, §§ 311 I, 421 ff.

■ Der Schuldbeitritt ist ein gesetzlich nicht geregelter, formlos gültiger Verpflichtungsvertrag (§ 311 I), mit dem sich der Beitretende bereit erklärt, als zusätzlicher Schuldner zu fungieren. Ursprünglicher Schuldner und Beitretender werden Gesamtschuldner gemäß §§ 421 ff. ■

Das Schriftformerfordernis des § 766 wird nicht entsprechend angewandt, obwohl der Beitritt für den Sicherungsgeber in einiger Hinsicht „gefährlicher" ist als die Bürgschaft. Als Gesamtschuldner (siehe oben S. 99 f.) haftet der Beitretende gleichrangig neben dem ursprünglichen Schuldner. Es gibt auch keine strenge Akzessorietät zwischen Beitritt und gesicherter Forderung. Zwar geht ein Beitritt zu einer nicht existierenden Schuld ins Leere, aber im Übrigen laufen die Verpflichtungen nicht unbedingt parallel. Es gelten die §§ 422 - 425, wonach manche Umstände (z.B. die Erfüllung) für beide Schuldner, andere (z.B. die Hemmung der Verjährung) nur für einen der Schuldner Auswirkung haben. Es ist also nicht gleichgültig, ob der Sicherungsgeber Bürge oder Beitretender ist. Wenn die Parteien sich nicht deutlich ausdrücken, muss durch Auslegung geklärt werden, was gewollt war. Dabei ist im Zweifel vom gesetzlichen Normalfall der fremdnützigen Bürgschaft auszugehen, es sei denn der Sicherungsgeber hat ein eigenes wirtschaftliches Interesse an dem gesicherten Geschäft.

c) Garantievertrag, § 311 I

■ Der Garantievertrag ist ein gesetzlich nicht geregelter, formlos gültiger Verpflichtungsvertrag (§ 311 I), mit dem sich der Garant bereit erklärt, für einen bestimmten Erfolg einzustehen. ■

Garantieverträge müssen nicht unbedingt der Kreditsicherung dienen, tun es aber, wenn der garantierte Erfolg darin besteht, dass der Gläubiger vom Schuldner sein Geld bekommen wird. Der Garant ist weder Hilfsschuldner noch Mitschuldner der gesicherten Forderung. Seine Verpflichtung ist von ihr völlig losgelöst (nicht akzessorisch). Er schuldet Geld für den Fall, dass der Schuldner nicht zahlt und zwar im Grundsatz auch dann, wenn der nicht zahlt, weil die Forderung gar nicht besteht oder ihr Einreden entgegenstehen.

2. Realsicherheiten

> ■ Bei Realsicherheiten behält oder bekommt der Gläubiger ein dingliches Recht an einem Vermögensgegenstand und hat damit ein Vorrecht bei der Verwertung dieses Gegenstandes. ■

Das Sicherungsmittel ist eine Verfügung (siehe oben S. 22), die dem Sicherungsnehmer das Verwertungsrecht gibt. Verabredet wird die Sicherung in einem schuldrechtlichen Vertrag. Das ist beim Eigentumsvorbehalt der Kaufvertrag, ansonsten ein Sicherungsvertrag.

Beispiele: A nimmt bei B ein Darlehen auf, seine Eltern E bestellen als Sicherheit eine Grundschuld an ihrem Grundstück. Es bestehen drei Verträge: Der Darlehensvertrag zwischen A und B, die Einräumung der Grundschuld (§§ 873, 1191) und der Sicherungsvertrag zwischen E und B. S nimmt bei G ein Darlehen auf und überträgt ihm zur Sicherheit das Eigentum an seinem Pkw. Zwischen S und G bestehen Darlehen (§ 488), Übereignung (§ 929 ff.) und ein Sicherungsvertrag (§ 311 I). Beachte: Es kann also – anders als bei den Personalsicherheiten – auch der Schuldner selbst sein, der die Sicherheit gibt.

Realsicherung bietet dem Gläubiger Zugriff auf den Gegenstand, der im „Notfall" verwertet, d.h. zu Geld gemacht werden kann. Anderen Gläubigern des Schuldners ist der Zugriff auf den Gegenstand entweder völlig verwehrt oder sie müssen mit dem Verwertungserlös vorlieb nehmen, der übrig bleibt, nachdem der gesicherte Gläubiger sein Geld erhalten hat.

Beispiele: S hat bei G einen Pkw unter Eigentumsvorbehalt gekauft und den Kaufpreis noch nicht vollständig bezahlt. Wenn ein anderer Gläubiger des S wegen einer Forderung den Pkw vom Gerichtsvollzieher pfänden lässt, kann G diese Vollstreckung durch eine Drittwiderspruchsklage nach § 771 ZPO mit Hinweis auf sein Eigentum am Pkw für unzulässig erklären lassen. Wenn S in Insolvenz fällt, kann G sein Eigentum gemäß § 47 InsO (sog. Aussonderungsrecht) herausverlangen, es sei denn, der Insolvenzverwalter erklärt sich bereit, den Restkaufpreis aus der Insolvenzmasse zu bezahlen.
Mieter M schuldet seinem Vermieter V noch die letzten drei Monatsmieten. Ein anderer Gläubiger des M lässt ein wertvolles Bild des M, das in den Räumen hing,

durch den Gerichtsvollzieher pfänden. Vermieter V kann unter Hinweis auf sein Vermieterpfandrecht nach § 562 zwar keine Drittwiderspruchsklage erheben, hat aber bei der nun anstehenden Versteigerung des Bildes Anspruch auf vorzugsweise Befriedigung aus dem Erlös der Versteigerung (§ 805 ZPO). Fällt M in Insolvenz, hat V kein Aussonderungsrecht, das Bild wird aber gemäß §§ 50, 166 ff. InsO gesondert verwertet (sog. Absonderungsrecht) und der Erlös steht vorrangig V zu.

a) Eigentumsvorbehalt

Wer einen Warenkredit gibt, d.h. als Verkäufer Ware liefert, ohne gleich den gesamten Kaufpreis zu erhalten, sichert sich üblicherweise über einen Eigentumsvorbehalt gemäß § 449 ab (siehe zu den Rechtsbeziehungen beim einfachen Eigentumsvorbehalt und zum Anwartschaftsrecht oben S.60 und S.166). Der Vorbehalt ergibt sich nicht schon allein aus der Situation, sondern muss (individuell oder durch AGB) vereinbart werden.

Beispiel: Möbelhändler V vereinbart mit K die Lieferung eines Sofas auf Rechnung, wobei von einem Eigentumsvorbehalt keine Rede ist. K erwirbt gemäß § 929 S.1 bei der Lieferung (unbedingtes) Eigentum, obwohl er noch nicht gezahlt hat. Beachte: Einen einseitigen (vertragswidrigen) Eigentumsvorbehalt kann V noch bis zur Übergabe des Sofas erklären. Kommen ihm nach Vertragsschluss Bedenken bezüglich der Zahlungsmoral des K, kann er nachträglich klarmachen, dass er nur zu einer durch die Kaufpreiszahlung aufschiebend bedingten (§ 158 I) Übereignung bereit ist. Mit der Entgegennahme des Sofas lässt sich K auf die Bedingung ein, wird also nicht sofort Eigentümer.

Der Eigentumsvorbehalt verschafft dem Verkäufer erhebliche Vorteile in der Insolvenz des Käufers oder bei Vollstreckung durch andere Gläubiger (siehe oben), er bietet aber kein besonderes Druckmittel oder vereinfachtes Rücktrittsrecht bei Zahlungsverzug.

Beispiel: V übernimmt für einen Geschäftskunden K die Ausstattung der Konferenzräume. Sie vereinbaren Ratenzahlung (10 Raten, zahlbar jeweils zum Monatsersten) und einen Eigentumsvorbehalt. Die erste Rate fließt pünktlich, schon die zweite bleibt völlig aus. V ist zwar noch Eigentümer der Möbel, kann sie aber nicht einfach abholen lassen, solange K nicht zahlt. Seinem Anspruch aus § 985 steht ein Recht zum Besitz des K aus dem Kaufvertrag entgegen. Das verliert K – wie § 449 II ausdrücklich klarstellt – nur, wenn V vom Vertrag zurücktritt, womit er dann natürlich seinen Kaufpreisanspruch preisgibt. Sollte sich V trotzdem zum Rücktritt entschließen, muss er wie jeder andere Verkäufer nach § 323 vorgehen, also erst einmal eine angemessene Frist setzten. Daran ändern auch die Zahlungstermine nichts, da „normale" Termine noch kein Fixgeschäft gemäß § 323 II Nr.2 begründen, bei dem ein sofortiger Rücktritt erlaubt wäre. Beachte: Bei einem (entgeltlichen) Teilzahlungsgeschäft mit einem Verbraucher wären die §§ 503 II, 498 zu beachten, die unter anderem verlangen, dass der Zahlungsrückstand sich auf mindestens zwei Raten beläuft.

Es gibt eine Reihe von Sonderformen des Eigentumsvorbehalts. Die wichtigste ist der sog. verlängerte Eigentumsvorbehalt. Mit ihm wird dem Umstand Rechnung getragen, dass ein Käufer die unter Eigentumsvorbehalt gekaufte Ware verarbeiten und/oder weiterveräußern will. Der einfache Eigentumsvorbehalt wird dann um eine Herstellungsklausel und/oder Vorausabtretungsklausel ergänzt:

> ■ Herstellungsklausel: Es wird vereinbart, dass die Verarbeitung der unter Eigentumsvorbehalt gelieferten Ware für den Verkäufer erfolgt, sodass nicht der Käufer, sondern der Verkäufer gemäß § 950 Eigentümer (bzw. Miteigentümer entsprechend dem Wertanteil der von ihm gelieferten Rohstoffe) der aus der gelieferten Ware neu hergestellten Sache wird. Vorausabtretungsklausel: Der Verkäufer ermächtigt den Käufer zur Weiterveräußerung (§ 185 I) der unter Eigentumsvorbehalt gelieferten Ware. Im Gegenzug tritt der Verkäufer seine daraus gegen die Abnehmer entstehenden Forderungen im Voraus zur Sicherheit ab (siehe oben S.52 zur Kollision mit einer Sicherungsglobalzession). ■

Beispiel: Weinbrandfabrikant V liefert an den Getränkegroßhändler K Ware, wobei er dem K ein Zahlungsziel von 30 Tagen einräumt. Sinnvollerweise sollte sich V über einen Eigentumsvorbehalt mit Vorausabtretungsklausel absichern. Dann dient zunächst der im Eigentum des V verbleibende Weinbrand als Sicherheit. Wenn K den Weinbrand an Einzelhändler weiterveräußert, werden diese Eigentümer, aber V erhält die Kaufpreisforderungen gegen sie als Sicherheit. Liefert V den Weinbrand an einen Hersteller von Weinbrandbohnen, sollte auch noch eine Herstellungsklausel vereinbart werden. Dann dienen zunächst die gelieferten Spirituosen, nach deren Verarbeitung die Weinbrandbohnen und nach Veräußerung der Bohnen an Abnehmer die Kaufpreisforderungen gegen diese Abnehmer als Sicherheit.

b) Waren- und Forderungspfandrecht

Sollen ansonsten Waren oder Forderungen als Sicherheit dienen, ist das gesetzlich vorgesehene Sicherungsmittel das in §§ 1204 ff. und §§ 1273 ff. geregelte Pfandrecht.

> ■ Ein Pfandrecht ist ein beschränkt dingliches Recht, durch das ein Gegenstand zur Sicherung einer Forderung (Akzessorietät!) in der Weise belastet wird, dass der Gläubiger berechtigt ist, sich durch Verwertung des Pfandes aus dem Erlös zu befriedigen. ■

Die Verwertung eines Warenpfandrechts erfolgt bei Pfandreife (§ 1228 II) und nach einer Verkaufsandrohung (§ 1234) durch Verkauf (§ 1228 I), den der Pfandgläubiger im Normalfall nur über eine öffentliche Versteigerung (vgl. § 383 III) vornehmen darf, § 1235.

Das Pfandrecht hat für den Sicherungsgeber den Vorteil, dass er dem Sicherungsnehmer nicht seine gesamte dingliche Rechtsstellung überträgt, sondern Eigentümer bzw. Gläubiger bleibt. Trotzdem ist die Vereinbarung von Pfandrechten, wenn es nicht gerade um die gewerbliche Pfandleihe (siehe oben S.171) geht, unüblich und durch Sicherungsübereignung und Sicherungsabtretung verdrängt. Die Bestellung eines Pfandrechts setzt neben gesicherten Forderung (Akzessorietät!), der Einigung und der Berechtigung desjenigen, der das Pfandrecht einräumt, ein Publizitätselement voraus. Verpfändete Ware muss übergeben werden (vgl. § 1205), eine Forderungsverpfändung muss dem Schuldner der Forderung angezeigt werden, vgl. § 1280. Beides entspricht nicht den Interessen des Sicherungsgebers.

Beispiel: Unternehmer U betreibt einen Versandhandel für Büromaterial. Im Rahmen einer Betriebserweiterung benötigt er einen größeren Kredit, für den sein Warenlager und die Forderungen gegen seine Kunden als Sicherheit dienen sollen. Die Waren müssen selbstverständlich bei U bleiben, damit er mit ihnen arbeiten kann. Also werden U und die kreditgebende Bank eine Sicherungsübereignung vornehmen, bei der die Übergabe der Sache gemäß § 930 durch die Vereinbarung eines Besitzmittlungsverhältnisses ersetzt wird (siehe oben S.163). Genau diese Möglichkeit besteht bei der Pfandrechtsbestellung gemäß §§ 1205, 1206 nicht. U hat auch kein Interesse daran, seine Sicherungsgeschäfte gegenüber seinen Kunden offen zu legen. Also tritt U die Forderungen an die Bank ab, da eine Abtretung gemäß § 398 auch ohne Information des Schuldners möglich ist.

Relevant sind gesetzliche Pfandrechte, d.h. Pfandrechte, die nicht vereinbart werden, sondern entstehen, wenn gesetzlich festgelegte Voraussetzungen erfüllt sind. Zu nennen sind aus dem BGB vor allem das Werkunternehmerpfandrecht gemäß § 647 und das Vermieterpfandrecht gemäß § 562. Im Unterschied zu Vertragspfandrechten (vgl. § 1207) können die gesetzlichen Pfandrechte des BGB nicht gutgläubig erworben werden, entstehen also nicht, wenn die Sache nicht dem Besteller bzw. dem Mieter gehört.

c) Sicherungsübereignung und Sicherungsabtretung

Man kann die Übereignung gemäß §§ 929 ff. (fast immer gemäß §§ 929 S.1, 930, siehe oben S.163) und die Forderungsabtretung gemäß § 398 als Sicherungsmittel „benutzen". Das ist gesetzlich nicht speziell geregelt, sondern hat sich aus der eingeschränkten Praktikabilität des Pfandrechts entwickelt.

Wenn – wie häufig – Warenlager und/oder eine Vielzahl von Forderungen als Sicherheit dienen sollen, muss bei der Übertragung darauf geachtet werden, das für jeden, der die Absprachen der Parteien kennt, klar ist, welche konkreten Einzelgegenstände übertragen worden sind, sog. Bestimmtheitsgrundsatz.

Beispiel: S nimmt bei der B-Bank einen Kredit über 50.000 € auf und bietet sein Warenlager als Sicherheit. In dem Lager befinden sich durchschnittlich Waren im Wert von ca. 300.000 €. Übereignet S der B alle Waren im Warenlager, ist das zwar bestimmt, aber wegen anfänglicher Übersicherung gemäß § 138 I nichtig (siehe oben S.52). Möglich und bestimmt wäre eine Begrenzung auf spezielle Warengruppen oder Lagerräume. Unbestimmt wären Absprachen wie „ein Viertel der Waren" oder „Waren im Wert von 75.000 €". Die Übereignung wäre damit komplett gescheitert. Beachte: Bei allmählicher Tilgung der gesicherten Forderung oder plötzlicher Ausweitung der Bestände kann nachträglich eine Übersicherung eintreten. Sie führt nicht zur Nichtigkeit gemäß § 138 I, sondern, wenn das Sicherungsgut 150 % (der Zuschlag ist angesichts des Verwertungsrisikos und der Verwertungskosten gerechtfertigt) der gesicherten Forderung ausmacht, zu Freigabeansprüchen des Sicherungsgebers.

Übereignung und Abtretung verschaffen völlig wertneutral die Eigentümer- oder Gläubigerstellung. Das „wieso und warum" ergibt sich aus der schuldrechtlichen Vereinbarung. Eine Übereignung ist eine Sicherungsübereignung, weil die schuldrechtliche Verabredung lautet, dass sie nur zur Sicherheit erfolgt. Notfalls liegt schon in diesen zwei Worten der Sicherungsvertrag. Sinnvoll und normal sind aber genaue Absprachen vor allem zu Voraussetzungen und Form der Verwertung (z.B. Versteigerung oder Verkauf durch den Sicherungsnehmer selbst).

Beispiel: Mutter M schenkt ihrer Tochter T ein Auto und übereignet es ihr. T wird in Vollzug der Schenkung Eigentümerin und soll es natürlich auch dauerhaft bleiben. Schuldner S übereignet Gläubiger G, dem er 10.000 € schuldet, ein Auto „nur" zur Sicherheit. Wenn das Eigentum nur vorübergehend als Sicherheit dienen soll, ist klar, dass es nach Tilgung der gesicherten Forderung wieder an S gehen muss. In der Zwischenzeit soll sich der Sicherungsnehmer auch gar nicht wie ein wirklicher Rechtsinhaber „aufführen". Er darf etwa als „bloßer" Sichereigentümer die Sache nicht nutzen und auch nicht über sie verfügen. Tritt allerdings der Sicherungsfall ein, hat er das Recht, den Sicherungsgegenstand zur Verwertung herauszuverlangen.

Der Sicherungsvertrag ist also der Vertrag, mit dem der Schuldner verspricht eine Sicherheit zu bestellen, mit dem auch festgelegt wird, welche Forderung durch den Gegenstand gesichert werden soll, vor allem aber der Vertrag, der die Eigentümerbefugnisse des Sicherungsnehmers auf das Maß „herunterregelt", das der bloße Sicherungszweck der Transaktion gebietet. Wirtschaftlich gesehen hat der Sicherungseigentümer damit am Ende eigentlich nur ein besitzloses Pfandrecht. Folgerichtig werden Sicherungseigentümer und –gläubiger in der Insolvenz des Sicherungsgebers wie Pfandgläubiger behandelt, haben also gemäß § 51 Nr.1 InsO nur ein Absonderunsrecht (siehe dazu oben S.180). Da eine vergleichbare Regelung in der ZPO fehlt, wird trotzdem überwiegend angenommen, dass bei Einzelzwangsvollstreckung durch andere Gläubiger für den Sicherungseigentümer – der formalen Eigentümerstellung entsprechend – die Möglichkeit einer Drittwiderspruchsklage (siehe dazu oben S.179) besteht.

Beachte: Sicherungsübereignung und Sicherungsabtretung sind nicht akzessorisch, also in Bestand und Übertragung nicht von der gesicherten Forderung abhängig. Die Verklammerung von Forderung und Sicherheit erfolgt (nur) über den Sicherungsvertrag.

Beispiel: S nimmt bei der B-Bank ein Darlehen auf und übereignet B zu Sicherheit einen Pkw. Wenn S das Darlehen vollständig getilgt hat, fällt das Eigentum an dem Pkw nicht automatisch an ihn zurück. Er hat (nur) einen schuldrechtlichen Anspruch aus dem Sicherungsvertrag auf Rückübereignung. Beachte: Es ist möglich, den automatischen Rückfall durch die ausdrückliche Vereinbarung einer auflösenden Bedingung (§ 158 II) zu erreichen. Dann, aber auch nur dann, hat der Sicherungsgeber, der nur durch den Bedingungseintritt vom Eigentum entfernt ist, ein Anwartschaftsrecht.

d) Hypothek und Grundschuld

Grundstücke sind als Sicherheit besonders interessant, da sie werbeständig sind und auch nicht „verschwinden" können. Grundstücke werden nicht zur Sicherheit übereignet, sondern mit einem Pfandrecht des Sicherungsnehmers belastet.

> ■ Hypothek (§§ 1113 ff.) und Grundschuld (§§ 1191 ff.) sind Grundpfandrechte, die dem Gläubiger bei Fälligkeit einen Anspruch gegen den Grundstückseigentümer auf Duldung der Zwangsvollstreckung (insbesondere Zwangsversteigerung) in das belastete Grundstück, § 1147 bzw. §§ 1192 I, 1147. ■

Die Grundnorm für Verfügungen über Grundstücke ist § 873. Also gelten auch für die Bestellung einer Hypothek oder einer Grundschuld die dort geregelten Voraussetzungen: Einigung über die Bestellung des Grundpfandrechtes, Eintragung in das Grundbuch, Einigsein zur Zeit der Eintragung und Berechtigung desjenigen, der das Grundpfandrecht einräumt. Beide Grundpfandrechte sind im Zweifel sog. Briefrechte sind (vgl. §§ 1116, 1117 bzw. §§ 1192 I, 1116, 1117), also muss zusätzlich noch der Hypotheken- bzw. Grundschuldbrief übergeben werden. Der Brief stellt zunächst nur eine Komplikation, eine zusätzliche Voraussetzung dar. Die Vorteile des Briefs zeigen sich erst, wenn der Gläubiger sein Verwertungsrecht (etwa weil er seinerseits Geld und Sicherheiten für seine Gläubiger braucht) weiterübertragen möchte. Das kann bei Briefhypothek und Briefgrundschuld gemäß § 1154 bzw. §§ 1192 I, 1154 ohne Eintragung des Erwerbers in das Grundbuch geschehen, was eine erhebliche Zeitersparnis bedeutet.

Sind bis dahin die Voraussetzungen von Hypotheken- und Grundschuldbestellung gleich, so gibt es doch einen wesentlichen Unterschied: Die Hypothek ist akzessorisch, setzt also zusätzlich noch das Bestehen einer gesicherten Forderung voraus.

In der Praxis ist die nur über den Sicherungsvertrag mit der gesicherten Forderung verklammerte Sicherungsgrundschuld die bevorzugte Sicherungsform. Sie hat nämlich für den Sicherungsnehmer den Vorteil, dass bei sukzessiver Tilgung der gesicherten Forderung die Sicherheit nicht automatisch nach und nach an den Sicherungsgeber zurückfällt, sondern als Fremdrecht bestehen bleibt. Die Grundschuld kann dann relativ einfach über eine neue Sicherungsabrede zur Sicherung anderer Forderungen genutzt werden.

Übungsfall zu Kapitel 7

Übungsfall 8 – Schwarz auf weiß

Abel (A) arbeitet als selbständiger Architekt. Das Bauunternehmen „Urbanes Bauen" (U) verschafft ihm seit Jahren immer wieder lukrative Planungsaufträge. U gerät in eine Liquiditätskrise. Ein früherer Bauherr (H) beklagt sich gegenüber A telefonisch bitter über U. Er – H – habe gegen U eine erhebliche Forderung in Höhe von 20.000 € wegen schlechter Bauleistungen, werde aber von U nur hingehalten. Deshalb wolle er jetzt klagen. A fürchtet einen Zusammenbruch des Bauunternehmens und damit das Ausbleiben von Aufträgen. Deshalb bemüht er sich, den H in der derzeitigen angespannten Finanzlage des U zum Stillhalten zu bewegen. Er erklärt deshalb, H solle erst einmal abwarten, brauche sich aber nicht zu beunruhigen, da notfalls er – A – für die Forderung einstehen werde. Daraufhin erklärt H, dass wolle er aber schwarz auf weiß. A verspricht H, sofort ein Fax zu schicken. Nach dem Telefongespräch schreibt und unterschreibt A eine entsprechend Erklärung und sendet sie per Fax an H. Einige Monate später geht U in Insolvenz. H wendet sich nun an A und verlangt von ihm Zahlung. A weigert sich. Hat H gegen A einen Anspruch auf Zahlung von 20.000 €?

Variante: A zahlt zunächst, verlangt aber nach einem Gespräch mit einem befreundeten Anwalt sein Geld von H zurück. Zu Recht?

Die Lösung finden Sie auf der CD-ROM

Systemvoraussetzungen:
Microsoft Windows ® 2000 SP4, XP SP2, 2003, Vista
ab Pentium ® III Prozessor oder Kompatible ab 500 MHz
256 MB Hauptspeicher
Grafikauflösung mind. 1024 x 768, 16 Bit Farbtiefe
150 MB Festplattenspeicher CD-ROM – Laufwerk

Stichwortverzeichnis